古运河畔新学校

张大冬　王金桂　著

江苏大学出版社
JIANGSU UNIVERSITY PRESS
镇江

图书在版编目(CIP)数据

古运河畔新学校 / 张大冬，王金桂著. -- 镇江 : 江苏大学出版社，2025. 9. -- ISBN 978-7-5684-2561-2

Ⅰ. G529.6

中国国家版本馆 CIP 数据核字第 2025HM2544 号

古运河畔新学校

Guyunhe Pan Xin Xuexiao

著　　者/张大冬　王金桂

责任编辑/吴小娟

出版发行/江苏大学出版社

地　　址/江苏省镇江市京口区学府路 301 号(邮编：212013)

电　　话/0511-84446464（传真）

网　　址/http://press.ujs.edu.cn

排　　版/镇江市江东印刷有限责任公司

印　　刷/南京玉河印刷厂有限公司

开　　本/718 mm×1 000 mm　1/16

印　　张/17

字　　数/260 千字

版　　次/2025 年 9 月第 1 版

印　　次/2025 年 9 月第 1 次印刷

书　　号/ISBN 978-7-5684-2561-2

定　　价/58.00 元

好的教育，必定源自一所好的学校

什么是好的教育？这是教育的根本之问，也是教育的热点之问。好的教育很难定义，但我们确信，好的教育，必定源自一所好的学校。

江苏省无锡市锡山高级中学唐江澎校长认为，好的教育一定是能让孩子们蓬勃生长的教育；好的教育一定是有国家情怀、人类使命的教育；好的教育一定是家长认可、社会认同的教育。能够实现这样的目标的学校，一定是一所好的学校。

我们以为，好的教育，是以文化人、以情塑人的事业。儿童来到世间，具有“人”形，还非真正的“人”，只有在经历了家庭、学校、团体、社会等的浸润，受了爱意、友谊、责任、使命等种种影响，方由“人”而变成了真正的“人”，前者是指自然之生命，后者是社会学定义的人——“一切社会关系的总和”（马克思）。在这个过程中，各种进步的合理的文化，成为儿童受教育的基础和营养，与儿童吮吸母乳，吃米粥、蔬菜，长成强壮身躯一样，他的精神因人类的文化营养而强大健康起来。所以，身心两健是教育的根本。

好的教育，是个体发展和社会进步统一的事业。民族、国家、社会，是“大我”生存发展的基础，脱离民族意识、国家主权、社会结构的生命个体，将无比脆弱且意识混乱；个体的自强、自律、自主，是“小我”生存发展的途径与基本要求，没有个体的生命健康、精神强健、意志坚定，则“小我”羸弱，失德失魂，容易被打倒。

好的教育，必定从“大我”着眼，从“小我”做起。因此，兼顾“大”“小”统一，是教育的灵魂。

好的教育，是公平的教育，是人人可以平等享有的教育。教育是关乎民众幸福、关乎国运振兴的民生工程。它既关乎国家未来，也关系到千家万户。它与每一个少年儿童的精神成长、身体进步、内心幸福息息相关。

好的教育应该是更合乎人性的、自然的、朴实的；好的教育，是对美好生活的向往、对美好人性的关注，以及对美好未来的积极努力和期待；好的教育理应为创造美好的人生而积极准备、奋斗与努力……

好的教育应该是人们乐于接受的，是感性的，能够凝聚教育价值、显示教育真我面貌、传承民族精神信仰，而不是虚妄的、高高在上、让人难以接受的。

好的教育应该如花草、树木、山水、日月、星辰，它是随时随地随处可见的，朴素亲切。

好的教育，它像太阳，为万物带来温暖而不自矜；好的教育，它像水一样自然，清澈无比，随遇而安，能够包容一切；它紧跟时代，缓慢前行，绝不面目狰狞。

……

好的教育，必定源自一所好的学校。诞生于古城淮安一所古庙里的学校——淮安新安小学，就是一所好的学校。为什么说这是一所好的学校？

第一，新安小学孕育了新安旅行团。一个优秀的孩子身后必定站着一位伟大的母亲，新安小学是新安旅行团的母校。1935 年 10 月，校长汪达之带领本校 14 名基本学生，毅然决然地踏上了实验生活教育、宣传抗日救亡的革命征程。历时 17 年，他们行程 5 万余里，书写了中国少儿革命史上的壮丽篇章。

1946年，毛主席在百忙中为新安旅行团的孩子们写了回信，信中写道：

新安旅行团各位同志们：

来信收到，极为感谢！

祝你们努力工作，继续前进，争取民主中国的胜利。

毛泽东

一九四六年五月二十日

2021年儿童节前夕，国家主席习近平给新安小学五（8）中队同学回信，在信中，习近平总书记表示：

淮安市新安小学五（8）中队的少先队员们：

你们好！收到你们的来信很高兴。你们学校是“新安旅行团”的母校，你们在信中表达了对学校红色历史的自豪之情，也说到了你们学习党史的收获。

当年，在党的关怀和领导下，“新安旅行团”不怕艰苦，足迹遍及大半个中国，以文艺为武器，唤起民众抗日救亡，宣传党的主张，展现了爱国奋进的精神风貌。希望你们结合自身成长实际学好党史，以英雄模范人物为榜样，从小坚定听党话、跟党走的决心，刻苦学习，树立理想，砥砺品格，增长本领，努力实现德智体美劳全面发展……

两位国家领导人，在不同时期，以寥寥数语，褒奖和肯定了新安旅行团以及新安小学。新安小学因为培育、缔造了新安旅行团而名扬海内外。

第二，这所学校，一直是本地区群众信任、领导支持、口碑载道的学校之一。现在，本校已经拥有3个校区、8个幼儿园，共近万名师生。近年来，学校正着力内涵发展，加快建设各校区的特色教育文化，朝着一流名校的康庄大道前进。

第三，这所学校，拥有深厚的历史与内涵，坚持实践生活教育思想。近一个世纪以来，学校把实践生活教育主张作为办学的瑰宝，奉为圭臬，取得了实验成功。

著名漫画家张乐平题赠给新安旅行团一幅画，题为“苗壮果大”。就一所学校而言，她一经诞生，骨子里就必定带着某种基因，新安小学正是生活教育在古城淮安结出的一颗果实。她最初正是得了来自晓庄学校生活教育的苗，才结出累累硕果，新安旅行团是其中最显著的果实。

1935 年汪达之校长带领新安旅行团，走出校门，实验生活教育，宣传抗日救亡，新安小学成为一所移动的学校，吸收、培养了近 600 名儿童，成为烽火时代民族振兴的小号手，也成为近代中国指引少年儿童革命的学校。

许多的第一，无数的经典，由新安旅行团的团员们创造——

中国第一个儿童自动旅行团，第一支流动电影放映队，组织召开中国第一次少年儿童代表大会，中国第一部大型民族舞剧《宝莲灯》，革命样板戏《杜鹃山》，中国第一枚油画邮票，中国第一代反潜攻击型核潜艇的设计和研制……都有新安旅行团团员参加或奋斗的身影。

1985 年 10 月，胡乔木同志为新安旅行团建团 50 周年题词——

新安旅行团的光荣历程永远是全国儿童的典范！

新安小学最初如何创办？为何新安小学里诞生了新安旅行团？新安旅行团为什么被称为全国儿童的典范呢？回过头来，看看她最初办学时的经历，就能了解原由。

新安小学创办于 1929 年 6 月 6 日。学校的兴办最初缘于古庙里的馆产之争，后历经磨难而诞生，又经一代又一代的新安教育者励精图治，于艰难中延续下来。

当年的新安小学，与其说是生活教育实验，不如说是一种生存上的奋斗。新安的师生既挣扎在基本的生存线上，也在教育线上进行着勇敢的革命。

陶行知先生以新安小学的办学为背景，写成《古庙敲钟录》纪实小说，于 1932 年在上海《申报》连载，他在小说中这样写道——

社会便是学校，生活便是教育，那么您要说她（指《古庙敲钟录》一书）是一个学校的写真，或是一种教育的小影，也无不可。

好的教育，怎么去办？

我们回顾当年新安小学的办学历程，旨在肯定其精神，发扬其可嘉之处；学习、传承其内在品格，发现、探索、弘扬其价值，继续生活教育实践。这也是我们的初衷。

今天，时代在进步，教育在发展。

“苍苍竹林寺，杳杳钟声晚。”昔时古老的庙宇已经颓废，悠远、醒世的钟声也已经绝响。今天的新安学校已然面貌一新，标准整齐的教学楼、宽敞明亮的教室、井然有序的课堂教学。

“山不让尘，川不辞盈。”一个世纪以前，新安的孩子们克服困难、振臂高呼、艰苦奋斗，踏上抗日救亡的征程。现在，新安师生正积极地学习、践行新旅精神，像新安旅行团团员那样，铿锵有力、精神饱满地工作、学习，做事做人，唱着欢歌，鼓足干劲，继续实践生活教育，谱写教育的新篇章，做时代的敲钟人。

教育，塑造什么？

工作之初，读到一句内涵很深刻的话——

教师是人类灵魂的工程师！

每一位老师，也许不能像哲学家、思想家一样深刻地影响全人类，但他是一间教室、一所学校里一个个鲜活的生命的守护者、精神的滋养者、灵魂的塑造者！

去年春天，我参观了瞿秋白烈士纪念馆。瞿秋白烈士在福建被捕入狱后，国民党希望招降他，尽管受到优待，但他不为所动。在监狱中，他在送给国民党第36师军医陈炎冰的照片背面，写了这样几句话——

如果人有灵魂的话，

何必要这个躯壳？

但是没有的话，

这个躯壳又有什么用处？

这几句话给了我深深的震撼。共产党人是坚定的历史唯物主义者，充满了哲学思考和革命豪情。临终之前，瞿秋白在深刻地追问——一个人的生命价值，应该是怎样的？无数的中国共产党人用鲜血凝成坚定的革命理想，并以坚韧不拔的行动做出回答。他们坚守自己的信仰，把宝贵的生命献给了自己追求的信仰和民族解放的事业。

一个生命如果没有了灵魂、精神、信仰、追求，这样的生命、这样的躯壳，与一棵树、一只虫子或者一只野兽有什么区别？一个有灵魂的生命躯壳，理应充满生命的气息、生长的力量、向上向好向美的精神。

十多年前，我的老师——一位历史系的教授问我说："我想问你，1937年中日战争才全面爆发，新安旅行团的孩子们于1935年就走出去宣传抗日，这是真的吗？"问题很尖锐，他怀疑当年新安的孩子们出征的勇气与事实。

当时，我非常坚定地对此做了回答，我说："是真的，我有铁的事实和依据。他们的言论、行动，已经证明了这一切。"

这两年，又一个问题萦绕在我的心头：新安旅行团——一个充满战斗精神和革命气息的少儿团体，为什么在新安这所学校里出现呢？这群孩子这么做的目的到底是什么呢？

张大冬校长和我一起讨论过这个问题。我们一起探讨，一起思考，得出结论，那是因为新安旅行团有一个伟大的母亲——新安小学。

新安是一条大河，又称新安江、青溪、徽港，是钱塘江水系干流上游段。新安小学这个名字的由来，缘自新安江不可割舍的地域文化与历史文化。新安小学，长江北岸一所古庙学校，历经几代同志们的奋斗，终于立足于古城淮安。

自1929年创办新安小学以来，许多热血奋斗的青年，志学于此的少年，深入思考、勇于实践、专心教育的同志，都在这里留下了他们工作、奋斗的足迹。新安小学学生左义华，九岁就写了《义华的日记》，由上海儿童书局出版，扉页上写有"教育部选定为小学中年级儿童读物"；孙铭勋老师创作了《古庙活菩萨》，写出新安人办学的艰难和奋斗的生活；《生活的书》中，汪达之用含着血泪的文字，把时代与个体的挣扎写得淋漓尽致；新安儿童旅行团的孩子们旅行归来，写成的《我们的旅行记》出版后不断再版。

我们相信，一切伟大的智慧和真理，必经真实的行动和实践来证明，其正确性、可靠性源自人们现实的生活实践，用简单的话来说，就是——

实践是检验真理的唯一标准。

新安旅行团充满了浪漫的激情、崇高的理想、战斗的精神、革命的智慧，这都是与新安小学生活紧密地联系在一块儿的；而新安小学又根植何处？她思想的萌芽萌生于哪里？那就是陶行知先生的生活教育学说，在晓庄，在劳山脚下，在新安生活课堂里，在每个在新安工作、学习、生活的学子心里。

生活教育培育出新安小学这株幼苗，她在艰难中经新安同志呵护，栉风沐雨，渐渐长大，开出了灿烂的红花，结出了硕大的果实——

新安旅行团在风云十七载、行程五万余里的革命历程中，写下了中国少年儿童的壮丽的革命篇章。没有一间安静的教室、一张平静的课桌，没有一本规定的教科书，却写出了教育史上的传奇，一大批少年儿童在这里接受、完成了基础教育，成长为新中国各个行业的佼佼者，这是一所名副其实的“行走的学校”。

陶行知先生在《中国乡村教育之根本改造》的演讲中，大声疾呼：

中国乡村教育走错了路！他叫人离开乡下向城里跑，他叫人吃饭不种稻，穿衣不种棉，做房不造林。他叫人羡慕奢华，看不起务农，他叫人分利不生利，他叫农夫子弟变成书呆子，他叫富的变穷，穷的变得格外穷；他叫强的变弱，弱的变得格外弱。前面是万丈悬崖，同志们务须把马勒住，另找生路！

生路是什么？就是建设适合乡村实际生活的活教育。

近一个世纪以来，特别是改革开放以来，中国取得了伟大的成就，中国越来越强大，教育发展越来越完善，取得了前所未有的成就。中国以并不富裕的国家力量，实现了占世界人口近五分之一的全民基础教育，这本身就是为世界做出的巨大贡献。

当下的现实是，广大群众对于优质教育的向往和追求是教育的基本面。一方面，丰富的物质生活与优质教育的失衡，成为当前教育的客观矛盾与现实；另一方面，均衡配置优质教育资源，以最大限度满足人民群众对优质教育的积极需求，成为当代教育的重要命题。在现有人口条件下，在少子化、人口基数下降状态下，既要育人，更要育才；促进、保障、完成基本的国民教育，依然是教育的核心任务。

我们愿意像新安的孩子们一样，以昂扬的精神，振奋工作——

继续生活教育的实验！

一群小好汉，永远跟党走！

敢为小先生，能做小主人，争当小好汉！

英国的哲学家、教育家罗素讲过一个哲学故事，故事是这样的。

一位西方哲学家无意间在古罗马城的废墟里，发现一尊“双面神”神像。这位哲学家虽然学贯古今，却对这尊神很陌生，于是问神像：“请问尊神，你为什么一个头两副面孔呢？”双面神回答：“因为这样，才能一面查看过去，以吸取教训；一面瞻望未来，以给人憧憬。”

“可是，你为何不注视最有意义的现在？”哲人问。“现在？”双面神茫然。

哲人说：“过去是现在的逝去，未来是现在的延续。你无视于现在，即使对过去了如指掌，对未来洞察先机，又有什么意义呢？”双面神听了，突然号啕大哭起来，原来他就是没把握住“现在”，罗马城才被敌人攻陷的。因此，他被人丢弃在废墟中。

扎根现在，瞄准未来；

抓住现在，挺进未来；

做好现在，塑造未来。

教育，要培养仰望星空的孩子，也要培育扎实做事、安心就学的孩子。

有智者为新安儿童旅行团题词，告诫他们——

从大处着眼，小处着手！

这是一条实用的信条和真理。

目录

第三章 古庙里的生活教育

第四章 走！我们旅行去

第五章 出发之前

生活教育新诗篇

第六章

第一章 古城春风

教育是全人类的事业。

在儿童的世纪里，要为儿童创一基础事业，是每一个人，更是每一个教育的研究者的责任。

——新安儿童旅行团《我们的旅行记》（1934）

中国教育的使命，是要依着烧煤的过程，点着中华民族的生命之火焰，放出中华民族生命之光明。

——陶行知《从烧煤炉谈到教育》

1. 古城

一方水土养一方人。

一座古城，一条运河，一厝古庙，一所小学，都是地域、历史、文化汇聚而成的。从新安义所到新安小学的蜕变，即古城历史、文化、经济、文明的延续和流淌。

一座古城的历史转身，也是一所新学校的诞生。

江南好，风景旧曾谙。
日出江花红胜火，
春来江水绿如蓝，
能不忆江南？

唐人白居易的一曲《江南好》，用诗意的文字描绘了江南那旖旎的风光、迷人的春色。白居易曾出仕杭州、苏州，他为官一地，造福一方，为当地做了许多好事。如今西湖上绿波荡漾的湖堤——白堤，就是人们以他的名字来命名的。

杭州，一座海滨城市，自古有钱塘大潮，又有西湖水波荡漾、雷峰塔影，古老的京杭大运河以此为终点，孕育出运河之畔的一颗明珠。但这里我要介绍另一座运河之畔的古城——淮安。

淮安在淮河下游，靠近洪泽湖，古黄河曾经流过这里，是一座繁华的古城，也是京杭大运河畔的四座古城之一。

淮河流经这片土地。过去，淮安这片低洼的平原沃土深受淮河泛滥之害。新中国成立之后，毛主席发出号令："一定要把淮河修好。"从此，无数江淮儿女，以战天斗地的精神，挖出一条苏北灌溉总渠，又挖出一条引淮入海航道，从此淮水安澜，水波不兴，人民与淮河和平相处，通航、灌溉，沃野千里，麦熟稻香。

淮安（淮水安澜）这座城市，因淮河而得名，最早起名于南齐永明七年（489 年）。因行政区划多次变更，今天，我们所要描绘的古城淮安，单指淮安区，它是淮安市的古城区、主城区、核心区，总面积 1439 平方千米，人口约 120 万人，现正努力建设成为苏北核心城市。

“襟吴带楚客多游，壮丽东南第一州”，这是明朝《永乐大典》主纂姚广孝为淮安古城留下的赞美诗句。明清时期，特别是康熙朝以后，淮安就成为全国的漕运指挥中心、河道治理中心、漕粮转运中心、漕运船舶制造中心和盐商税务中心，在全国占有重要的位置。

运河是伟大的人工工程。在几千年的封建王朝历史中，漕运是王朝的生存命脉，运河发挥着巨大的作用，南方盛产的粮食、各种朝廷供品，以及盐巴、木材等物资，通过运河运到北京或其他地方。多个王朝都曾开凿、疏浚运河，以通漕运。吴王夫差开凿邗沟，使淮安逐渐成为南北交通的咽喉；隋炀帝开凿邗沟（当时称山阳渎），在此设立漕运专署；到了明清两朝，淮安设立了漕运总督公署。淮安成为南北水运枢纽，东西交通的桥梁。据《重修山阳县志》载：“凡湖广、江西、浙江、江南之粮船，衔尾而至山阳……故漕政通乎七省，而山阳实属咽喉要地也。”“自江南稻花飘香，到京师霜叶秋红，千里运河舟楫相接，漕船首尾相连”，正是那时漕运的繁荣盛景。

由于清政府腐朽无能，中国的领土完整遭到严重破坏，国家的财富被反复劫掠。1911 年，武昌起义的一声枪响，敲响了清王朝的丧钟，三千年帝制终结，中国思想界也发生了革故鼎新的转折。三民主义、无政府主义、社会主义等现代化思潮和观念，成为越来越多的知识分子的信仰和选择。然而，思想的多元化并没有能够有效解决当时社会所面临的种种问题。

由于当时中国政府的腐败无能，帝国主义虎视眈眈，国家危机四伏。第一次世界大战后，中国以战胜国身份参加巴黎和会，强烈要求取消列强在华的各项特权，取消 1915 年袁世凯与日本订立的“二十一条”，归还一战期间日本从德国手中夺去的在山东的特权。巴黎和会在西方列强的操纵下，拒绝了中国的要求。消息传到国内，中国人民义愤填膺，引发了规模浩大的五四运动。出席巴黎和会的中国代表拒绝在合约上签字，为日后中国收回山东权益留下了“活棋”和可能。

在民权方面，人民的基本权利写进了宪法，但是民众缺乏捍卫自身权利的意识，政府缺乏保障民权的环境，民权形同虚设。

民生方面，由于军阀混战，政客、官僚腐败，民不聊生，家破人亡。古城淮安，同旧中国的许多地方一样，贫穷、落后、困顿，百姓的生活是非常艰难的。回看百年前的淮安古城，城是有的，不过是两三条所谓的大街，仅有南门大街、镇淮楼东西大街。店铺也有，无非卖些日用百货。占全城90%以上人口的乡村农民的生活更为艰难，文盲率极高，识字的只占全部人口的1%。有一幅老照片生动地反映了旧中国的落后与艰难。照片上一个渔民的孩子光着腚生活在一只不大的渔船上，旁边是他无比憔悴的母亲。全家人生活的全部希望，就是那条又破又小的渔船。

当时，新安小学的一个孩子的日记里，用只言片语写出了那个黑暗、落后的旧中国——

我那时的情形，现在是记不清了。虽然也曾进了一个小学，但进去的时间不久，而且校中只有一个先生，是一个很随便的学校，所以我在那小学里的情形，现在也记不清了。我只记得，邻家有一个和我同一样年纪的小朋友被土匪捉了去……我父亲就天天把我关在家里，不让我出外去。家乡的土匪真多，大白天也常常抢人。遇着军队来了，土匪就和军队打仗，一打就打几十天，不分胜负。地方上弄得一塌糊涂，田也荒了，房屋也烧了，人也不知死了多少了。大家弄得没有饭吃，（被）逼迫着去做土匪，所以土匪一天比一天的多……

（父亲）到外面去找事做。父亲出外去了半年，又打起仗来了，仍然是土匪和军队打，打的比以前更利（厉）害。先是在县城附近打，打了几十天，打到我家的附近来了。那里的人非常害怕，大家都跑到山上去躲……我问我的母亲说：“他们到那（哪）里打去了？”我母亲骂我说：“小孩子问这些做什么？”我就不再问了。就在那天，我们又才回到家里来。家里的地已经生草了，板壁也有些不完全了。①

孩子稚嫩且简单的文字写下的经历是那个时代无数中国人苦难的缩影。

写下这些文字的孩子，叫左义华，是首批从新安小学出发的新安旅行团团员之一。他是湖南人，他的母亲在带他逃离家乡前往长沙投亲的路上死了。父亲要外出做事谋生，只好托人把他带到上海，他后来又辗转来到了新安小学。新安小学成为这个无依无靠的孩子的家，影响了他的一生。从他苦难的童年生活中，我们看到了那个时代民众的痛苦与艰辛。

人民有出路吗？国家还有希望吗？

1919 年的五四运动，揭开了中国新民主主义革命的序幕。中国共产党逐渐走上历史舞台，并带领中国人民踏上了浴血奋斗、披荆斩棘的征程。在新民主主义革命、社会主义革命建设的征程中，中国共产党带领民众浴血奋战，终于换来了人民的解放和国家的新生。

1949 年 10 月 1 日，新中国成立。历经近一个世纪，古城在苦难与挣扎中获得了新生，她的面貌已经发生了天翻地覆的变化，同许多国内的二三线城市一样，这里新建起来的高楼，鳞次栉比，有的豪华端庄，有的朴实秀美。村庄也不再是过去的模样了，路更直了，房子也越修越漂亮了。

古城，古城，哪里还有古城的影子呢？

现在，这里莺歌燕舞，车水马龙，霓虹闪烁，古城被人们打扮成了一个美丽的娇娘，展露出无限的妩媚与娇羞。

2. 古镇老街

唐人杜牧有诗曰：

---

① 左义华. 文华的日记［M］. 上海：儿童书局，1932.

千里莺啼绿映红，水村山郭酒旗风。

南朝四百八十寺，多少楼台烟雨中。

诗人以明快的语言描绘了秀丽的江南春光，再现了江南烟雨迷蒙的楼台景色，把江南风光写得神奇迷离，景语皆为情语，众多意象和景物，有声有色，有远有近，动静结合，以简朴的文字描绘了丰富多彩、画面开阔的江南画卷，写出诗人对历史兴亡盛衰的感慨和对晚唐国运的隐忧。

晚唐时期礼佛日盛，中国历史上因礼佛而亡国是有的。五代十国时期，南朝就因为礼佛太甚而致亡国。诗人杜牧假托写江南的寺庙，实则警醒晚唐的统治者，看那，南朝那些豪华的寺庙，今天还剩下多少呢？

庙宇的兴盛与荣辱，是王朝经济、政治、文化、宗教的晴雨表。近代中国在遭受了两次鸦片战争后，在资本主义、帝国主义的盘剥下，民众生活于水火之中，贫穷落后成为旧中国典型的面貌，“东亚病夫”亦成了污辱、睥睨中国人的词语。

淮安，长期作为苏北的政治、经济、文化中心，自然也成为宗教发展的胜地，一众寺庙林立于此。闻思寺、东岳庙、拈花寺、文通塔、周宣灵王庙等，坐落于古城各处。闻思寺（今存）始建于唐末，历经水患兵灾，几经兴衰，到了清初，寺貌逐渐恢复如初。康熙下江南巡视，钦赐寺名。东岳庙（今存）始建于贞观年间，供奉着道教的东岳大帝。解放前，淮安每年都举办迎神赛会，把神像抬出庙来游行，以求消灾祈福，其中最为隆重的首推东岳庙会。

古城淮安西北角，有昔日繁华的河下古镇。历经千年，河下古镇至今依然静卧于大运河旁，是古邗沟入淮处的古末口，曾名北辰镇，诞生了巾帼英雄梁红玉、大文学家吴承恩等历史名人。明清运河经济时代的中国，淮安与扬州、苏州、杭州成为都市繁华的典范，并称“淮扬苏杭”。作为南船北马的交通中枢，淮安鼎盛一时。其时，河下是淮北盐集散地，淮北盐运分司曾设在这里，并有很多盐商在这里业盐。清代朝廷特派盐运使驻于淮安河下，主管盐政，并分巡各盐场。沿海各地所产淮盐，全部运到河下，经检验抽税后再分运至各地销售。河下为淮安重要的商埠。据《河下志》载：当年河下有108条街巷、44座桥梁、102处园林、63座牌坊、55座祠庙。明清时，这里富商的豪宅甲第连云，可与扬州盐商的园林相媲美。

经济的繁盛促进了文化、教育的兴旺，明清两代这里曾出过67名进士、123名举人、12名翰林，有“进士之乡”之称，文脉源远流长。清末，由于淮北盐的集散中心移至王家营的西坝、漕粮由河运改为海运等原因，河下古镇逐渐败落。河下古镇现为国家重点文物保护单位京杭大运河的文物遗存。有文人骚客依河下古镇特有的名称、位置，撰一对联，高悬于河下古镇文楼饭店墙上，求对下联：

小大姐，上河下，坐北朝南吃东西

据说此单联已经有200多年的历史了。而左侧下联至今尚缺，甚是奇怪。

关于这半副对子，还要从乾隆皇帝在河下古镇的故事说起。

文楼本是一座状元楼，与武楼相对，建成于清末，是纪念文状元沈坤和武状元叶允武两个人的建筑。明清时河下古镇非常繁盛，当时这里住的都是一些达官贵人、盐商富贾，他们喜食珍馐，思味猎奇，当时河下诞生了诸多名吃。嘉庆年间，文楼被淮安的大户人家陈氏盘下，独家经营蟹黄汤包生意。据说文楼有个不成文的规定，那就是来文楼吃饭前要先对对联，谁没有对上就请对方吃饭。

相传乾隆皇帝带纪晓岚微服出巡来到河下，闻小楼赌食文化独特，赌胜即可免费酒食，遂亲临文楼。不料，君臣二人刚一进门，即被淮安当地一小大姐挡住，并随口出了这上联：“小大姐，上河下，坐北朝南吃东西”，要二人对出下联。上中联“小”与“大”、“上”与“下”都是反义词，“河下”是地名，“坐北朝南吃东西”指的是四个不同的方向，而“东西”又是一个事物。君臣二人当时没有对上，所以乾隆皇帝就请我们河下的小大姐吃了顿大餐。

改革开放以来，河下古镇得到了很好的修缮，周边现代化的街道、高楼把河下古镇衬托得愈加古朴雅致、古色古香，游览间让人意犹未尽，流连忘返。

对于那半副对子中的“小大姐”，许多外地游人心存疑问“小大姐”是什么意思？不应该是“大小姐”吗，是不是弄错了？其实不是，“小大姐”是江淮方言，是对本地成年女性的称呼，就像称“阿庆嫂”“李家大婶”之类，有示好与亲近之意，多为民间戏剧与表演中的口语。

有热心人对出了下联，两组对句各有可取之处。

小大姐，上河下，坐北朝南吃东西；

老少爷，坐椅睡，坐南朝北读春秋。

小大姐，上河下，坐北朝南吃东西；

来回门，开巽关①，搀前落后唤左右。

前者文化意蕴丰厚，后者充满浓郁的乡土气息。今天的文楼是旅游者来河下古镇的打卡地之一，墙上的那副上联也格外吸引游客眼球，大家既要来尝尝文楼的美食，更要来此亲自试对一下那副单了千年的上联。

3. 新安义所

新安小学莲花街旧址曾经盐业兴盛，引来八方商客。明末清初，山西、陕西、安徽、江西、福建等省的大批商人，纷纷来淮投资盐业，并逐渐定居淮安。到了乾嘉时期，这里生意鼎盛，商人日益增多，为了联络乡谊，进行商业竞争，他们建立了很多会馆。会馆既是商业繁华的产物，也是商业需求的结果。昔时旅商在外的商客，总免不了商谈、议事、聚会、酬谢，每每出门在外，多有不便，如果建一处带有“家”的味道的居处，那当然

① 巽关，本地地名，位于淮安城东南角。

会得到各位商贾的赞成。

新安小学莲花街旧址

当时的淮安因是漕运中心，所以，城内城郊会馆纷纷成立，或购买，或新建。新安会馆（时称新安义所）在周宣灵王庙同善堂，福建会馆在福建庵（今莲花新村北），镇江会馆在北角楼（今存），山西定阳会馆在竹巷，宁波人的四明会馆在湖嘴街，江宁会馆在中街（今存），江西会馆在西门外运河边。盐业兴盛时，居民多数从事搬运食盐的苦力活计。据乾隆《山阳县志》记载，“食力之家不下数千户，东西相距二十里”。

历史的繁华只在瞬间，由于海运的兴起及陆路交通的便捷，淮安这座古城开始衰落。能够留存下来的只有一些古老的传说和老人们的记忆罢了。比如曾经繁华的河下莲花街，如今也只有几十户普通人家，完全看不到当年“食力之家不下数千户，东西相距二十里”的胜景，但莲花街这个名字，连同与之相关的传说，却颇具吸引力。当时任教新安小学的孙铭勋老师，写了一本介绍新安小学办学历程的书，叫《古庙活菩萨》①，里面记载了关于莲花街的一个传说。

---

① 孙铭勋. 古庙活菩萨［M］. 上海：儿童书局，1934.

曉莊叢書之一

古廟活菩薩

孫銘勳著

從神權高於一切
到童權高於一切
陶知行題

上海兒童書局印行

陶行知在《古庙活菩萨》扉页上题词：
从神权高于一切到童权高于一切

莲花街是河下古镇由东到西连接到运河大堤的一条铺了无数青石板的老街。当年，这里曾商肆林立，有几分繁华，然而随着海运兴起，昔日热闹的漕运码头和河下古镇日渐荒落，只剩了这铺满青石的莲花街了，这些光滑的大青石上，刻有许多莲花，这里有着一段奇异的故事。

沿着这条光滑的莲花街向东走去，走到中间三分之二处，有一个砖砌桥。据说，某年某月某日，一位壮年从这桥上经过，“无故蹈水而死”，壮年而殁，他的亡灵托梦给家人，说要去请某庙宇里的某位和尚来做法事，超度他的亡灵。

于是，他家里人经过相当复杂的过程后，“这位极灵验的和尚命驾而至”，在桥旁搭起经堂，在香烛烟雾中，和尚开始了七七四十九天的法事，“而活人，亡魂，妖魔都能够镇静地等待着他这四十九天的功德的圆满。然而，这家的活人因为心里太急切了的缘故，在四十八天的下午跑来看看，谁知道和尚不是在念经，而是在闭着眼打瞌睡，不由得怒火冲天”，打了和尚几个耳光。“和尚醒来，一点没有怒意，和颜悦色地收拾行装，辞别主人，回到他的庵里去了。”法事没有做完，亡灵自然不得安息，又在家中作怪，托梦斥责家人，不该打那和尚，“现在他的灵魂又要在汪洋的泽国受无期刑的苦难了”。他的家人不得不再到那个和尚面前赔礼谢罪，请求和尚再次来超度亡灵。和尚开始置之不理，最后提出了一个让人目瞪口呆的条件：“若你们要我再去给你们超度亡魂，除非你们有本领把（让）我的两只脚踏着万朵莲花走去。”“有钱人总是有办法的，经了相当的时间之后，这条路上，从西头的起点到东头的终点便铺上了虽不足一万但也为数不少的一朵接一朵的莲花。这便是莲花街名字的由来。”

故事的真伪无法也无需考证了，但莲花街的名字从此一代代流传了下来。为什么单单说这条莲花街？因为新安小学最初就诞生在莲花街旁的一座古灵王庙里。这座古庙，今人考证后称之为周宣灵王庙。

从运河大堤往东下去，通往莲花街的途中有一座砖头砌成的桥，在砖桥的旁边有一个矮小破烂的茅庵。这茅庵建于何年何月不可考，只是在风吹日晒雨淋的日子中、在凄凉冷落的年月里逐渐衰败，到了岌岌可危即将倾倒的地步。但这茅庵何时何人又如何扩建成周宣灵王庙，则有另外有一段故事。

相传清乾隆年间，有个被撤职的盐官，返乡途中从扬州乘船沿运河北上，经过河下古镇时在湖嘴码头停船靠岸。他不知不觉中从萧湖边走过去，看到了一座古庙。这古庙看上去虽然很高大，却破败不堪。他推开摇摇欲坠的庙门，看到里面已经荒草满院，萧条不已，不禁想起自己被撤职的处境。不过，他想，既然叫灵王庙，顺便拜拜说不定也灵验。他便虔诚地来到塑像前，心里默默许愿：灵王若能保我官复原职，我一定来还愿供奉，修庙贴金。

两年后，他如愿恢复了官职，重新获得了任命，继续掌管盐务。当时盐务官员可是个肥美的差事，于是他就委派在淮安河下经商的徽州富商们，替他把这个破败的茅庵修建成一座非常气派的庙宇。灵王庙的传说，附会了当地人在神权时代、皇权时代的想象与美好。

在愚昧与文化荒芜的岁月里，老百姓无法获得教育，生活在蒙昧中，挣扎在温饱线上，能填饱肚子、能有衣穿，已属难得，那时候的小孩子常常衣不蔽体、食不果腹。莲花街旁的这座灵王庙虽然破败，但从外面看去，恢宏体面，供奉着描金绘彩、高大威武的菩萨，这在封建神权时代是很常见的。

这座周宣灵王庙，是封建时代的产物，是神权统治的一个重要的见证和工具。河下古镇的这座破败的周宣灵王庙虽曾一度得到重修，但到了民国十八年，也就是1929年的时候，已再度摇摇欲坠、破败不堪。

4. 春风吹来

京口瓜洲一水间，钟山只隔数重山。

春风又绿江南岸，明月何时照我还。

这是宋朝王安石的《泊船瓜洲》，身为大宋王朝的丞相，位居国家高层，仍然有明月不照的感慨，处在经济万分艰难、交通闭塞的江北，普通民众不知有多么困苦了。

民国时期著名的教育家黄炎培先生，在他的《中华复兴十讲》的报告中这样说：

我们读百年史，知道中国在最近一百年中间在国际上从未抬过头。其开端就是鸦片战争，鸦片支配了中国近百年来的命运——使中国的国脉，若断若续，若存若亡。

诸位知道，世界国家与国家间，从没有跳出弱肉强食这原则的范围，我们冷静的头脑，站在客观地位，去研究各国对于中国的侵略方法。在百年中间，可分做三个时期——这三个时期，如果我们自己不争气的话，每一时期，都会结果我们的生命，不过方法不同。

要结果人们的性命，有几种方法。第一种将他的肉体一块块割裂，叫做“脔割”；第二种是抽完他的血，使他慢慢的自己死，这一种病叫做“干血痨”；第三种要他一皮一骨都不留，死得干干净净，这叫做“粉身碎骨”，叫做“磨骨扬灰”。①

从巴黎和会上，帝国主义无视中国这个战胜国诉求而肆意划分各国在中国的势力范围，到帝国主义以鸦片作为商品对中国进行抽血式的经济掠夺，再到日本强行侵占东三省，中华民族确实到了危亡之时。国家怎么复兴，民众怎么才能救国？国家的出路在何方？一大批思想者、教育者、实业家，殚精竭虑，寻找救国的良方。一大批仁人志士，以极大的热情回归祖国，陶行知就是这样一个以满腔的爱国热情投身教育、以教育救国为己任的“党外布尔什维克”（周恩来语）。他排除万难，兴教办学，以教育救国，兴教育立国。

在国外，人们普遍认为，中国最具有影响力的教育家有两位，一位是2000多年前的孔子，另一位就是近代的陶行知先生。2016年1月，陶行知先生的铜像建成并坐落于美国哥伦比亚大学校园，这是他就读过的大学。

人民教育家陶行知先生

陶行知，安徽歙县人，中国人民教育家、思想家，伟大的民主主义战士，爱国者。中国人民救国会和中国民主同盟的主要领导人之一。曾任南京高等师范学校教务主任，继任中华教育改进社总干事。先后创办晓庄试验乡村师范（1927年创办，1928年更名为晓庄学校，以下简称“晓庄学校”）、生活教育社、山海工学团、新安小学、育才学校等学校或团体。提出了“生活即教育”“社会即学校”“教学做合

① 黄炎培.《中华复兴十讲》[M]. 北京：生活·读书·新知三联书店，2015.

一”三大主张，生活教育理论是陶行知教育思想的理论核心。著有《中国教育改造》《古庙敲钟录》《斋夫自由谈》《行知书信》《行知诗歌集》等。

少年时代的陶行知学习艰苦而又执着，遇到了几位了不得的好先生。第一位是一个姓方名庶咸的秀才，第二位是叫吴尔宽的私塾先生，第三位是很有学问的贡生王藻。

1891 年，陶行知出生于歙县县城附近的黄潭源村，因为上面有个姐姐夭折，父母给他取乳名“小和尚”——这个小名，大概的意思是让他能够受佛门庇佑。他六岁入了童蒙馆上私塾，那位姓方的秀才对他的父母说：“不收束脩，给你家孩子开蒙吧。”

7 岁时，因家中大火，陶行知一家投奔休宁县外公家，在这里，他又到镇上私塾读书，教他的是一位名为吴尔宽的私塾先生。在这里，陶行知常受先生嘉奖。一次课堂上，吴先生说：“孟子的学生向老师提出一个问题，如果舜的父亲杀了人怎么办？孟子说，那么舜可以不当天子，偷偷地带着父亲逃跑，终身孝敬他。这就是说，百事孝为先，我们任何时候都不能做出不孝的事情来；人人遵守了孝道，这个世界就有了秩序。”显然，这是汉代董仲舒的孝治天下的陈腐学说。

这时少年陶行知站起来，和先生争论：“请问先生，如果普天下的杀人犯都被自己的儿子藏起来，如果普天下的人都像舜那么自私，国家能治理好吗？国家岂不乱套了？那样哪有秩序可言？看来，孟子回答学生的话，是不对的。”

吴先生睁大眼睛，半天没有说话，先是摇头，后又点点头，说：“童心可鉴，童心可鉴，后生可畏啊。”

可见，少年陶行知便已显露出自己的家国情怀和怀疑批判精神。

1902 年，11 岁的陶行知回到了黄潭源村，失学在家，生活艰难。但他一边劳作，一边自学。当时邻县航埠头有一位叫王藻的贡生，学问极好，正在邻县曹家任教，两地相距 15 里，陶行知经常步行去向先生请教。一个风雪天，陶行知前往王先生处求教，发现先生正在讲《左传》，他不敢惊动，恭敬地静立门外，一两个钟头过去了，王先生无意中发现了门外满身披雪的陶行知，大为感动。周围的人听闻后也赞不绝口，说“古有程门立雪，今有王门立雪”。

14 岁的陶行知因一个偶然的机会，得以免费进入当地一家教会学校——崇一学堂读书。进入这个学校学习的机会很难得，牧师唐进贤的翻译章觉甫先生与陶行知的父亲是朋友，就介绍陶母去学校里帮工、打杂，陶行知经常在卖柴、卖菜后去帮助母亲做活儿。牧师见陶行知举止大方，事母至孝，思维敏捷，极有见地，决定免除学费，收他为正式学生。

陶行知曾在崇一学堂的墙壁上写下一行文字——

我是一个中国人，要为中国作出一些贡献。①

崇一学堂墙壁上陶行知的留言

1915 年陶行知去美国留学，1916 年 2 月 16 日，陶行知致自己的导师罗素的信中明言：

余今生之唯一目的在于经由教育而非经由军事革命创造一民主国家。鉴于我中华民国突然诞生而带来之种种严重缺陷，余乃深信，如无真正之公共教育，真正之民国即不能存在。

……余将回国与其他教育工作者合作，为我国人民组织一高效率之公共教育体系，以使他们能步美国人之后尘，发展和保持一真正之民主国家，因此乃唯一能够实现的正义与自由的理想之国。②

---

① 陶侃．我的曾祖父陶行知先生［M］．上海：学林出版社，2021.

② 李镇西．重读陶行知［M］．成都：四川人民出版社，2022.

1917 年秋，他登上归国轮船，当与一起归国的留学生谈起人生志愿时，他踌躇满志：“我要使全中国人都受到教育。”

1919 年，他接待并陪同自己的恩师——美国教育家杜威先生考察中国教育，杜威在中国考察了两年又两个月；1921 年 9 月，他又迎来了他的另一位老师孟禄博士。

他陪同两位博士去上海、南京、苏州、无锡、杭州、广东等地参观、调查、访问，不甚精确的统计数据表明，在经济发达的沿海城市，有机会受教育的人只占总人口的 1.5%，实际可能还要更低，在偏远的山区、边疆、农村，教育的落后可想而知了。这次调查引发了陶行知的深思，积贫积弱的中国，战火连年、经济濒于崩溃，教育应该怎么办？中国普及教育的路要怎么走？

自 1923 年起，陶行知奔波于南京、北京，以及安徽的安庆、徽州等地，开启了他的平民教育生涯。1924 年 3 月，在开封，陶行知待了 4 天，对 90 多个县的教育局局长进行演讲，当场有 73 个县要求学校开设平民学校，64 个县要求不识字的人都要学习《平民千字课》，30 万人的教育种子就这样播下了。

陶行知的教育思想也发生了深刻的变化，他批判地接受了杜威的“教育即生活”思想，提出了“生活即教育”“社会即学校”“教学做合一”等生活教育理论。

1927 年春，他与赵叔愚等人在南京西北郊的劳山脚下创建了晓庄学校。晓庄学校成为生活教育的试验田与孵化器，生活教育在这里得到了积极发展和生动实践。

后来他又创办多所学校，包括上海山海工学团、重庆育才学校等。

1929 年，教育的春风吹到江北，吹到了落后偏僻的古城淮安，吹进了那个虽然破败但身影依然高大的古庙里。

民国十八年夏，即 1929 年 6 月 6 日，莲花街旁的古灵王庙里，挂出一个新牌子——新安小学。她虽然诞生在一座破败的古灵王庙里，却坚定地践行着陶行知的生活教育思想。陶行知在他的教育小说《古庙敲钟录》中，以三个简洁的比喻，为生活教育画了一幅简笔画：

静默如地下的种子，
自由如空中的鸽子，
勇猛如斗虎的狮子。

1931 年教师节，他又为生活教育的学校画像——

去年六月六，小孩吓得哭。今年六月六，宝宝多幸福。
去年六月六，板凳连屁股。今年六月六，满身汗如雨。

去年六月六，先生学干禄。今年六月六，先生学种谷。
年年六月六，死书不再读。只做活学问，越做越不足。

年年六月六，先生自种谷。肚子饿起来，喝碗绿豆粥。
年年六月六，先生进地狱。地狱变天堂，众生自成佛。①

对这首看似浅显的童诗，需要作些解答。

《古庙敲钟录》书影

朱先生挑着自己的行李

（《古庙敲钟录》插图）

① 陶行知. 古庙敲钟录［M］. 上海：儿童书局，1950.

第一，“六月六”是个特殊的日子，是民国政府提议而未定的教师节。从设定教师节这一点来看，从辛亥革命以来，民国政府对办教育、办好教育还是充满希望的。

1931 年，教育界知名人士邰爽秋、程其保等人联合京、沪教育界同仁，拟定每年 6 月 6 日为中国教师节，得到全国响应。可惜的是，没有得到官方立法承认。

民国二十八年（1939 年），政府决定以孔子诞辰日即 8 月 27 日为教师节。由于日寇入侵，山河破碎，这个教师节未能在全国广泛推行。

第二，“去年六月六，小孩吓得哭”，说的是旧式教育中的私塾先生，严苛的面孔、死板的教学法，小孩子们一点儿也不喜欢。所以被送进私塾的孩子们都吓得哭声连连，皆因抵触呆板、严苛的旧教育。

第三，“板凳连屁股”怎么讲呢？从前，读书人算是倒霉的一群人，如果科举不第，就不得不去教童蒙馆，谓之坐馆。在他们看来，坐馆是个穷差事，因为竞争的人不多，所以叫坐冷板凳。初坐上去的时候，难免有点冰人。坐久之后呢，又热得粘起来。这些教授学馆的先生，是坐（馆）而不做（事）的先生。

陶行知先生作了小诗描绘古时读书人状态——

四体既不勤，五谷也不分。

达之做官去，穷者教学生。

……

从前的先生，爱坐冷板凳。

现在的先生，赤着脚挑粪。①

封建时代，读书人读书为的是学而优则仕，“穷则独善其身，达则兼济天下”，总之，对于劳动生产是极不情愿，也极不认可的。樊迟问稼的故事，就是证明。现在，我们的先生，“赤着脚挑粪”，与普通民众生活在一

① 陶行知. 古庙敲钟录［M］. 上海：儿童书局，1950.

起，看得起农人，必定受农人欢迎了。

《古庙敲钟录》中，朱先生（村里请来的一个教书先生）讲了一个具有象征意义的故事：

从前有一个农人，只管代人种田，把自己的田荒在那儿。后来没有米吃就饿死了。在他死的时候，忽然来了一只鸟，停在屋角上，布谷布谷地叫。从此，乡下人以为这只布谷鸟就是那个饿死的老农变的，天天叫人"布谷"，以免挨饿。故事你们是知道了，可你们知道布谷鸟所叫的究竟是什么意思呢？他讲的意思是——

布谷布谷，快快布谷。如不布谷，没米煮粥。

如要煮粥，快快布谷。布谷煮粥，煮粥布谷。①

要"煮粥"，当然要"布谷"，"布谷""煮粥"不可分离。

古庙新学校，是新安小学独有的特征。这所乡村学校到底独特在哪里呢？最显著的地方就是，学校里的师生把生产劳动与学习紧密地联系起来，在"劳力上劳心""劳心上劳力"，手脑相长，而不是单纯地把孩子们关进一间屋子里，讲些"之乎者也"的东西。

纸上得来终觉浅，决知此事要躬行。不行春风，难以布谷；谷种既播，何愁不获。古庙里吹来教育的春风，办起了学校，那么，学校能顺利地办成吗？能办起一所什么样的学校？

5. 来了三位晓庄先生

这是民国十八年（1929 年）春天的事情，古庙里馆产之争一事发生了微妙的变化。

一天晚上，那个一直觊觎新安会馆馆产的吴俊卿经理，忽然向他的对

① 陶行知. 古庙敲钟录［M］. 上海：儿童书局，1950.

手们提出了严重的警告与挑战，“我们在这小县城里既已经不能分出高低，我们且到那大的京城里去比一比手段”。于是，次日的早晨，他花费高价坐上一艘加快的小船。当夜到了镇江，踏上火车，去向南京。

不久，陶行知先生迎来了一位徽州同乡，圆光的头顶，一缕胡须，精神很是饱满，这便是吴俊卿，看上去像一位颇为得体的绅士，说话声音异常洪亮。一阵俗套的寒暄之后，吴俊卿便说明了他的来意。他说，江北淮安有一个河下古镇，古镇上有渔民、农人子弟共上千名儿童，因家境贫困而无书可读。再说淮安有一所新安会馆，里面有几千亩地、几十间房子，以及足够用的家具。校产、教具、学生都有了，就缺可靠的老师。

客观地说，吴俊卿算是有点儿见识，尽管岁数不小，但却不是个思想僵化的老封建。他对于新事物、新思想并不抵触，甚至还有一些时髦观点，算是老人中的新派。对徽州同乡陶行知先生，他也是久仰大名，但现在说出的这番话是不是他的本意呢？当然不是，他只是为了借办学之名，将对手赶出会馆，为他清扫障碍，以便日后继续控制、争夺、占有会馆财产。

显然，这位吴经理是抱着“作螃蟹”的心态，来积极筹办新安会馆办学的事情的。螃蟹的心思是这样的，你不让我上去，我且拉着你，你也别想上去。他既不能让别人去独占馆产，也不能一直争讼不休，他铁定了心思，要让办学这件事情成功，争夺了馆产，余下的事情便好作安排和计划了。今天看来，他且算是有两分开明、八分私心的假绅士。他多次去拜访陶先生，又辗转委托南京的新安同乡会的人向陶先生讲话，最终陶先生答应下来。根据同乡会要求，一方面派人前去协助办学；另一方面，在晓庄学校中征召愿意到江北教学的队伍。

不久，三位年轻的勇士便积极“应征出战”了，他们是三位来自晓庄学校的学生。

这里要对晓庄作些介绍。晓庄原名小庄，是位于南京西北郊和平门外劳山（原名老山）脚下的一个偏僻的小村庄，背靠劳山，这里田野开阔，空气清新，小溪潺潺，松涛阵阵。陶先生相中了这个地方，他对同行的好友赵叔愚说："老山太老了，这个名字不好，不如叫劳山；小庄也应该改名晓庄，我们在这里创办试验乡村师范，在劳力上劳心，中国教育必将破晓，从这里放出曙光。"

不久，许多报纸杂志上便出现了这个学校的招生广告。这是一则举世罕见的招生广告：

1. "投考资格：初中、高中、大学一年半程度学生；有农事或土木工之经验，及在职教师有相当程度，愿与农民共甘苦、有志增进农民生产力，发展农民自治力者，皆可投考。"

2. "考试科目：农务或木工操作一日；智慧测验；常识测验；作汉文一篇；五分钟演说。"

3. 招生广告特别声明："少爷、小姐、小名士、书呆子、文凭迷，最好不来。"①

它像一块巨石，投入了中国旧教育那一潭死水里，激起了奔腾的浪花和一圈圈波纹；它像一块磁石，吸引了四面八方有志于革新中国教育的志士。清华大学教育系三年级学生操震球看到广告后欣喜欲狂，不久就加入了晓庄的队伍。上海中华书局编辑所图书馆主任程本海，任职已经七年，深受书局总经理陆费逵的器重，也毅然投奔乡村师范，以求练得有农夫身手，而谋扩大乡村教育之事业。

截至3月中旬，来自全国各地的13位有胆有识的青年齐聚晓庄，投身于乡村教育的改革，在军阀混战的枪炮声中通过考试，最终成为晓庄首批学生。他们是操震球、王琳、程本海、谢纬棨、戴伯韬、王洞若、李楚材、李相维、陈昌嵩、季雪云、徐企周、裴志发、葛尚德。首批的这13位青年，后来成为陶行知先生可贵的战友、同志、支持者，是乡村教育的试验者、拓荒者。②

其中，程本海、戴伯韬、王洞若等几位成为陶行知先生身边得力的助

① 陶侃．我的曾祖父陶行知先生［M］．上海：学林出版社，2021.
② 陶侃．我的曾祖父陶行知先生［M］．上海：学林出版社，2021.

手、可靠的合作者和支持者，一直跟随陶行知先生践行他的生活教育学说。王洞若后来到上海自然科学园工作，成为新安小学与上海左翼教师联合会（简称上海教联）的实际联系人和领导者、决策者、支持者，对新安小学的发展，包括新安旅行团的组织和活动产生了重要影响。1938 年，王洞若还参加了武汉新安旅行团出发三周年纪念大会。

从此，晓庄学校就成为生活教育思想的母亲。在随后的几年内，生活教育的诸多学说纷纷产生出来，《晓庄学校之使命》《实际生活是我们的指南针》《行是知之始》《教学做合一》《晓庄三岁敬告同志书》等一大批关于生活、教育的学术文章、诗歌纷纷发表，为乡村教育事业提供了动力，也从教育理论上作了生动的阐述、解释和立论。

晓庄学校的成功开办和试验，一方面丰富了生活教育的学说，另一方面也以种种事实上的成功，验证着生活教育的科学性、合理性、革命性等，尤其是极大鼓舞了有志于乡村教育改革的同志，吸引他们投身于乡村教育改革和试验中来，为陶行知先生的教育救国学说作了极好的验证。新安小学的孩子们最喜欢唱的《锄头舞歌》也诞生于这一时期。

1927 年 3 月 15 日，晓庄学校开学。在开学典礼上，陶校长在致辞中说："今天是我们试验乡村师范开学的日子，我们没有教室，没有礼堂，但我们的学校是世界上最伟大的……我们在这伟大的学校里，可以得着丰富的教育……"

到了 1930 年，晓庄学校已经招收了 4 批学生，国内外的教育专家和学者纷纷前来参观，晓庄学校成为乡村事业的火种和样板，为当时的中国教育提供了源源不竭的动力，培养了一大批优秀的师范毕业生，他们像星星之火，为中国乡村教育的普及和振兴播下了种子。

现在，新安小学办学需要人手，也是对晓庄学校办学成果的最好检验——晓庄学校培养的年轻人，堪当大任吗？能够成为中国乡村教育的播火者吗？能够成为乡村教育的舞者吗？生活教育能成为适用乡村教育的学说吗？

民主解决问题是晓庄的一个根本制度和传统。

五月的一个寅会（晓庄学校的早晨例会）上，陶行知先生发布了在淮安办新安小学的教师征召令，他对全校学生做了宣讲，讲明要征选三位学生去那里进行乡村教育实践。征招令一经宣布，学生们便沸腾起来，跃跃欲试。

当时的淮安，地处长江以北，交通不便，经济落后，又远离南京，困难是显而易见的。但这样的事情怎么能难倒晓庄学校的热血青年？

湖南籍学生李友梅、福建籍学生蓝九盛、安徽籍学生吴廷荣三位晓庄英雄，最终被招募为远征苏北的年轻勇士。

出发前，陶先生寄语三位远征苏北的晓庄勇士

早会结束后，陶行知先生召集三人谈话，是赠言，是嘱咐，更是希望和要求，他对三个人说：

你们此次到淮安去，是一支远征的军队。你们是到那里去创造；不是到那里去享受。你们是去为农人和儿童谋幸福，你们三人要能够和衷共济，凡事都以农人和儿童的利益为前提。这是我所希望于你们的第一点。

我们是树起新教育的旗帜，和旧的传统教育奋斗。我们是要在教育上革命，进而办一种革命的教育。你们若果到那里去仍然办一种传统的学校，那你们就不必多此一举，而晓庄也就不必需要这种远征的军力。你们要抱着我们的主张到那里去开疆拓土，到那里去作一种新教育的试验。将来，我们的主张能够在那荒凉的江北去发芽、抽条、开花，那你们三人便是第一次最荣幸的使者。这是我所希望于你们的第二点。

你们到那里去，是为那里的农人和儿童办学校，这个学校开办起来，马上就是那里的全体农人和儿童的共有物，不要把它看成你们三人或者此外的任何一个人的私有品。你们要和当地的农人联合起来，共同设法，以谋学校之进展。你们要训练当地的农人能够起来自己保护自己的学校，又要培植你们的学生能够起来办理他们自己的学校，然后，这种新教育的力量才能永远推动，永远产生新的效力。这是我所希望于你们的第三点。①

这番谈话，是陶行知先生发自心底的感叹和教诲。自推行平民教育以来，包括后来创办晓庄学校，陶行知先生没有一文钱，不知想了多少办法，克服了多少困难，才把晓庄学校办起来。现在，三位年轻人要远赴苏北，开创乡村教育事业，其中的困难，他是曾有经历和体会的，所以他说“你们是一支远征的军队”，是要去开疆拓土的。

第一条他说了乡村教育的根本目标，第二条描述了乡村教育的核心任务和性质，第三条描述了乡村教育实验的方法、途径和方式。乡村教育只能依靠和运用生活教育的办法，即要动员农人和儿童参与到乡村教育中来，要让他们能够自己联合起来，共同设法保护自己的学校，培养学生能够自己管理自己的学校。以这样“滚雪球”的方式和力量，推动乡村教育的不断成长与发展。

陶行知自留美回来，于1919年至1921年，陪同他的恩师杜威考察中国教育和社会现实。两年多的日子里，他深刻地感受到了中国现实的社会问题，即乡村教育的落后是导致国家实力羸弱、民众贫穷不济的根本原因，于是他下定决心辞去南京师范大学教务长一职，脱下了教授的长衫，投身于振兴中国的乡村教育事业，努力实现自己“四百万”的宏愿和蓝图，他著文说：

我们已经下定了决心，要筹募一百万元基金，征集一百万位同志，提

① 孙铭勋. 古庙活菩萨［M］. 上海：儿童书局，1934.

倡一百万所学校，改造一百万个乡村。这是一件伟大的建设事业，个个国民对他都负有绝大的责任。我们以至诚之意欢迎大家加入这个运动，赞助他发展，指导他进行，一心一德的为中国乡村开创一个新生命。①

陶行知先生早年在美国留学时，写信给自己的恩师罗素，希望通过兴办教育，以民主的方式，借助教育来建设和改造刚刚诞生、尚有诸多不足的国家——中华民国。他兴办乡村教育事业，看起来是兴办教育，实际上却是以教育来武装千千万万的农人和儿童，在教育上革命，办革命的教育，以振兴中华民族的未来。

三位年轻人扛起行囊，带着陶校长的嘱托，登上从镇江开往江北的小轮船，辗转来到了淮安，开始在这片贫瘠的土地上开疆拓土，建设、书写新安小学的教育诗篇，开启生活教育的新征程。

然而，等待他们的又是怎样崎岖而曲折的道路呢？他们携带的生活教育的种子，能在江北贫瘠的土地上生根、发芽、开花、结果吗？

6. 艰难的开端

新安小学的创办，不是那么轻松简单的。当年新安小学的孩子们和老师一起用文字记下一篇《校史——新安五岁》，这是当年新安小学的老师和孩子们记下的，他们是当事人、亲历者，内容可靠确切，从中，我们可以看到当时的曲折与艰难。

1929 年 4 月，吴俊卿和南京同乡会一位姓程的先生带领着三位年轻人一同来到江苏淮安，一个偏僻落后的江北县城。到了淮安后，他们拜访了本县的县长和教育局一位姓魏的局长。魏局长曾写信给陶先生表示欢迎办

① 江苏省陶研会，南京晓庄陶行知研究室．陶行知文集［M］．南京：江苏人民出版社，1981.

学。他们又与在淮安的徽州同乡会的同志见面叙谈，表明办学的来意。尽管这些旅淮的新安同乡并不过问新安会馆，但现在有南京新安同乡会来引荐，也都纷纷表示赞同办学，这样可以永久地解除会馆里的财产纠纷——以办学而息争端，是再好不过的事情。由此，程先生和三位年轻人也得知了一些详情：古庙里的三十余间房屋，实际上没有一间适合用作教室，只有一些破漏的馆舍，多半年久失修。东侧是吴经理的住宅，里面住着他的家人。西侧是新安同乡会的办公室、主席室等。

最后徽州同乡会也提出些请求：这是我们徽商的学校，势必要取一个我们家乡的名字，且由我们徽州人来任校长、学校由董事会加以管理和领导等。

5 月 1 日，京淮两地的同乡会正式在这纠纷扰攘多年的破庙里成立了一个董事会；进行立案，筹备开学，并且呈文县政府；一并恳请县政府撤销许多诉讼，公示保护学校等事情均积极进行。

最终确定 6 月 6 日举办开学典礼。当时县政府也认定，以会馆改办学校止息多年纷争最为得当，一切依据程序办理。

6 月 6 日，苏北乡村里燃起了教育革命的火种——新安小学成立了！

这个呱呱坠地的婴儿，血脉里带了抗争的基因、奋斗的勇气，有无私的革命性，是哪吒，是孙悟空，是挑战旧教育、旧传统的孩子，他弱小却勇敢的生命里，注定要在落后、偏僻的江北作一番试验，开辟出教育的一片新天地来。

小哪吒有缚龙的混天绫和重如大山的乾坤圈两种法器，所以他能把作恶多端的东海龙王太子降服；孙悟空得了东海龙宫的定海神针——如意金箍棒，从此在西天路上降妖伏魔。现在新安的三位年轻人，并无这样的法宝，他们有的只是满腔的热血和勇气。

办一所学校，教师、经费、场地、学生等，都是必不可少的。现在新安小学成立了，有庙宇里旧厢房作场地和教室，有陶行知先生汇来的 60 块大洋作为开办经费，有三位先生，还有河下镇上许多无书可读的穷苦儿童，学校最初的模样也就具备了。他们粉刷了厢房作教室，从河下镇上招来了20多个孩子。

6月6日这一天，在周围村庄乡亲们的支持下，学校总算是开学了，他们甚至还从镇上请来了专门照相的师傅，给大家照了一张合影。20多个穷苦人家的孩子席地而坐，三位老师站在后排。可惜年代久远，我们未能看到这张珍贵的照片。

六月六，有笑也有哭！江南失保姆，江北闻呱呱！

六月六，有书莫呆读！呆读成呆子，不辨稻粱粟！

六月六，用书如用斧！开辟新天地，众生好安居。①

这是新安小学开学后，陶行知和晓庄乡村教育同志给新安发来的电报。当时学校并没有所谓中小学的学制概念，甚至连年级也未划分，所以孙铭勋在《古庙活菩萨》中直接称其为新安小学。

6月6日，陶行知一悲一喜，“有笑有哭”，在江北，新安小学诞生；在江南，晓庄战士、陶行知的大妹陶文渼，患病离世。

陶行知先生的四子陶城在文章中回忆他的姑母陶文渼，他写道：

慈姑母陶文渼女士生于1895年，1929年6月6日不幸病故于南京鼓楼医院，享年才34岁……爸爸创办晓庄学校，发动乡村教育运动后的第二年，她率领全家投奔南京晓庄与爸爸并肩战斗。……文渼姑母抱着严重的病在我们家五柳村的茅屋里办起了农暇妇女工学处。她要通过农暇妇女工学处唤醒农村妇女与乡姑觉醒起来，联合起来学习求真生利，谋求自身的解放。

教育的主旨当然是为了更美好的生活和明天。然而，中国的教育传统却是教育与生活分离、教育与劳动脱节。用陶行知先生的话说就是，传统的教育让劳动和教育分了家，叫劳心者不劳力，劳力者不劳心。他说：

中国的传统教育，制造了两种不同类型的人。学生在学校里天天接受老师灌输的知识，他们的头脑发胀，却很少使用他们的双手。……而另一

① 孙铭勋. 古庙活菩萨［M］. 上海：儿童书局，1934.

方面，我们广大的人民群众，担负繁重的劳作，却不能受学校教育。但是，他们要为办学校缴付税款，而他们和他们的子女劳动之余享受文化教育的权利却被剥夺了。他们被迫得只存在一个很小的脑袋和一双巨大的手。

现在，带着“在教育上革命”的使命，带着乡村教育的梦想，新安小学这火种已在江北燃起，它也必将以顽强的生命力在江北扎根、开花、结果，打破旧教育的牢笼，冲向新社会的现实，写下光辉壮丽的史诗。

第二章 汪达之先生来了

教育是动员民众最可靠、最有效的武器。

——陶行知《我的民众教育观》

人民贫，非教育莫与富之；人民愚，非教育莫与智之。

——陶行知《共和精义》

1. “古庙战神”汪达之

非常之功，必待非常之人。

新安学校于艰难之中创办，初由一群徽州人士奔走与经营，也离不开陶行知先生鼎力支持与全心照料，其中他的生活教育思想更是学校的圭臬。

晓庄的斗争精神也让新安师生越挫越勇。

新安是一条大河，今天人们称之为新安江，古称徽港，系钱塘江水系干流上游段，发源于安徽休宁县境内，东入浙江省西部，经淳安至建德与兰江汇合后为钱塘江干流桐江段、富春江段，向东北流入钱塘江，是钱塘江正源。流域面积达 1.1 万多平方公里。

一方水土养一方人，一条大河孕育了古徽州。山灵水秀的古徽州，不乏胸怀大志的年轻人。许多年轻人沿着新安江顺流而下，向东而来，以热情与汗水在历史的书页上写下了自己的名字。

20 世纪 30 年代的旧中国，积贫积弱，物质生活极为落后，民众生活普遍艰难。但是，新安小学的孩子们和几位来自晓庄的先生们，却在物质条件极差，甚至连温饱都难以保证的情况下，仰望天空，关注、谋划、构想民族和国家的未来，开启生活教育实验，努力奋斗，争取生活教育实验成功，并打开中国教育的新生路。

黑格尔说，一个民族要有一些关注天空的人，这个民族才有希望。一个民族只是关心眼前脚下的事情，这个民族是没有未来的。新安人不但在学校里读普通的书，还走出校门，闯荡到社会里，“放鸟儿在林子里”，读世间各种社会之书。

汉武帝刘彻在《求茂才异等诏》中明言：盖有非常之功，必待非常之人。新安的师生在苏北的教育史上，能够写下非常成就，必定属于“非常之人”。

新安小学自创办以来，事事艰难，原本以新安会馆馆产为办学资源，实际上却让一群热血的教育救国青年卷入馆产争讼之中。后来，晓庄学校调回吴廷荣，委派汪达之来“总其成”，负责全面工作。原因在于，一来汪达之是徽州人，可减缓争讼方的敌对情绪；二来汪达之也是晓庄学生中最有韧劲的一位有为青年。因为他的坚韧不拔，才让新安小学得以坚持下去。

汪达之（1904. 3. 21—1980. 3. 27），安徽省黟县人，历任淮安县新安小学校长、新安旅行团顾问，是新安旅行团的组织者、决策者和核心领导人。历任苏北盐阜区抗日根据地行政公署文教处督学、南京晓庄师范学校校长、教育部师范教育司专员、国家文字改革办公室主任、广东民族学院党委书记兼副院长等。

在多年的教育革命征程中，汪达之最珍惜的就是当年坚持兴办新安教育事业，组织新安旅行团坚持抗日宣传活动，所以，晚年留下遗嘱，要安眠于新安小学旧址旁。1980 年 3 月 27 日，汪达之在北京友谊医院逝世；1981 年 6 月 6 日，在他的长子汪如一、次子汪心一的护送下，他的部分骨灰安葬于新安小学原址——淮安县河下镇莲花街的萧湖之滨。淮阴市政府和淮安市举行了隆重的安葬仪式，他的部分学生、莲花街的群众代表、新安小学部分学生参加了安葬仪式。

古老秀丽的徽州在历史上地处江南。黟县，为古徽州六县之一，碧阳镇碧山村，是汪达之的故乡。唐代大诗人李白曾经在这里生活，村内有宋代私家园林“培筠园”、明代私塾“耕读园”等，还有许多保存完好的明清民居及祠堂 100 多座。

孟子说：“天将降大任于是人也，必先苦其心志，劳其筋骨，饿其体肤，空乏其身，行拂乱其所为……”同旧中国大多数人的命运一样，汪达之的家庭历经苦难。

汪达之的父亲汪如海是一位乡村私塾先生兼郎中，在去南京参加科举考试的路上，偶感风寒，客死他乡，他没有留下什么遗产，甚至连像样的房子也没有。汪达之是遗腹子。汪达之的母亲虽然识字不多，却是一位极有见识、贤惠能干的家庭主妇。她年轻守寡，带着孩子们和失去劳动能力的祖母离开了老家，来到当时的安徽省城安庆谋生，住在大墨子巷的徽州会馆里，以为会馆老乡缝补衣服、做杂役、做毛笔等小手艺谋生。

一家三代人，全靠汪达之年轻的寡母辛勤劳作维持生计。

尽管生活艰难，他的母亲依然崇尚教育，生活再苦也要让几个孩子读书。随着孩子们一天天长大，大哥接下了父亲的私塾馆，二哥和姐姐也在辛亥革命后做了教师。有了一些固定的收入，他们的生活似乎就要苦尽甘来。然而，汪达之中学还没有毕业，他的姐姐、二哥就先后离世。1932 年，他的大哥又不幸病亡。

1933 年 5 月 23 日深夜，汪达之给母亲写信，在信中他这样向母亲诉说："母亲，我之所以这样做（坚守新安小学，不离不弃），正是发扬母亲给我的精神。母亲以一个受旧社会种种剥削，什么也不能够懂得的女流，在更恶劣的命运轮到头上的时候，尚且能毅然的扶持四个孤雏，一天一天的长大，给社会有贡献。……您是光荣的生活着！虽仍然是穷，又丧失了宝贵的健康和三个爱子。""母亲，我是受了您这样伟大精神的遗传和熏陶了。""母亲，我要为这些苦孩子们（指新安的孩子们）作救星，正如您作了我们弟兄姊妹的救星一样。"①

汪达之的少年阶段处于军阀混战的民国初期，小时候汪达之就读于大哥和二哥开办的改良私塾，后进入当地怀宁县高小就读，三年后毕业。在这里，少年汪达之在政治思想上接受了初步的革命启蒙。此后，他积极好学，高小毕业后两次报考安徽省立第一师范学校，在第二次考上并入学就

① 汪达之．生活的书［M］．上海：儿童书局，1934.

读。入学后第二学期，他感觉到这个学校死气沉沉，不久便离开了这所学校。他试图和同学进入上海的一所所谓的工读学校读书，可是到了学校后发现并不能如愿。但这趟上海之行令他印象深刻，他亲眼见到了公园的门口挂着“华人与狗不得入内”的牌子。因此，他对旧社会更加不满，对革命的期待更加强烈。

汪达之回到安庆之后，安徽省立第一师范学校拒绝他返校入学，他只好每天到省立图书馆读书学习。1926 年春，他进入繁昌县平铺的一所小学担任教师。1927 年春，他又去了望江县吉水镇一所学校担任教师。1927 年，“四一二”反革命政变突然爆发，国共两党合作破裂，全国笼罩在白色恐怖之中。

同年，在和同学姚左元（此时已是共产党员）的接触和交流中，在《新安徽报》报社的同学陈东湖的鼓舞支持下，汪达之筹足了去南京求学、投考的路费，并且最终决定，报考晓庄学校，这是他向往的一所新式学校。

晓庄学校有着自己的办学理想和抱负，但身体羸弱的汪达之报考之路并不顺畅。

1928 年夏秋时节，汪达之参加了晓庄学校第四期新生的考试。这是一场特殊的考试，每人要在划定的荒地上开垦出一块新地来。这是一场关系到能否被录取的关键性考试。同时开考的还包括国文、常识测试、智慧测试、演说及辩论等。只录取 40 人，报考的人数则超过 300 人。这位来自安徽省城安庆的青年知识分子，满怀激情地参加了这场特殊的考试。然而，他没有考取。

尽管暂时没有考上晓庄学校，但是汪达之并没有马上离开，凭着百折不挠的毅力和坚韧不拔的精神，他感动了陶校长身边的一位先生。这位先生告诉汪达之，陶先生某天在学校的靶场和学生一起练习打靶。汪达之最终见到了陶校长，向他表达了自己的理想与报负，最终陶校长答应收他为晓庄学校第四期的“试做生”，试做期满之后，再确定他能否成为正式学员。就这样，汪达之进入了晓庄学校，开始了他的乡村教育之路。

进入晓庄学校后，他刻苦地学习、实践陶行知生活教育思想。“为旧社会唱赞歌，给新社会唱进行曲”，“在教育上革命，办革命的教育”，成为他的终身理想和毕生追求。

根据晓庄学校的规定，他要在校学习一年半。然而，在晓庄学校的学习和生活过程中，汪达之也不是一帆风顺的。汪达之自己回忆——

但我仅仅参加了一个多月便生病了，病势很重。先是住在农家，学校因为护理不便，将我移到校内的一间小屋住下。开水和饭都是女同学每天值班送来，我非常感动。①

生病期间，同学好友李友梅（此时已加入共产党）热心地照顾他，陪伴在他身边，二人结下革命友谊，这也成为李友梅推荐他到新安小学任职的契机。

首批出发的14名新安旅行团团员之一、新安基本学生张牧，在汪达之离世后，从他留下的一堆信件中发现，汪达之生前曾经草拟过一个自传性的回忆录提纲。回忆录提纲共分10个章节，大概显示了他教育革命的人生轮廓——

一、一个小资产阶级知识分子的革命过程。

二、自幼生活在穷苦的家庭里。

三、孙中山的辛亥革命，推翻满清政府，给了他最早的政治思想。

四、五四运动给了他共产主义的方向。对大革命的热情和两年多乡村教师的苦。

五、两个出路的打算和错误的加入国民党。

六、以最大的努力进了晓庄师范，从改良主义的教育思想瞻望共产主义。

七、参加新安中心学校工作，走向革命。

八、新安儿童旅行团到新安旅行团。

---

① 刘友开. 汪达之评传［M］. 镇江：江苏大学出版社，2003.

九、民族解放运动，抗日战争和解放战争。

十、新民主主义、社会主义、共产主义和文化大革命。①

可惜的是，汪达之后来因病未能完成他自己的传记写作。

1930年春，汪达之来到新安小学，开始了在新安的奋斗。

来新安小学后的汪达之

学校的艰难、家庭的变故，以及人员的紧张、经费的短缺，都没有难倒汪达之，他以顽强的韧劲坚持把新安小学办了下去。

最初，因汪达之生病，加之他又是“试做生”，并不是真正的晓庄学员，所以起初未加入新安小学的工作。

第二年，新安小学的事业还是颇为艰难，一是吴廷荣受到当地人的排挤，被晓庄学校调回；二是李友梅因共产党员身份，受晓庄事变②牵连，不得不外出暂避风头。

到了1932年，其他晓庄学生也先后离去。不少人对新安小学的前途产生了怀疑，也失去了信心。汪达之却坚定不移，他在信中向好友坦言：这是我自己选出的光明，决不轻易抛弃。

陶先生要他以后每月从新安小学的50元经费中拨出10元留给妈妈，他却说：“我不能再从新安经费中拨出10元钱，多花新安一文钱，就要减掉新安一份事。”他将照应母亲的事情拜托给自己的好友陈东湖，离开饱经世间忧患、熬尽人间痛苦的母亲，毅然返回新安。他在信中对母亲说：

您的伟大的牺牲精神给我永不磨灭的印象，我一走，学校就要倒塌了，

① 淮安市新安小学. 萧湖之畔的丰碑：纪念汪达之同志诞辰100周年［M］. 南京：河海大学出版社，2003.

② 1930年4月12日，晓庄学校被国民党政府查封。他们认定，晓庄学校包庇学生，闹事、“亲共”，有明显的“中共分子”活动嫌疑和痕迹。于是通缉陶行知，抓捕带头的游行学生干部。

我发愿要将这些可怜无靠的孩子们扶持起来，让他们得到自己的幸福。还要让他们认清，是谁给了他们穷苦和罪恶。①

1927年晓庄学校创办，及其中心学校的兴起，也正是生活教育学说的“兴起阶段”。汪达之进入晓庄学校后，尽管求学期间体弱多病，但他还是顽强地完成了晓庄的课程，成为陶行知先生最可信赖的学生。作为陶行知的学生，经过在晓庄的学习，汪达之坚定地打起了生活教育的大旗，誓让生活教育在落后的苏北生根、发芽、开花、结果。

新安小学的创办，为实践和验证生活教育提供了一个真正的绝好的试验基地。生活教育学说包括“生活即教育”“社会即学校”“教学做合一”等核心要点，其理论系统极为宏大，至少包括以下这些——

本校的办法，是主张在劳力上劳心。本校全部生活是“教”“学”“做”。教的法子根据学的法子，学的法子根据做的法子。我们的实际生活，就是我们全部的课程。我们的课程，就是我们的实际生活。②

——《晓庄试验乡村师范学校创校旨趣》

“教育即生活”这句话，是从杜威先生那里来的，我们过去是常常用他，但是，从来没有问过这里边有什么用意。现在，我把它翻了半个筋斗，改为“生活即教育”。③

——《生活即教育》

教学做是一件事，不是三件事，我们要在做上教，在做上学。

生活教育的基本原理，就是“来自生活的教育，依据生活的教育，为改善生活的教育”。即 Education of life，Education by life，Education for life。④

---

① 汪达之. 生活的书［M］. 上海：儿童书局，1934.

② 江苏省陶研会，南京晓庄陶行知研究室. 陶行知文集［M］. 南京：江苏人民出版社，1981.

③ 江苏省陶研会，南京晓庄陶行知研究室. 陶行知文集［M］. 南京：江苏人民出版社，1981.

④ 江苏省陶研会，南京晓庄陶行知研究室. 陶行知文集［M］. 南京：江苏人民出版社，1981.

——《活的教育》

生活教育是以生活为中心之教育。……生活与教育是一个东西……它们是一个现象的两个名称。……生活即教育，是生活便是教育；不是生活便不是教育。①

——《教学做合一之教科书》

汪达之任教新安小学之后，以生活教育为宗旨，拿起生活教育的“武器”，面对种种困难，顽强地坚持下去，最终在莲花街上站稳了脚跟。他写了一篇文章，以相当长的篇幅介绍了新安小学四年的办学历程，总结了新安四年来实践中找到的生活教育理论——

我们四年来在实际生活的体验上所找到的理论，现在把它归结起来：

指导劳动者取得现实生活需要的教育。

指导生产者创造平衡的新社会的学校。

用体力从事于劳动生产的真本领以锻炼脑力的教育。

指导学生自动地组织集团以解决生活需要的学校。

科学与艺术综合的生活进程。②

新安小学的物质生活是随便的“将就”和“勉强”，有时连最基本的温饱都成问题，但他们的生活教育试验却决不马虎和随意，他们以饱满的热情、全部的精力来操办教育，并试图通过教育改变学校艰难的处境，改造落后的乡村。学校起草编制了《三年计划》《十年计划》《新安小学第五年计划大纲》《新安小学第六年计划大纲》等。学校师生的全部工作以计划大纲为准，所有的教学围绕大纲进行，一切皆有计划，一切都在行动。

他们的计划是从点滴开始，从具体的小事开始的，力求一步一步让学校更加美好，试图发挥学校的作用，改造落后的乡村与生活。如《二十一

① 江苏省陶研会，南京晓庄陶行知研究室．陶行知文集［M］．南京：江苏人民出版社，1981.

② 孙铭勋．古庙活菩萨［M］．上海：儿童书局，1934.

年秋要做的事》[①] 中就有：

儿童出路问题；

学校经济如何开源；

吴家迁让问题：大约需补助百元……

从《十年计划》到《二十一年秋要做的事》，可以看出当年新安小学事业的艰难与他们的挣扎。学校办学经费短缺，不得不想方设法、绞尽脑汁为学校筹措经费；校方与徽商馆产之争还未结束，吴俊卿虽然去世，但他留下一对成年儿女，因无生存本领，仍然居住在古庙里，学校本着人道主义精神不能驱赶；学校虽然经费紧张，但依然不是以解决肚皮为目标，仍致力于美好生活与幸福乡村建设，他们建筑儿童医院、建筑桥梁、修建道路等，是一所真正为民众谋幸福的学校。新安儿童团旅行上海途中，汪达之甚至在信中请求孩子们回程时要记得买些药，好为附近的村民们提供小伤小病的救治。

新安学校的计划不仅宏远，更具备细致可行的特点。以 1934 年汪达之执笔撰写的《新安小学第六年计划大纲》为例——

大纲由“经费”“生活”“环境”“口号”四部分组成，在“经费”中计划筹募生产工具、材料费一万元；在“口号”中，明确地提出：“努力生活教育的实验成功”“打开中国教育的新生路”。多么雄壮有力的口号与理想！

更有意思的是大纲的“生活”部分，包括目标、个人的生活、团体的生活及共同生活的人，老师在新安被称为“共同生活的人”，包括导师、赞助本校实验者等。他们坚定地主张，“以‘在劳力上劳心’的‘教学做合一’的理论与方法，逐求达到五项目标为原则，及实验生活即教育的真实性”。新安小学的“目标”有五项：康健的体魄；科学的头脑；艺术的兴趣；生产的技能；自由、平等、互助的精神。这些目标与生活教育思想相

---

① 二十一年指民国二十一年，即 1932 年。

当一致。

“轮流做主席”是新安（包括新安旅行团）孩子民主地进行自我管理的重要方式，也是“童权高于神权”的见证；“长途旅行一次”，既是他们的生活目标，也是他们走向社会、进行生活教育实验的重要方式。后来新安儿童旅行团旅行上海，就是对这项计划的执行。儿童旅行团为新安旅行团出发做好了组织上和思想上的准备。

最让人惊叹的是在“环境”部分，他们规划了美好的宏愿，“本校应以文化集团的力量负起促进社会文明的使命”，他们要做的事很多，包括：扩充粉笔制造厂、成立蒲草造纸厂、筹备印刷所、建筑演讲台一座、翻造永裕亭……

《新安小学第六年计划大纲》至今深受当代教育同仁的认同，《人民教育》记者李帆（2011 年）这样写道：

> ……出人意料的是每天的功课，无一字提及。……这些让人赞叹、值得回味的要求，细致具体，包含了身心发展、道德修养、审美人格等各个方面。这种生活环境中浸润长大的学生，怎能不拥有健康、阳光、向上的人格？①

举一个小的实例，为了更好地办学校，让孩子们更加热爱“科学把戏”，学校订阅了一套科学杂志，居然花了 15 元，这在当时可是一笔巨款！

新安小学的办学目标宏远且坚定，他们如何能够做到？仅仅靠着计划和“画饼充饥”吗？当然不是，他们运用生活教育原理，坚持“教学做合一”，做坚定的生活教育实验者、先行者与殉道者。他们真正地落实了陶行知先生当初给出的三条建议：“为农人和儿童谋福利”“树起新教育的旗帜”“培植学生能够起来办理他们自己的学校”。

为一大事来，做一大事去。相信儿童，依靠群众，就能把教育的大事办好。汪达之以全部的精力和热情来操办新安事业，努力创造出一个崭新

---

① 李帆. 寻找教育独特的灵魂：写在 2011 年岁末的思考［J］. 人民教育，2012（1）.

的面貌来。他创造性地建立起基本学生制度，吸纳和招收那些穷苦子弟，同时也巧妙地以学校办学为掩护，照顾和赡养烈士遗孤，为革命保留火种。

当时，新安就读的学生分为两种，一种是基本学生，住读在学校，学校不收一文钱，这群孩子不仅读书上学，还从事生产劳动；一种是普通学生，农忙时回家务农，平常不住学校。但两类学生读书，学校都为他们提供图书和纸笔。

新安事业万分艰难，到后来连吃饭都成了问题，老师们只能啃烧饼、喝面糊，但这丝毫不影响汪达之坚持的决心。他在教育上革命，同旧的传统教育斗争；面对家庭的种种不幸，他对个人生活也做出了一番“革命”。

最为困难的时候，老师们只好把穿在身上的大衣拿去典当，换几块钱来填饱肚皮。这就有了陶先生的十二字赠言——

捧着一颗心来，不带半根草去！

当时著名的幼儿教育家、乡村教育家张宗麟（1899—1976）称汪达之为“古庙战神”，他在致《生活教育》的信中说：“《古庙活菩萨》，这本书充满泪、血、力三种东西……我读这本书以后，回想起这次在上海不期而遇的古庙战神——汪达之，实在是一件很快乐的事。”物质决定存在，没有生存就无法革命，陶行知冒着被国民党当局抓捕的危险，给他们寄来救命的生活费，让新安小学生存了下去。

生活与家庭的种种不幸，磨练了汪达之坚韧的性格，为了继续照顾新安的孩子们，他甚至放弃了心仪的姑娘。汪达之身材高大，面容清俊，曾有过心仪的女朋友，是个高中师范生，但相处不久之后就分手了，因为女方既看不起他的家庭，又觉得他当个穷苦的小学教员，实在没有出息。汪达之以豁达的态度来面对失去的爱人，他认为：“爱情是建立在同一目的的事业的基础上，才能滋长发荣。人又不能生来是完人，所以两方的信条，又有自由、平等、互助的原则，共同奋勉。”“我从实践中更明白，恋爱这东西是面包的剩余，有了剩余的面包，才有恋爱，我的梦醒了！”他毅然决然地把全部精神和心思放在新安事业上。1933 年 2 月，在给陶行知先生的信中，他表明了自己的恋爱观，写道——

我是有我的恋爱观的。我的恋爱观的基础，是建立在事业观上的。换一句话，事业为经，恋爱为纬的。我又有三种步骤，一，是热烈的爱；二，是确定共同的事业观；三，有共同事业观就结婚，没有就放手。①

1934年，汪达之的书信集《生活的书》编辑成书，交由上海儿童书局出版，陶行知为他题写了书名，并在后面的信中感叹：“一个字，一滴泪，一点血，一斤力！……你们走的是创造之路，只要向前迈进，必定能达到你们所希望达到的目的。”

《生活的书》既是个人奋斗史，也是新安校史，更是那个时代教育的缩影。1935年底，靠着《生活的书》的稿费，新安旅行团在南京时生存经费的困窘部分地解决了。

2. 孙铭勋来了又走了

孙铭勋和汪达之是晓庄同学，也是新安生活教育实验“共同生活的人”。

当时新安小学聘请老师，不说招聘老师，而是说请“共同生活的人”。在他们看来，认为教师高于学生一等的做法并不明智，也不符合生活教育的民主思想。

孙铭勋（1907—1961），贵州平坝人，幼稚教育专家，晓庄学校毕业。1930年4月晓庄学校被封，一些革命学生被捕，孙铭勋6月被俘，后经陶行知等营救出狱。1934年在陶行知幼稚教育的理论和实践的指导下，孙铭勋在上海创立中国第一个劳工幼儿园，并曾被派往广西在雷沛鸿领导下从事幼儿教育。1936年12月去延安学习，1937年3月回上海。曾任生活教育社理事，《战时教育》编辑。后随陶行知到重庆育才学校，担任社会组主

① 汪达之. 生活的书［M］. 上海：儿童书局，1934.

任。1946 年育才学校迁沪，他任重庆育才学校校长。著有《古庙活菩萨》《幼稚教育》《乡村幼稚教育经验谈》《劳工幼儿园》等，与戴自俺合著《晓庄幼稚教育》等，又有《孙铭勋教育文集》问世。

1925 年，上海发生了五卅惨案，工人运动的血花飞溅在上海的街头，激起全国各地爱国青年的怒火。

当时，年仅 18 岁的孙铭勋是贵州的一个热血青年，看到无数的贵州青年积极踊跃地从大山里向外奔跑，他瞒着母亲私自跑了出来。开始跑出来的时候，他们以为中国既然已经革了命，那我们的国家一定大放光明，然而他们却眼睁睁地看着帝国主义加速分割中国，帝国主义的工厂像吸血鬼一样贪婪而又疯狂地压榨中国劳工；而故乡传出来的种种消息，也多半伴着大大小小的军阀混战的炮声、农村经济崩溃的呻吟；等等。他的父亲是个文人，母亲是个普通的农妇。母亲在青年时过度辛劳，落下了一身的毛病。由于孙铭勋撕毁了旧礼教给他的锁链——一桩封建婚姻，母亲在这样的打击中去世了。

就这样，儿子的叛逆与父亲的传统，形成了对峙。所幸的是，孙铭勋来到了晓庄学校，成了晓庄学校的一名学生。然而，1930 年 4 月晓庄罹难，又波及他，他被捕入狱，幸运的是，在戴自俺、陶行知等人的营救之下，他终于逃离了国民党的监狱。然而，这样一个有了案底的青年，该何去何从呢？又该如何在这纷乱的世道中存活呢？

他来到新安小学，这是 1931 年春的事儿。

1931 年暮春时节，孙铭勋老师来到江苏淮安，加入了新安小学。当时，他已经受聘为安徽涡阳师范的教师，每月的薪水有 60 块钱。然而，为了新安的事业，他来到这所学校，和所有的新安同仁一样，投入了每月大约只花费 8 块钱生活费的生活教育实验工作。

他们仍然乐此不疲，因为新安小学是晓庄事变后留下的唯一“孤儿”，他们倍加珍视和呵护。他在自己的书中写道：

……晓庄事变蔓延至于全体瓦解，而新安独免于难。此后，他便成了晓庄惟一的孤儿，生命不绝如缕。在绝对的困难当中，经历了长期的苦战，卒能维持至于今日（即到《古庙活菩萨》一书出版时的1934年）。①

孙铭勋与基本学生成榴生、曹大中合影（1933年）

孙铭勋老师是个心灵手巧之人，他更钟情于幼稚园教育与实验。他来到新安小学，是孩子们的老师，但更像是一位操持家务仁心慈爱的母亲，新安的孩子们更乐意叫他“孙妈妈”。

此前孙铭勋曾经在晓庄幼稚园工作，成功创办迈皋桥幼稚园，已经积累了相当丰富的经验，他的第一本教育学专著《幼稚教育》也即将出版。

他请求当时的幼儿教育大家陈鹤琴先生资助，谋划在淮安本地创办一所幼儿园。陈鹤琴先生高兴地汇来100元启动经费。

为了新安小学事业的扩展，为了当地儿童的需要，也为了进行教育实验，他们决心开办幼稚园。其间，孙铭勋、汪达之、台和中在月光下的大运河堤上，来回无数次地散步、商谈。1932年秋天，孙铭勋的母亲逝世，他决定将悲痛化为创办新安幼稚园的力量。他这样写道——

我现在要把我已经死去了的母亲留给我的生命完全拿出来献给儿童，一方面又为着新安的发展与此地社会的需要，决定在河下大街上开办一所幼稚园。街上本有学校的几间房子，原租给别人开面馆，现在可以收回，因陋就简的修理一下，预定于明年3月15日开学……

他向陶行知先生请求资助。12月初，接到了陶先生的回信——

---

① 孙铭勋. 古庙活菩萨［M］. 上海：儿童书局，1934.

铭勋、和中：

接读你们的信，你们要创办一个幼稚园来纪念慈母之爱，就是再好无比了……

祝淮安小朋友幸福无疆，两位老人长留慈爱在人间。

孙铭勋拟定了新安幼稚园初步计划预算说明书，向关心此事的人说明——

我是愿意替儿童做马牛的，凡是有以儿童教育的事要我出力的，我都可以毫无条件的接受。但我虽愿意替淮安的儿童做马牛，也要得到当地人士的实力援助。如果能得到当地人士的实力的援助，则将来要在淮安添办几所幼稚园也没有多大问题的……①

他呼吁：让孩子们到我这里来，让孩子们到我这里来！

新安幼稚园，是当年贫瘠落后的苏北教育的荒野中长出的一株娇嫩的新苗。孙铭勋老师想了很多办法，孩子们由一个增加到了三个、四个，他们每天都来幼稚园，家长们也纷纷议论，幼稚园照料孩子确实比家里周到，对孩子的教育方法也确实比家里好……

然而，由于经费的紧张与人员的不足，此时的新安小学，实际上只剩下汪达之一人在苦苦支撑。而招生和经费又成了幼稚园生存的极为关键的两个问题，于是半年后他们决定关闭幼儿园。

孙铭勋后来计算，半年来新安幼稚园总共支出 123 元 9 角，其中伙食费 29 元。陈鹤琴先生捐助过 100 元，其余的由新安小学做了补助。

新安幼稚园结束后的第三天，孙铭勋在细雨斜飞中乘船去了上海。汪达之送他上船，鼓励孙铭勋说："朋友，我希望你足迹所到的地方，都能够有幼稚园出世。"

孙铭勋回上海这件事情，实际上也有另外的说法。

据他的女儿孙丹年回忆，父亲当年离开新安，真正的原因是党组织调

---

① 孙肖平. 新安师魂［M］. 北京：现代出版社，2013.

他去上海创办幼儿园。原来，国共两党分裂以后，国民党将矛头指向共产党，一大批共产党员流血、牺牲，他们的子女都变成了孤儿，连毛泽东同志的孩子都流落上海街头。这件事让周恩来同志非常着急、头疼，怎么办？最好的办法是请一批可靠的人士帮忙，办一所幼儿园，把这些烈士的遗孤暂时照顾起来，条件合适了再想办法。但这事又涉及党的机密，是不能对外言说的，所以，对于孙铭勋的离开一般的说法是，回到上海创办幼稚园。

“据孙铭勋的女儿孙丹年告诉笔者，周总理把她的父亲从淮安调到上海后，就一直和他父亲有联系，后来更是让孙铭勋在上海、淮安和延安之间穿梭往返，充当我们党组织的联络人。”这是淮安文史专家秦九凤同志在一篇文章里写下的文字。

实际上，当时的新安小学，人手极为紧张，只剩下汪达之苦苦支撑。他是多么需要得力的人手和支持的伙伴啊！但是为了革命工作，为了革命事业，他服从组织领导，听从组织安排，让孙铭勋离开，然而孙铭勋老师的心还牵挂着新安小学和新安的事业。

写作《古庙活菩萨》、热情地帮助新安儿童旅行团旅行上海，就是他关心新安事业最好的证明。他用一部《古庙活菩萨》的纪实作品，以细致、鲜活、幽默、略带辛辣的笔触，详细记录描述了新安小学从筹备开办到艰难维持的整个过程，以事实为基础，在理论上概括、提炼，翔实、清楚、生动地为实践陶行知生活教育思想的新安教育留下了珍贵的实录和史料。

《古庙活菩萨》是我们研究新安小学办学历程、办学思想及师生活动的一份翔实可靠的资料。学生的教育、学习活动，教师的聘用与离任，学校经济上的艰难，以及陶行知先生对新安小学的关注、支持，包括整个社会对新安小学的种种影响，都在他幽默的文字和生动的叙述中。

新安小学作为晓庄学校的一所附属乡村实验学校，虽然创办于晓庄开办两年之后，但却是晓庄生活教育思想最忠实的信奉者和实践者。当时各种教育思想不断地冲击着古老的封建教育体系，如何在中国大地上、在贫穷落后的中国办教育？陶行知先生的平民教育思想无疑是最实用也最有影响力的。新安同志选择与信奉生活教育学说，并努力争取生活教育实验成功。

抱着为大众和儿童谋福利、训练儿童和农人、让他们自己操持自己的学校的信念，新安小学从诞生的那一天起，就坚持儿童办学，坚持儿童民主；以童权战胜神权，让儿童真正地当家做主，自强自信，把科学和民主带到落后的乡村里来，把知识像空气一样带到乡村里。

新安小学尽管是一所人数不多、经济力量薄弱的乡村学校，却自觉地实验生活教育的思想，坚定地主张“要打开中国教育的新生路，争取生活教育实验成功”。

孙铭勋老师明确地在书中表达了新安小学的主张，他说：

一个古庙里的学校，是从混乱的斗争中产生出来，又在艰难困苦的进行中建立他的基础。而现在，正一步一步脚踏实地的向前稳进，他的本身附带有时代的新教育使命，又具备着整个破落而日趋大转变的中国社会的缩影……①

以生活教育为主张，以儿童民主为核心，以童权代替神权，“保护”、“办理”、操持一所乡村学校——这就是新安小学，古运河畔的一所新学校！

新安的孩子会种菜、挑水、修房、铺路、养鸡、养鸽子、长途旅行等，所以新安小学并不仅仅是一个学校，更像是一个家庭，新安小学的老师们并不被称为老师，而是称为被“共同生活的人”，所以社会上的泥瓦匠、渔民、各行各业的有经验的人都是新安小学的老师。

1933 年秋，由新安小学的 7 名基本学生组成的新安儿童旅行团计划旅行上海，这是件石破天惊的大事，能成功吗？我们现在知道好多事情是由陶行知先生在上海做了安排和计划，而实际上孙铭勋老师是整个活动的组织者、支持者和亲历者。

他既充当了孩子们的活动导师，又密切地关心孩子们的生活，指导他

---

① 孙铭勋. 古庙活菩萨［M］. 上海：儿童书局，1934.

们的旅行计划，先后与汪达之多次通过书信交流、磋商。他带领孩子们参观、游览、看电影。他当时住在沪西，操办上海劳工幼稚园。从沪西到新安儿童旅行团的驻地静安寺附近的地丰里 6 号，有着好远好远的一段路程，但是为了新安儿童旅行团能够顺利地完成计划，他总是放下手里的工作，参与、指导、帮助新安儿童旅行团的游学活动，和孩子们订计划、写演讲稿、作讨论等，成为新安儿童旅行团在上海旅行的实际管家和导师。

《我们的旅行记》（新安小学儿童旅行团著，1935 年版）中，收录了孙铭勋的几封信，既有汪达之写给孙铭勋的，也有孙铭勋写给儿童旅行团的，从中我们可以看到孙老师对于新安儿童旅行团游沪一事的热忱与支持。可以毫不夸张地说，正是由于孙老师的极力支持，才促成了新安儿童旅行团 50 余天的旅行，正是在上海 50 余天的旅行才催生了新安旅行团的正式出发！我们来读一读几封信中那些关键的词句：

铭勋：

昨接你信，使我将不敢自信的旅行的计划，又重新提醒。……

我以为这是一种新试验，有宣传的必要。必定要有组织，有办法，有意义，我将为此拟一个宣言和办法。①

铭勋：

儿童旅行团已经定夺，宣言等拟就，即待刷印。行期最好本周内即启程。……

在沪生活计划，我们当先拟一个，到沪后再就实际情况，你为他们多多贡献些实际采用的意见……

铭勋：

印刷品三种今日方印好寄上，仔细看一下，有修正的地方，好设法

① 汪达之. 生活的书［M］. 上海：儿童书局，1934.

改正。

行期决定二十二日上午乘镇淮班轮到镇，拟在镇不停留。如此，二十四五日当可到沪。

旅行团的七个人，都在感着莫大的兴趣和希望中的快乐，当然，这是最好的教育的机会了。他们的快活，我想是和那太平的京都武场的新状元一样的。可是意义和要发生的力量都有霄壤之分吧！①

以上是汪达之校长就儿童旅行团一事，在出发前后与孙铭勋老师往来的信件商榷内容，也可见孙铭勋老师对于新安孩子的关心和热情。另外，他还积极地帮助儿童旅行团接洽去山海工学团生活和学习，亲自带领孩子们去看海京伯马戏等。

海阔凭鱼跃，天高任鸟飞。

万里征程始海港，一帆扬起凭长风。

汪达之、孙铭勋等老师，是新安孩子启程的海港，是他们搏击长空的信风、远行的指南，更是他们奋斗征程上的不竭动力。

3. 李友梅“逃了”

李友梅（1903—），湖南浏阳人，晓庄学校大学部毕业。曾在淮安县莲花街新安会馆创办新安小学。

这是我们目前能够搜寻得到的关于李友梅老师的一段简短的生平介绍。

和他同时代的同学、新安同事孙铭勋老师在《古庙活菩萨》中，介绍了他当年的大致活动历程——

李友梅，湖南浏阳人，民国十八年春到校，十九年夏离校。又于二十

① 汪达之. 生活的书［M］. 上海：儿童书局，1934.

一年春到校，秋离校，现在任教于安徽宿州中学。①

李友梅是新安学校早期的三位教师（另二位是蓝九盛、吴廷荣）之一，曾经亲自聆听陶先生的临别赠言。

在新安小学动荡、贫穷、艰难的生活教育实验中，李友梅从未表现出软弱、退让与逃离。然而，在新安小学难以为继的情况下，在汪达之校长一人苦苦支撑学校生存的境遇之时，他却“逃离”了新安学校，不得不去外地谋生，把赚得的薪水寄回，奉养新安学校的师生，好让这所患有“贫血症”与“败血症”的婴儿能够勉强地生存下来。

陶行知先生曾在不同的时间内给新安小学的几位老师写过多封信件。从这些信件中，我们能够看到当年首批来到新安小学的老师李友梅的身影，如陶行知署名何日平、民国十九年（1930 年）4 月 30 日的信中是这样写的——

友梅、九盛、和中、达之：

接到你们 4 月 24 日所写的信，知道你们用两件大衣跑了 30 里路当不得两元钱，又饿着肚子跑回学校，这件事是你们在长江北岸为乡村教育史写成悲壮的一页，亦即光荣的一页，我们是何等的安慰而又是何等的敬佩你们啊！

……捧着一颗心来，不带半根草去，你们抱着这种精神去教导小朋友，总是不会错的。②

何日平

这封信明确地提到了“友梅”，即最初来校的李友梅老师，他与汪达之同龄，年岁长于其他同志，是学校最初的具体负责人。

民国二十年六月一日（1931 年 6 月 1 日），方竹因（即方与严）等 15 人，为新安小学发起筹款倡议书，倡议书中一方面介绍了新安小学的艰难

① 孙铭勋. 古庙活菩萨［M］. 上海：儿童书局，1934.

② 孙铭勋. 古庙活菩萨［M］. 上海：儿童书局，1934.

校史，另一方面分别介绍了新安小学大致的人员流动情况——

一九年秋，刘君文悌加入工作，二十年春，李君友梅与台君和中同赴涡阳（安徽涡阳乡村师范）工作。李君月提薪水六分之一，台君月结薪水三分之二，共同来维持新小急需。孙君铭勋，丢了六十元一月的事儿不干，来加入生活。汪君达之……①

方竹因等 15 人同启

到民国二十年七月（1931 年 7 月），新安小学收到陶行知先生（此信中他化名“不除庭草斋夫”）的信，此时已经可以确定，李友梅先生已经离开了新安小学。七月十九日，陶行知给新安的信开头是这样写的——

达之、九盛、和中、铭勋诸弟：

接读七月十六日来信与新安小学十年计划，精神为之一振。诸弟据此精神，向前做去。必有成功之一日……②

不除庭草斋夫

受 1930 年晓庄事变的影响，陶行知先生开创的生活教育事业遭到了全面扼杀和打击。晓庄学校连同周围 20 公里地面上所有的生活教育的“据点”、师范学校本部、8 所中心学校、4 个中心幼儿园、学术研究团体、3 所民众学校、两处中心茶园、乡村医院、村联自卫团等被“一网打尽”。被逮捕的师生有 30 多人，10 多位烈士血溅雨花台。

当时，晓庄事变在全国影响巨大，国民党淮安党部也叫嚣要到新安小学来搜查，他们认为，既然来新安学校的是晓庄学校的学生，就有“共党”嫌疑。晓庄学校揪出了共产党，难道新安小学会脱离干系吗？新安小学的几位同志，面临的处境可想而知。

此时，李永梅身为共产党员，沉着、冷静，他认为此时不能自乱阵脚。学校里除了一套《晓庄学校丛书》与晓庄学校相关外，没有任何所谓的“通共”证据。他们决定，学校一切活动照常进行，不能“此地无银三百

① 孙铭勋. 古庙活菩萨［M］. 上海：儿童书局，1934.
② 孙铭勋. 古庙活菩萨［M］. 上海：儿童书局，1934.

两”，自乱阵脚。

种种原因，使得新安小学的老师们，几位来淮远征办教育的革命者，不得不面临抉择，最终台和中老师和李友梅老师离开新安小学，去了安徽涡阳乡村师范学校任职。但同时，他们把自己薪水中的大半寄回新安小学——那是一个嗷嗷待哺的婴儿！

再说晓庄学校被查封的事件中还有一个令人捧腹的故事。1930 年 4 月 12 日，一群气势汹汹的国民党官兵突然闯进晓庄学校，他们赶走学校的师生后，当官的便叫士兵把校门封住，可是找了半天，却没有找到晓庄学校的大门。

原来，晓庄学校的校舍全是茅屋土墙，分散在山谷村落之中，与农民的住房连成一片，从来没有造过大门。士兵找来找去，不见大门，哭丧着脸向长官报告。长官找了一圈也找不到，他又气又急，挥手打了士兵一个耳光，骂道：“混蛋，光会吃饭的东西，没有大门也来找我，贴在门上与贴在地上，不是一样吗?”士兵只好找来一块黑板，把封条贴上去，算是交了差。

晓庄学生将这件事情讲给陶行知先生，他鼓掌大笑说：“我们的校舍上面盖的是青天，下面踏的是大地。晓庄以社会为学校，他本来也没有门，封条贴在哪里？校舍可封，晓庄可封，怕是种子已经播进了全社会，人间再也没有什么势力可以把他们连根拔掉。”

1938 年 6 月前后，新安旅行团在兰州活动。在这里，新安旅行团团员见到了台和中、李友梅两位老师。当时，台和中是兰州女子初级职业学校的校长，李友梅被台和中聘来担任学校的教务主任，他推行了一系列的教育整顿和改革措施。

在这所学校里，他们看到了“以教人者教己”“在劳力上劳心”“生活即教育”“社会即学校”这些熟悉的标语。在音乐教室里，陶行知先生的诗歌、唱片成了教材，《大刀进行曲》《镰刀舞歌》等进步歌曲比比皆是。新安旅行团团员们感叹，这所学校和新安小学实乃一母同胞，也是一所生活教育的实验学校啊。

天涯海角聚知音，半生相知有几人？

现在，通过我们找到的相关回忆录和文献，只能大致知道，李友梅老师先来新安学校任教，后到安徽涡阳师范学校避难，再后来，又到过兰州女子初级职业学校任教。漫长的岁月如大浪淘沙，无数的人物历经风浪，已难觅踪迹。但新安小学不会忘记，这位共产党员曾经在这里工作、战斗过，曾经把他的青春与热血抛洒在这贫瘠的土地上。

缘自历史的巧合与机缘，共产主义悄然来到了江北，来到了这所学校里，在学校里生根、发芽、开花、结果。新安旅行团在共产主义理想的照耀之下，一颗颗红星点亮了中国儿童革命的烈火，一颗颗红星照亮了中国儿童革命的未来。

吃水不忘挖井人，遨游蓝天凭高风。

我们不能忘记，无数的中国共产党人，为了推翻旧中国，为了中国人民的解放，为了无数大众的幸福，他们或默默无闻，或牺牲流血，或埋头苦干。他们是一群不能且不该被忘却的人。所以，我们写下本文，为像李友梅老师一样默默无闻的中国共产党人树碑列传。

2021 年 5 月，新安旅行团历史陈列馆重新布展，人们再次核实了李友梅老师的身份，经当年的历史档案查寻，确认他是当时中共晓庄支部的党员。三位派往淮安办学的同志中，他是唯一的秘密党员，在当时斗争的年代里，他的身份不可能公开。早期的中国共产党力量孱弱，但共产党员们不因自己处于弱小的地位而放弃自己崇高的革命理想和信念，更没有忘记自己的初心，他们是一群书写历史和改变世界的人！

百年后的今天，李友梅老师的后人或亲友，如果能够看到今天的新安小学，看到新安旅行团那些杰出的代表，我们相信，他们一定会感到无比欣慰和自豪。

4. 学校里来了个摩登少年

自1930年春开始，汪达之校长成了新安小学实际的领导人。他坚定地实践陶行知的生活教育主张，在艰难中操办新安小学事业。当然，真正坚持和参加生活教育实验的主体，是新安小学的一群孩子。

这些和汪达之校长一道操办新安小学、信奉生活教育主张、坚持生活教育实验的孩子有刘昭朗、朱金山、徐志贯（原名徐之光）等。这里我们要详细介绍徐志贯这位学生。他是一名很特别的学生，比其他的新安学生岁数略大一些，文化程度高，已经完成了基础的教育，上了高中，离考大学只剩下一个学期的功课。

英俊少年徐之光

然而，1935年春节刚过，这位17岁的少年却从他的家乡安徽省繁昌县大有圩镇独自来到了江苏淮安新安小学，甘愿当一名基本学生。

徐志贯高中就要毕业，可以去考大学了，怎么会突然跑到新安小学和这些小他好几岁的孩子们来做同学呢？

原来，徐志贯出生在繁昌县一个富有的地主家庭，家里很有钱，他是父亲最疼爱的小儿子。所以只要他愿意，想从家里要多少钱都是容易的，更何况去上大学深造呢？

可徐志贯没有走父亲为他选择的考试、升学、当官之路。

刚到新安的那一天，他穿一身半新的学生装，高高的个子，留着分头，白皙的方脸上有一双浓眉和乌黑的大眼睛。不管见了谁，他总是眯眼一笑，一副文静且儒雅的学生模样。

小同学张早最先发现了秘密，叫唤起来：“咦，你还有颗大金牙呀？”

“小调皮，金牙又怎么了？”他用手往张早的脑袋顶上一按，从后往前抹了一下，张早倏地闪开了。

金子是财富的象征。那时有钱人时兴包金牙、戴金表。而徐志贯这一颗金牙是为了根治牙病才装的。他见大伙儿这么看他，总想把那颗金牙藏起来，可是只要他一笑，细心的人就能察觉到他是装了金牙的。他甚至对汪达之先生说：“我把这颗金牙换掉吧。”汪先生笑笑说：“也不是太显眼，何必又去花那一份钱，算了吧。”

当时的新安小学，基本学生已经有了十几个人，年龄最大的是朱金山，其余几个都是十二三岁的小同学，大家都想不到，徐志贯这个来自富有家庭、马上就要高中毕业的人，愿意跟小同学们一起吃苦。

在生活会上，汪先生向大家介绍他的时候说：“徐之光同学我们早就认识了。”他笑眯眯地说，“快十年了吧，那时候你小学二三年级?”徐志贯说：“汪先生是我的第一位启蒙老师，要不我也不会找到这里来了。”他是先到了安庆，找到了汪先生，这才决定来新安小学的。原来，早在 1926 年前后，汪先生曾在繁昌县农村乡村小学工作，那时候徐志贯就是他的学生。19 世纪 20 年代初期，中国革命浪潮风起云涌，革命的新思想、新潮流四处传播开来。徐志贯所在的那所小学，就有青年教师易启宽、陈思琪、汪达之等，他们对学生讲起了“耕者有其田”“人民翻身得解放”等革命道理，给童年的徐志贯留下了深刻的印象。

徐志贯的妈妈是个贫农的女儿，3 岁死了母亲，9 岁被送到徐家当了童养媳。徐志贯很爱妈妈，对妈妈的身世深表同情，同时目睹周围穷人的苦难，在心灵里埋下了背叛地主家庭的种子。

后来，父亲把他送进了芜湖的广益中学（教会学校）读书，希望他将来读书、考学、做官。然而，徐志贯却和广益中学里的老师闹翻了，于是跑到济南去读书。在那里，他受到来自北平、天津等地爱国革命思潮的影响和感染。

徐志贯苦闷之中找到了汪达之，他向自己当年的启蒙老师倾诉了一切，要断绝和地主家庭的关系，参加汪达之将要组成的新安旅行团到全国各地去，为唤醒四万万同胞共同抗日而奋斗。于是他成了新安小学的一名基本学生。

可是，这个来自地主家庭、皮肤白净的文弱少年，能够适应新安小学艰苦的自食其力的生活吗？

新安小学的生活格外艰苦。饭要大伙儿轮流去做。早晚餐大半是玉米面糊，炒黄豆或煮黄豆当菜；中午是玉米面饼加一碗缺少油水的青菜豆腐。晚上吃一餐大米饭或者磨一次豆浆喝，就算是大大改善生活了。水要到一里多外的运河里去抬回来。吃的蔬菜全是自己种的。晚上睡觉是在楼板上放一张芦苇席，硬邦邦的。冬天，房子漏风，冷风逼人。总之，这里的一切全靠自己动手。就说去运河边抬水吧，肩头从没压过扁担的人，只要抬上一趟，肩膀就会红肿起来。至于种菜、刨菜畦、浇水、挑粪，劳动强度更大，不会干活的，就会闹出笑话来。抬了一桶粪，往往会溅一身臭水。

大家以为，这样艰苦的生活，徐志贯一定是难以适应的，过些日子他也许就会走了，可是他却顽强地适应下来了。于是，不论是几个年龄大的同学，还是一些小同学，都很尊敬他。他在生活、劳动上和大伙儿打成一片，加上他文化程度高，思维敏捷，遇事冷静，能很快拿定主意，处理问题有魄力，深得大家的信赖。很快，他就成为学生中的核心人物。

1935 年秋，新安旅行团的筹建工作基本完成。团体决定在辛亥革命纪念日即 10 月 10 日正式出发。在汪先生的倡议之下，从基本学生里推选出三位年龄较大的团员纪宇、朱金山和徐志贯，作为团务的干事，组成团务干事会。徐志贯因文化程度较高，遇事冷静，有主意，被推选为总干事，汪达之为“顾问团员”。从此，他成为汪达之先生的得力助手，履行总干事一职，负责管理团体具体事务，成为团体的领导与核心人物。

徐志贯在新安旅行团工作了整整五年。五年间，新安旅行团走遍了大半个中国的广大城乡，积极宣传抗日主张，取得了巨大的社会影响力。这五年，是国民党反动派对新安旅行团刁难、压迫甚至要收编、解散的五年；也是团体战胜重重经济困难、生存困难并通过自力更生取得了胜利的五年。

徐志贯协助汪达之带领新安旅行团全体人员，听从党的建议，在国统区工作了整整五年，在实际斗争和革命实践中，自己和团体也日渐成熟起来。

1936 年 2 月，新安旅行团活动到安徽巢湖，在以爱国将领冯玉祥名义创办的园山学校，新安旅行团团员们遇到了汪达之的同学苏政海。当时，苏政海刚从南京的监狱出来，在园山学校教书并休养。

新安旅行团在园山学校活动时，苏政海常常与团员们聊天，也聊一些政治话题，他满腔激情地向新安旅行团的孩子们介绍苏联的十月革命，为团员们打开了窥见新世界的窗口，给孩子们留下了难忘的回忆。苏政海经常约徐志贯等人一起到他的住处去玩，谈苏联的儿童、妇女和工农生活。

有一次，苏政海谈到苏联的集体农庄用拖拉机耕种土地时，说：

不是田埂子和界石有力量，是私有制有力量！在我们中国，土地是地主的，工厂是资本家的，蒋介石就是私有制的总头目。中国工农要过上苏联工农那样的日子，就要打倒国民党蒋介石！共产党就是带领工农来干这件事情的！①

然后，他又带着孩子们唱了《国际歌》《八月桂花遍地开》等苏区民歌，还一句一句地给团员们解释这些歌词的含义。团员们受到了一次从未有过的政治启蒙，上完了最初的党课。

1936 年夏天，新安旅行团回到上海修整、学习。徐志贯凭着自己敏锐的政治感觉，断定在上海指导新安旅行团工作的国难教育社的丁华、王洞若等一定是代表共产党的领导人。于是向王洞若提出了自己的入党意愿，却受到了一次很严肃的批评。

王洞若对他说：“我也知道共产党抗日最坚决，做好抗日工作要有党的领导，可是除了苏区以外，谁也不知道他们在哪里。你这般乱撞，不光自己的脑袋危险，你们这个团体在社会上还能存在下去吗？”

---

① 周志平. 新安旅行团史［M］. 重庆：西南师范大学出版社，2021.

徐志贯（后排左一）和左林（前排右二）、范政（前排右三）及中共北方局李长青同志（前排右一）合影

原来，经历了1927年“四一二”反革命政变，国民党当局对共产党人举起了血淋淋的屠刀，大批共产党员被抓、被杀，使中国共产党面临着极大的危险，许多同志都和组织失去了联系。所以，当徐志贯提出这样的请求的时候，自然是遭到了批评。

1938年10月，王洞若在参加新安旅行团成立三周年活动的时候，和新安旅行团同志做了解释。原来，那时候，上海的党组织遭到了敌人的严重破坏，处于混乱中，他自己都找不到上海党组织。当时的徐志贯不可能了解到这些，但是他一心向党，一心向往光明，认定了革命之路。当时，他以为自己的入党条件还不够，今后要更加努力工作，从此更加小心谨慎了。

1939年底，国民政府露出了狰狞的獠牙，他们绝不让和平回到人民群众中，他们决定不遗余力地消灭中国共产党。共产党领导人周恩来洞察了敌人的阴谋与独裁。周恩来指示新安旅行团，“万一发生不测事件，就撤到新四军工作”。团部特派张杰秘密赴皖南和新四军军部联系。张杰到后，向军部领导报告了新安旅行团出发以来的工作情况，为《东南战线》第五期撰写了《从困难中产生，在抗战中成长的新安旅行团》长篇报道，系统地介绍了新安旅行团的工作情况和经验。其间，张杰还在新四军干部大会上发表了演说。①

1940年春，国民政府军委会桂林办公厅下令，要求新安旅行团全体人员必须集体参加国民党。他们绝不能容忍这支亲共的、带有民主倾向的团体，为共产党所领导和指挥。此后，皖南事变发生，桂林的国共合作也破裂了。新安旅行团面临着合法生存的危机。

八路军驻桂林办事处主任李克农指示，由汪达之和另一名非党团务干事纪宇参加国民党加以应付，掩护团体生存。考虑到徐志贯在总干事岗位上工作多年，露面太多，组织同意了他本人的请求，将他调离新安旅行团去延安学习。1940年春天，他乘坐八路军办事处的汽车，从桂林经重庆、西安到达了延安，从此结束了在新安旅行团的工作和生活。

再次获得他的消息，是在23年以后，他在江西省计委工作，到北京参加全国计划会议时，与新安旅行团的老同志张牧偶遇，由此了解到他离开新安旅行团后的工作历程和大致情况。

他到了延安后，做了中央青委巡视员，在中央党校学习后，随军到了热河，任过赤峰市的区长，后又随军到了江西，从县长一直干到省计委，坚守一名共产党员对党的忠诚和热情，把整个人生都献给了党的事业。“文革”后他担任了国家重点新建企业——燎原化工厂党委书记，带病完成建设和生产任务，1976年因过度劳累离世。

徐志贯从一个小资产阶级分子成长为党的忠诚战士，坚定不移地执行党的方针，忠诚党的信仰，与党保持着高度的一致，体现了新安旅行团奋斗不息、自强自立的精神。他加入新安旅行团、离开新安旅行团，见证了国民政府的腐朽时代和国共两党的分裂与斗争。

他在多年的革命历程中，不慕名利，把自己等同于一个普通团员，为新安旅行团做了大量的组织、管理工作，是新安旅行团早期活动重要的组织者和领导者。他运用自己的智慧和团体的力量，带领新安旅行团在白色

① 中国革命博物馆. 民族小号手［M］. 北京：春秋出版社，1989.

恐怖的年代里、在国民党统治区，同国民党反动派做了不懈的斗争。

新安旅行团是一所“行走的学校”，是由中国共产党领导的、具有红色信仰的“学校”。从这所学校走出来的每一个人，都意志坚定，对党忠诚，热爱共产党，热爱祖国和人民，他们毫无保留地为党和人民的事业奉献了一生。

5. 左义华和曹维东

十年树木，百年树人。教育的根本宗旨是塑造人的灵魂，“苦其心智，劳其筋骨”，让人获得精神的成长与力量，以面对不确定的未来生活。

习近平总书记说：“一个人遇到好老师是人生的幸运，一个学校拥有好老师是学校的光荣，一个民族源源不断涌现出一批又一批好老师则是民族的希望。”

来到新安小学是许多孩子的幸运，而新安旅行团更是许多孩子活泼成长、翱翔天空的摇篮。新安小学虽是苏北的一所小学，但从这所小学里走出了许多了不起的人物。这里的老师有教育家汪达之先生、孙铭勋老师，还有其他许多默默无闻的教育工作者。从新安小学出发的新安旅行团培养了许多人才。自 1935 年起，他们一路宣传抗日一路修学旅行，先后吸纳近 600 名团员，培养了许多优秀的人才，其中有较大影响的有 200 多名。这里，我们要介绍两位基本学生，也是新安旅行团团员，左义华（后改名左林）和曹维东。

左林的一生，充满了传奇色彩和奋斗精神。他并不是淮安本地人，也不是徽州人。他来自湖南浏阳官渡镇，1924 年 12 月 21 日出生。后来他跟随自己的姨父李友梅（《义华的日记》中称他李先生），从湖南官渡经长沙、上海，辗转来到淮安，做了新安小学的一名基本学生，吃住在学校，跟先生们一起生活，视汪达之先生如父、孙铭勋老师如母。从 1930 年来到新安小学，到 1942 年离开新安旅行团，他在这里度过了他的童年和少年时代。

从左义华身上，我们看到了新安小学的成长历程和奋斗历史。

1931 年的元旦前，天气寒冷。然而这一年的元旦，新安小学的孩子们却异常高兴，因为学校里来了一位从上海来的先生，他们尊之为方先生（即方与严）。

方先生是陶行知先生的助手、伙伴。一直跟随陶行知先生学习、做事、生活，是陶先生的亲密战友和得力助手，现在他来到新安小学，就是代表陶先生考察、帮助新安小学，解决有关的问题。方先生来到新安小学后，孙铭勋老师和他谈起了学校的种种困难，特别是提到了左义华（他的弟弟左宗华，这时也到了淮安）兄弟俩，孙先生说："哎呀，方先生来的太好了，义华这孩子太苦了，现在连件像样的御寒的冬衣还没有呢。"

谈话间，方先生正在翻阅新安小学孩子们的日记，他看到左义华写下的那一篇篇既朴实又活泼的充满了情感的日记之后，便笑着对孙铭勋老师说："我看义华的日记写得不错，这些日记可以拿去出版。"经孙铭勋老师修改和方与严老师编辑，《义华的日记》于 1932 年出版了。

汪达之校长有一架照相机，这在当时是新鲜的玩意，也是很贵重的物品。为让左义华开心，汪达之校长常把这架照相机拿出来，给左义华背在身上，让他享受一点童年的欢乐。

当年，学校养了狗、鸽子、羊等，鸽子能下蛋，鸽蛋在当时有很好的销路。年纪虽小的左义华，按照生活计划每天有喂养鸽子的任务。

1933 年 10 月 22 日，7 个孩子组成的新安儿童旅行团出发去上海旅行。跟在学校里的日常生活一样，他们今天派出的轮值主席是左义华。汪达之先生对孩子们做了一番讲话后，又送他们到运河大堤上。团员陈昌林在《我们的旅行记》"冒雨出发"一节中，做了记录：

主席——左义华唱了锄头歌，曹先生对我们讲话，其中有一句是这么说的，踏进了生路才有生路，现在我就祝你们踏进你们的生路……

1935 年 10 月 10 日，新安旅行团正式出发了。这天小雨绵绵，天气阴冷。团员们身着工装裤，脚穿草鞋，带着简单的行李出发了。今天他们的主席还是队伍中年龄较小的左义华（旅行团内实际年龄最小的是曾兆寿，时年 12 岁。但曾兆寿没有参加过新安儿童旅行团，所以，由左义华当了第一天的轮值主席，他要负责整个团队的许多工作）。他打着一面缝有“江苏淮安新安旅行团”“社会即学校”字样的蓝色三角小旗，走在队伍的最前面。小小年纪的他，曾带领大伙儿闯荡上海。今天他又带领大伙儿去宣传抗日，共赴国难，开始了他们 17 年的修学旅行、奔走呼号。顾问汪达之走在最后压阵。小小的团旗迎风招展，团员们英姿飒爽，他们带着仅有的 50 元现洋、一套电影工具和 15 颗共赴国难的赤胆忠心踏上了修学旅行的征程。

万事开头难，弄潮儿敢在船头立。

新安旅行团的孩子们每到一地，就演出街头戏剧，放映抗日影片，组织歌咏队教唱抗日战歌，撰写宣传报道，以战斗的姿态宣传、鼓动抗日救亡，成为一群抗日宣传的小号手。

自 1935 年秋天起，10 多年里，在兰州、西安、武汉等地，左林写了许多宣传报道，发表于上海的《儿童日报》《新儿童报》《苦干月刊》等。当时，各地报纸也纷纷热情地刊登他们撰写的报道、通讯、纪实等新闻稿，以支持新安旅行团的修学旅行、抗日宣传。

他们虽然年纪小，却有着敏锐的眼光和独到的见识。1937 年 6 月 18 日，上海《儿童日报》刊登了左义华撰写的一篇文章，叫《稀有的占领法》，指出日本帝国主义侵略者侵占我国的一种特殊的方法，即用不着什么突击士兵，只需要招集二三百个浪人，在天津的租界里，突然冲出来，像饿狼一样见到行人便打，看到警察便追，一打一追，把人吓得都躲到房子里去。于是，等到中国向日本领事馆提出抗议的时候，那帮浪人早已安安静静地占领了那块地方，太阳旗子遍地生长出来。什么“大学眼药水”“味素”“胃火”各种铁牌广告都订了起来，许多商店也挂起了不像国音字母和汉字的混合广告，不知道的人走进来看，也不会知道只是刚刚被他们强占的地方。领事馆对抗议的回答则是：“既成事实，慢慢地调查吧。”

在文章的最后，左义华是这样表达自己的愤怒和见识的：

有人说我们中国人是大肚子，说我们真会忍气吞声的装到肚子里去。不错！中国人的肚子真大的怕人，‘九一八’、‘一·二八’……的气，都装进去了，还不会破裂。①

少年左林，很早就实地参加了革命工作。1937年2月，中共北平地下党组织在念一卢公寓建立了一个地下联络站，由黄文山（黄敬）、江陵同志领导，左林、张早两个少年留在联络站工作。他们经常在凌晨一两点钟骑着自行车到工厂去校对党的刊物和文件。

有一天，黄文山、江陵对左林、张早说："交给你们一封信，要亲自交到斯诺先生手里，还要他写收条。这封信很重要，千万不能丢失。"他们找到斯诺住的地方，没想到斯诺是一个外国人。斯诺拆开信，看完了，拍着他们肩膀，又拉着他们手说："告诉黄先生和江先生，我一定会做到。"②

不久，北平空气突然紧张起来，纷纷传说日本增兵，要出大事了。7月4日，新安旅行团总干事徐志贯忽然到了北平。黄文山、江陵对左林和张早说："明天你们就走，我们感谢你们做了许多工作。现在北平很紧张，我们要徐之光（徐志贯）来接你们走。"左林、张早不愿走。江陵坚决地说："日本要闹事，北平不安全，我们要对你们负责，一定要马上离开北平。"果然不出所料，他们还未赶到在绥远临河县的新安旅行团大部队，七七事变爆发，全面抗战就在卢沟桥打响了。

1941年皖南事变之后，左林随团部队从桂林辗转、撤退回到苏北盐阜区新四军军部。7月，新安旅行团遭遇了全团建团以来最大的一次损失。在北秦庄的"反扫荡"战斗中，新安旅行团牺牲了两个核心团员张平、张杰，另外，团员岳荣烈也因病无法及时就医，不幸离世，年仅20多岁。

7月23日清晨，左林随大部队在撤离途中，在北秦庄附近与日本侵略

---

① 中国革命博物馆. 民族小号手［M］. 北京：春秋出版社，1989.

② 1946年，左林、张早在淮阴又见到斯诺先生。斯诺解密了当年送信的事，他说："你们知道为什么那是一封重要的信吗？现在不是秘密了。信上说邓颖超女士病了，要我设法接来北平治疗，这件事我办成了。"

者的队伍相遇。由于护送队伍的仅有6名战斗员，所以，队伍遭受了巨大的损失。在突围的过程中，他被敌人俘虏，在狱中，他与石流、裴定、柳爽组成党小组进行斗争。在党的营救下，于1942年元旦逃出敌占区。这是左林革命生涯中最凶险的一次经历。

1943年春，敌人又“扫荡”了，这次兵分数路，分进合击，连荒凉的海边也来回搜索。新安旅行团有近90人，分成4个队，换上便衣，手中只有七八支汉阳造的步枪和20多颗手榴弹。他们把病人和七八岁的团员隐藏在群众家里，其他人在海滩流动，有时住在农家，有时住在草滩上，常常一天吃不上饭。一次，日本兵2000多人分数路搜索海边草滩，新安旅行团一个队20多人住在一户农民家里，左林镇静地对大家说：“不要慌，要沉着，要安静，一个跟着一个爬到草滩，隐蔽起来，没有命令，谁也不许动，不许放枪！”大家迅速地无声无息地爬进了二尺多深的荒草滩中，静静地分散趴在地上。敌人穿着一色的黄军装，肩扛着三八式步枪，还有轻机枪、重机枪、小钢炮，刺刀在阳光下闪闪发光，开始直向他们走来。这时新安旅行团的孩子们个个十分紧张，拉着手榴弹的弦，决心一旦被敌人发现了，就拼命。但敌人向前走了不到半里路，又折向海边走去。这时大家才松了一口气。

经历许多次危险，新安旅行团的孩子们更坚强了，在敌人的“扫荡”中学会了“游击”。前一次“扫荡”，新安旅行团总干事张平、张杰牺牲了，但在这次“扫荡”中，新安旅行团没有一点儿损失。

1942年春，左林调回新安旅行团，任团长兼盐阜区儿童团总团长等职务。1948年冬，他被调至西柏坡，参与筹建青年团和《中国青年》杂志的复刊工作。

根据他的爱人——新安旅行团团员车仪的回忆，左林在革命的历程中，完成了几件了不起的事情。

左林和夫人车仪

1945 年提议新安小学给党中央毛主席写信、汇报工作就是在他任职新安旅行团团长期间。毛主席的回信在新安旅行团的历史中具有重要意义，给予了他们强大的精神力量。

团中央组建时，第一任团中央书记冯文斌将左林调至身边，总编《中国青年》杂志，不久又让他独挑大梁，创办《中国少年报》，任社长兼总编辑。此时，左林才 26 岁。这份中国孩子喜爱的报纸，曾经达到 870 万份的发行量。

20 世纪 80 年代初，左林担任《体育报》总编，他克服重重困难，利用业余时间，面向社会举办了一场中国女子足球赛。从此，中国女足诞生了。

曹维东和左林两人是同学，也是儿时伙伴。

和左林一样，曹维东也有着不幸的苦难童年。他是在 1934 年秋天 12 岁时才进入新安小学念书的。从一个农村的苦孩子逐步成长为一名国家干部，他确信，没有新安旅行团，就没有他的今天。

曹维东能够进入新安小学读书，成为一名基本学生，也是无比幸运的。

时隔几十年后，他还清晰地记得，并多次讲述自己的童年和入学经历。他说："1922 年，我出生在江苏省淮阴县五里庄，一个贫困落后的农村。5 岁时父亲去世，留下小脚多疾的寡母和年幼无知的我。虽有薄田三四亩，但没有劳力耕种，一年收获勉强能维持半年生活。母亲受父亲临终所托，一定把孩子养大，为曹家留下‘根’，母子二人拼命挣扎生活。到 1932 年下半年，实在是山穷水尽，母亲带着我，留下残破的家，到县城找我的伯父，求他救我们母子一命。好心的伯兄伸出了救援之手，把母亲安置到教堂当保姆，打算让我去裁缝店当学徒，有了手艺，才有口饭吃。按当地习俗，拜师学艺，要请两桌酒席才行。正当母亲为两桌酒席犯愁时，一天上午突然从淮安县城里来了一位串门的客人，他的名字叫曹天任，和我父亲也有过一点交情，出于同情，他答应带我去新安小学读书。他是新安小学的校董，当天他返回时，把我送到新安小学，交到了校长汪达之手中。”

孩子们在新安小学里，调皮和捣蛋是童年生活的一部分。

一天，左林和张牧两个人见新来的曹维东还不太熟悉学校，于是晚上就在学校里学鬼叫，把年幼的曹维东吓得哭了起来。第二天，汪达之校长找到了左林和张牧。汪爸爸并没有责骂他俩，而是耐心地和他们谈话，说曹维东刚来学校，你们要以怎样的方式来欢迎这位新同学呢？于是几个小伙伴手拉手，再也不欺负新来的曹维东了。

1935 年秋，新安旅行团出发了，曹维东作为基本学生和汪达之等 15 人踏上了革命的征程。虽然他来新安小学的时间不长，文化底子薄，但是他非常幸运——参加了电影《小五义》的拍摄；又作为童星、作为代表参加了上海妇女儿童慰劳团赴绥远慰问。

1936 年 7 月，新安旅行团从安庆乘船到达上海，先后住进明光中学和育英小学，全团在此休整学习。在上海左翼教联丁华、王洞若等人的协助下，请来当时国内一流的音乐家、哲学家等为团员讲授哲学、经济、政治、戏剧和音乐等，极大地提升了团员们的艺术修养和综合素质。

著名导演蔡楚生邀请新安旅行团团员观看其拍摄的电影《迷途的羔羊》，其间，汪达之提出，希望蔡楚生能给新安旅行团提供一部适合播放的影片。蔡楚生很重视这件事情，根据新安旅行团的情况创作了电影《小五义》。故事讲的是一个糊涂老头养了五个儿子，却被东边的邻居坏老头欺负，最后五兄弟齐心协力将坏老头打下水的故事。影片中的五个孩子代表中国的汉、蒙、满、回、藏五大民族，糊涂老头是指当时的国民党政府，东边邻居坏老头指的是日本。

7月下旬，导演蔡楚生亲自到浙江嘉兴县新安旅行团驻地去挑演员。在一间屋子里，蔡楚生对曹维东说："我说一句，你能不能跟着说一遍?"曹维东说："能。"

"你这个狗!"蔡导演突然对曹维东说出这么一句来。

"你这个狗!"曹维东没有防备，心想这个大导演也太不礼貌了，于是也毫不客气地对上这么一句来，情绪与神情自然、饱满、到位。

"呸!"

"呸!"

原来，蔡楚生导演直接用电影中的台词来测试新安旅行团的孩子们。第二天，曹维东被通知到上海去拍电影。

由于他一口江北话，很多人听不懂，被安排做了第二主演，演五个孩子中的老大。后来，新安旅行团团员张俊鑫、左义华也加入了这部电影的拍摄。该片于年底拍摄完成，成为新安旅行团在各地放映的主要故事片之一。

蔡楚生（全国解放后，蔡楚生导演担任第一任中央电影局局长）为新安旅行团量身定制的电影《小五义》，既契合了当时抗战的需要，也是出于对新安旅行团爱国壮举的支持。他又无偿地把一份电影拷贝片送给了新安旅行团，方便他们以后的电影放映工作。

在电影《小五义》拍摄期间，蔡导演抽空为曹维东、左林、张俊鑫上课，讲到电影艺术的普及和发展时，他激动地说："电影是从西方传到中国的。你们满怀爱国热情，不畏艰难，长途跋涉，为千百万城乡劳苦大众放映电影，唤起民众抗日救国的觉悟。可以这样说，中国电影史上，第一支具有相当规模的流动电影放映队，就是汪达之先生组建的新安旅行团。"

蔡导演这番鼓励，让新安旅行团的小朋友高兴无比。从1935年起，新安旅行团途经20余个省市，行程2万余里，长达六七年，克服了常人难以想象的困难，风雨无阻，为各族同胞、抗日将士放映电影上千场次，观众达数百万人。

中国第一支流动电影放映队——新安旅行团，在中国电影史上是不可忽略的一页！

请新安旅行团团员参演电影《小五义》，既增加了团体的收入，也直接扩大了新安旅行团的宣传和影响力。新安旅行团的壮举与国家安危、民族的未来息息相关，所以，全国人民都支持他们的事业。

1939 年，曹维东和团员何为两位新安旅行团团员受团体派出，准备去往浙江西部，加入“敌后工作组”，到天目山参加集训后，由于敌情变化未能去成，又返回新安旅行团桂林驻地。1942 年返回苏北后，曹维东参加了在苏中地区成立的抗大九分校的学习，随后担任了苏中地区《苏中报》的记者、通讯科副科长；后来又调到《新华日报》（华中版）、山东《大众日报》当了记者，其间他和战士们一起冒着枪林弹雨，随军去火线采访，从云梯上爬上城墙，逼迫敌人投降，根据自己亲身的战斗经历，写了一些新闻报道。“真实，是新闻的生命线。”他反对说假话、大话，这和他从小在新安旅行团受到的教育是一致的。

1946 年以后，东北形势变化，国民党部队节节败退，我军迅速壮大，主持东北工业局的陈云决定，从各地区抽调 100 名各行各业干部进入大城市接管，曹维东是被调出的人员之一。沈阳解放后，他被调到沈阳橡胶一厂当厂长，这个厂后来成为抗美援朝战争中重要的汽车轮胎生产工厂。

在这里，他非常幸运地见到了毛主席和周总理。

1949 年上半年，毛主席、周总理从苏联回国途经沈阳。当时此事十分保密，事后，新华社新闻只提到一句话，“毛主席路经沈阳时，参观了一个工厂”，所指的工厂就是曹维东当时任厂长的橡胶一厂。当天毛主席、周总理等到工厂参观，由他陪同并讲解。参观过程中毛主席问了他几个技术性问题，他都解答得很好。参观结束时，周总理奇怪地问：“你是学什么出身的？”他答道：“我是新安旅行团的。”总理听后很惊讶，赶忙对主席说：“主席、主席，这个厂长是新安旅行团的。”毛主席看看他，若有所思地对他微笑着，连连点头说：“好、好。”这是他一生都难以忘怀的一件事。

2016年10月，纪念红军长征胜利80周年大会之际，在北京人民大会堂，作为老红军代表的曹维东受到习近平总书记的亲切接见，习近平总书记和他握手交谈。

按照曹维东自己的话说，他由穷苦的乡村孩子成长为一名国家干部，在革命的洪流中完成了许多工作，主要是因为新安旅行团这所学校锻炼了他，因此他才能得到党的培养，完成党交给的工作和任务，而他个人的努力，只占其中的一小部分。

新安旅行团是一所“行走的学校”，一所由少年儿童自己创办、进行自我教育的学校，也是党领导下的一个红色团体。永远跟党走，听党话，是新安旅行团在血雨腥风的岁月里艰难求生求活的坚定信仰。相信共产党，奔向新生活，新安旅行团的孩子们由此找到了回家的路。

没有党的坚强领导，没有党的正确指挥，新安旅行团也许就止步于国共内战，中国共产党是新安旅行团回家的灯塔。

教育是人的心灵的滋养、培育过程。有人说，教育是一朵云推动另一朵云。教育说到底是培养人。拿什么来培养志向高远、人格高尚、勤学刻苦的儿童呢？当然只能是人，即以一颗更为高尚、勇敢、崇高的心灵作为培养的途径和方式。

最初来新安小学的老师们，是以晓庄学校的学生为中坚力量的。后来来到这所学校的同志，绝大多数也是晓庄的战士。他们在苏北这所破旧、贫穷的古庙里，写下了生活教育最壮美的篇章。新安旅行团的诞生和奋斗历程，就是最好的证明和注释。

所以，我们相信，真正决定教育的力量不是物质、金钱、豪华的校舍，而是教育者那高尚的灵魂和无私坚定的信念，唯有此，教育才能在儿童的内心深处产生积极、恒久的力量与效用。

教育，是源自一颗颗高尚的灵魂的感染与影响。

教育是诗，是从心底流出来的诗句。

第三章 古庙里的生活教育

我以为世界上最有贡献的人只有一种，就是头脑能指挥手指行动的人。

——陶行知《手脑相长》

中国是穷的，只有用穷办法去办教育。但是用穷办法办穷教育还是不成的，我们必须用穷办法去办出好的教育来。

——陶行知《还教育于民》

教育者不是造神，不是造石像，不是造爱人。他们所要创造的是真善美的活人。真善美的活人是我们的神，是我们的石像，是我们的爱人。

——陶行知《创造宣言》

1. 古庙生活计划

陶行知的生活教育是杜威“教育即生活、学校即社会”的中国本土化实践版本，是“为生活而教育，以生活为教育，过教育的生活”。

在缺衣少食的岁月里，新安的师生以勇敢无畏的精神和意志，把古庙里的生活作成了生活教育的诗卷。

新安小学在困顿与窘迫中，在汪达之、台和中、孙铭勋等老师的精心呵护下，一天天成长，熬过了一个又一个难关。新安小学的生活还在继续，但是，即使在最艰难的时候，只剩下汪达之校长一个人在学校里，新安小学也未散伙，因为这是一所由汪校长指导、孩子们自己操办的学校，新安小学名义上的校长是汪达之，真正的校长却是孩子们。孩子们时刻牢记陶先生所讲的办法——训练儿童和农人自己保护、办理他们自己的学校，并且把这个学校永久地办下去。尽管仍处在贫穷中，挣扎在生存线上，但是新安小学还是一天一天地壮大发展起来了。

从 1930 年春起，新安同志就着手制定了学校的《三年计划》《十年计划》《新安小学第五年计划大纲》等计划。这些宏伟的计划，就像建一座大厦的基本图纸一样，为新安小学的教育和明天勾画出了美好的未来。

拟订计划，过一种有计划的生活，办计划生活的教育，是新安、是晓庄、是陶行知先生等人的科学的思维方式，也是他们教育自己的重要方式。

新安的每一份计划，都是计从心出，筹划未来，具有强烈的感召和鼓舞的力量。

1932 年，陶行知以新安小学为原型，写出《古庙敲钟录》这部纪实小说，陶行知先生写道：“我们主张过什么生活，就是受什么教育。过有计划的生活就算是受有计划的教育。故没有计划的生活就算是受没有计划的教育。”

没有计划的生活必定是随意的、混乱的，算不上真正的教育生活。

我们先来看《古庙敲钟录》对孩子们一年计划的描述。

整个计划共 27 条，包括识字、玩科学把戏、洗澡、种痘、种菜、洗衣服、唱歌、打拳、筑路、演戏，等等。整体地看，包含了丰富的生活教育的思想，完成、实现这 27 条计划，是非常不容易的。

种痘，是因为在那个年代，儿童易感染天花，种痘是预防天花最好的措施。筑路就是要把乡村生活与古庙学校更紧密地联系起来。

我们再细说几条。

第一条，会认、会写、会用一千个字。想一想，这不正是现在我们小学一年级、二年级基本的语文教学目标吗？我们在小学低年级阶段规定每学期完成识字 800 个左右。那么经过三年，小朋友就能够具备基本的读写能力了。

第二条，会玩科学把戏 300 套，并会说明每一个把戏里所包含的道理。科学把戏课就是科学小实验。那时候还没有出现“科学”这门学科。“科学”是当时从西方教育引进的，用以改进国民教科文素质，以改变民众愚昧和社会的一种力量，是当时教育的主流文化。开展科学把戏，通过科学小实验，使儿童掌握基本的科学知识，引导儿童热爱科学、探索科学，培养动手动脑能力，普及科学精神，具有卓远的超时代的见识和真正的教育精神。

当时，新安的基本学生左义华出版的《义华的日记》中阐述了自己对科学把戏的兴趣，还写下了有关的科学实验与实践活动。他写道——

我现在最有趣味的是科学小试验，一个小小的十滴水瓶子可以做高射炮，一根小小的玻璃管也可以玩许多把戏。看星也很有趣味，我现在认识得很多的星，北极星，北斗，仙后，牵牛，织女，大火，南斗，建星，狗星，狗国，我都认识。

我又知道大火隔我们地球是三百六十光年，比我们的太阳大三千倍。北极星离我们是四百七十光年，比我们的太阳大二千五百倍。一个人，若果用两只脚一天走一百里路，要两年才能绕地球一周，而光在一秒钟就要绕地球七周。人真是太没有本领了。①

9月6日，左义华写了一篇关于种野葡萄的日记，全文如下：

我在第一工作室看书的时候，程昌林来了。他手里拿着一种东西，走到台先生面前，他问台先生："台先生，您看这是什么东西？"台先生说："这是野葡萄。"我就问程昌林："那（哪）里有野葡萄？"程昌林就带我到后门口，我看见许多野葡萄，我拔了两棵，拿回来种在小花园里。②

古庙儿童生活计划中除了他们的日常生活、教育、学习、做工等方面的规定之外，下面的三条，是关于他们的社会生活的，里面蕴含着怎样的教育精神呢？

（二十五）观察社会生活两种如木匠，砖匠，石匠，铁匠，老农，老圃等等的生活，每人每年任选两种，每学期观察一种；

（二十六）拿自己认得的字和别的学问另教一个人，一百儿童共教一百个人；

（二十七）用自己的劳力至少赚一元钱作为收复东三省之用，一百儿童至少共赚一百元为抵抗外患费。③

第二十六条是要孩子们去做小先生，去普及民众教育。陶先生在《小先生与民众教育》中，提出了主张和呐喊——

干民众教育，便是要把教育知识变成空气一样弥漫于宇宙，洗荡于乾坤，普及众生，人人都得呼吸。空气是不要钱买的，人人可以自由呼吸，教育也不能以金钱做买卖。人人可以自由享受。

过去甚至现在，教育是被少数有钱人把它当做私有财产的，小先生一

---

① 左义华. 义华的日记［M］. 上海：儿童书局，1932.

② 左义华. 义华的日记［M］. 上海：儿童书局，1932.

③ 陶行知. 古庙敲钟录［M］. 上海：儿童书局，1950.

出来，即知即传人，立刻把这种观念撕的粉碎。要知识公有，不再私占，要把教育化为“春风风人，夏雨雨人”一样，人人有得到沾施的机会。“天下为公”的基础，第一步便要知识公有。这一点小先生是可以帮助我们一个钱也不要花的做到。

小先生是一根根流动的电线。这一根根电线，四面八方伸展到社会底层，构成一幅生活教育网、文化网，把学校与家庭构成一体，彼此可以来往，可以交通。他把社会所发生的问题、所遇到的困难带回学校，再把学校里的知识技能带回社会去。①

第二十七条是因为东三省被日本人侵占、蹂躏，举国哀痛、愤激，各界人士纷纷筹款、献金，为义勇军作经济力量上的援助。现在，新安小学的孩子们也受到了这样的鼓舞，他们要每人用自己的力气挣回一元，充作东三省奋斗的经费、军费。

新安小学里儿童的每日计划是如此有趣且充满了生活教育的真谛。

新安学生左义华的日常教育生活是怎样的呢？他的计划是什么呢？他在《义华的日记》里做了准确且有趣的记载。

左义华在新安小学是基本学生，吃住都在学校里。尽管年纪还小，却已经有了自己要完成的工作，比如照料自己的菜地、抬水、整理书籍、床铺等。他在介绍完自己来新安求学经历之后，列出了自己的每日生活表：

我现在的生活是这样过着：

1. 六时　起床，大小便。
2. 六时至六时半　整理床铺，洗脸，漱口。
3. 六时半至七时　写小字看书。
4. 七时至七时半　吃点心，喝开水。
5. 七时半至八时半　整理书桌，洒扫，喂鸽子，玩。
6. 八时半至十一时半　依照学校生活表工作。

---

① 江苏省陶研会，南京晓庄陶行知研究室．陶行知文集［M］．南京：江苏人民出版社，1981.

7. 十一时半至十二时半　午饭休息。

8. 十二时半至二时　写大字，自作科学小试验。

9. 二时至五时半　依照学校生活表工作。

10. 五半至六时　照料菜园。

11. 六时至七时　晚饭，休息。

12. 七时至七时半　看星。

13. 七时半至九时　写日记，填自省表。

14. 九时至六时　睡觉。①

这份作息表，放在今天来看，也许并不陌生，有许多地方，我们甚至觉得并无特别之处，但是最意思的地方在于，表中明确地对做事（喂鸽子、照料菜园、整理书桌、洒扫等）、玩、写日记作了规定，是极规律极自律的一种教育生活方式，与之相配套的是自省表。

其自省自查的项目有十二条，包括：

1. 我今天起迟没有？

2. 我今天做事，有哪几件没有依照生活表？

3. 今天用生水漱口吗？

4. 我今天喝了几杯开水？

5. 我今天吃了几碗饭？

6. 我的身体，衣服，书籍整洁没有？

7. 我今天看了什么书？书中大意怎样？有几个生字？②

……

这两个表，记录了左义华在学校的日常生活。他在完成学校生活计划表之后，剩余的时间又做了相对科学合理的计划和安排，在保证睡眠的基础之上，练习书写大字、照料菜园等。最为难能可贵的是他的自省表，每天问一问自己的健康、吃饭、书籍整理，包括读书、写日记等。这种朴实

① 左义华. 义华的日记［M］. 上海：儿童书局，1932.

② 左义华. 义华的日记［M］. 上海：儿童书局，1932.

而又亲切的生活教育，才是真正的生活，才是教育的生活，才是儿童的生活。

《朱子家训》开篇即曰："黎明即起，洒扫庭除。"汉朝陆贾在《新语·慎微》中说："建大功于天下者，必先修于闺门之内；垂大名于万世者，必先行之于纤微之事。"一个人要成就大的事业，必定要在小事上经受无限的磨练，把小事做好、做精细，就是超越于常人的地方。反之，在小事上马虎、敷衍，认为不值得、不肯下功夫去做，到头来，能做好大事吗？能承担起大任吗？这是让人怀疑的。

人们常说习惯成自然，但习惯的养成其实要费许多功夫。良好的习惯能够使人不再花费更多的力量和注意来完善自己的品性，它们常常自然地体现在一个人的言语、行动中。从这个意义上来说，教育即习惯。好的习惯并不会自然而然地形成，它与一个人受的教育和自我修养密切相关。总而言之，做生活教育的计划、过有计划的教育生活，真切地发生在新安小学里。

一位西方的哲学家讲过一句耐人寻味的话：如何开垦荒地？在地里种上庄稼来就可以了。庄稼既长，野草不生。教育也是这样，除去野草，去掉顽劣；培植优点，品性自立。

在培养习惯的过程中，付出艰辛的劳动是必然的。从陶行知先生、汪达之等，到生活教育的播火者、实验者们，没有哪位是怠惰、消极的人，他们参与生产和劳动，亲力亲为，和学生吃住一起，一起下地种菜、砌墙、割蒲，完全放下了"先生"的架子，与普通大众打成一片，变成了大众中的一员 。

偶然看到陶行知先生 1930 年个人工作计划，特别震撼。从这份《我今年的计划》中，我们看到了陶先生庞大的工作量。

陶先生的个人计划分为两部分：一是时间分配，二是生活举要。时间分配共 12 条，生活举要共 17 项。

陶先生在自己的"时间分配"上，规定了"六天工作一天玩"，他丝毫不介意自己要每周玩上一日，但他哪里会放下手中的工作而真正玩上一日呢？

“每周在晓庄学校工作十二小时”“和平学园每周十二小时”“中华教育改进社每周工作六小时”“乡村教育同志会每周工作六小时”“五柳村每周工作六小时”“晓庄剧社每周六小时”等。他的家当时在晓庄，他在晓庄筑了园子，名曰五柳村，有晋时陶渊明五柳先生之意味。五柳村其实就是他的家，他约定自己每周在家庭生活中工作六小时。

他的生活与工作每周都是按小时来计算，精确到每日每小时。在“生活举要”中，他列出的工作，极多极丰富，包括：《乡村教师》周刊投稿四十八篇；《晓庄战报》投稿九十六篇；创作儿歌五十首，编辑《乡村小学》《乡村师范教学做指导》各一册。在个人译著工作中，他定出了要编辑《陶行知歌集》《行之白话文集》《行之演讲集》，著（创作）《农人传》《大同之路》两本书；译书30万字。有意思的事，他还决定“种园一分”“学烧菜四样”“学骑马”“看书1800万字”。

陶先生的这份生活计划，出自方与严编辑的《晓庄一年计划》一书，以一本书18万字计，相当于一年要读书近100本。此外，还有编著剧本10种、寅会演讲50次，等等。寅会长短不一，一年约52周，他给自己定了演讲50次！

这样宏大的计划、巨量的工作，让我不禁吃惊而又羞愧——作为一个知名教授，是什么力量促使先生把全部的身心和力量投入到中国的乡村教育事业中，是什么精神推动他不计报酬地为民族和国家殚精竭虑地工作？我猜想，大概只有他的爱吧——那是一种大爱，对自己这个羸弱的国家和古老的民族付出全部身心的爱，希望她早点健康起来，早点生发出革命的力量，让普通大众团结起来，走上民族复兴的康庄大道。

“捧着一颗心来，不带半根草去。”

那是他一生的誓词和所为的最鲜明写照，他把自己的全部生命能量奉献给了他的祖国和人民，还有他热爱的乡村教育事业。

2.《新安小学第六年计划大纲》

一份历史文献，即一段重要的史实，一段尘封的历史记忆也随之打开。

我第一次读到《新安小学第六年计划大纲》的时候，是10多年前，当时我注意到王丽女士所关注的语文教育问题，2012年3月19日，我从亚马逊网上购得她的学术著作《追寻失落的中国教育传统》，这份大纲因她的解读进入我的脑海。

北京21世纪教育研究院王丽女士，当时以研究和关注语文教育而出名。她以“70年前的素质教育”为题，用赞赏的语气介绍了《新安小学第六年计划大纲》，以事实和精辟的分析，让我们重温了新安小学70年前的教育生活，并通过与今日的教育做比较，肯定了当时新安小学教育的先进性和科学性。

王丽女士是个非常有思想的人。她把新安小学的教学计划大纲与国家层面的壬戌学制放在一起来谈论，具有相当的勇气和特别的见识。

在她看来，新安小学的这份大纲与1922年政府颁布的壬戌学制具有某种精神契合、实际应用的意味，是教育的觉醒与时代价值观的体现。新安小学的这份计划大纲继承了晓庄衣钵，即陶行知先生的生活教育学说，由新安小学的汪达之校长等主持拟定。而壬戌学制的起草者是当时的大学者胡适先生。

20世纪初，中国新文化启蒙运动与文学革命，催生了1922年的壬戌学制。

王丽女士先具体介绍了壬戌学制的产生背景和颁布历程。1922年，胡适先生作了《对于新学制的感想》一文，认为“新学制的特别长处在于它的弹性”。1922年1月，《新教育》4卷2期发表了陶行知先生《我们对于新学制草案应持之态度一文》，文中写道：

第7届全国教育联合会，拟定学制草案，征求全国意见，以为将来修正实施之准备，立意甚好。……我以为建设教育，譬如造房屋。学制，譬如房屋之图案。想有适用的房屋，必先有适用的图样。①

陶行知在《1924年世界教育年鉴·中国篇》中撰文评价道：

现实影响中国教育所有各种力量中，中国文艺复兴所施加的影响最为深刻。这个运动作为文学革命，开始于1917年。当时运动的领袖胡适博士和陈独秀先生宣称：文言已经过时，白话乃是合法的继承者……为中国人重新发现一种活的语言，已经使中国能够产生适应新时代的新文学作品，彻底革新小学读物及教学法，并使普及教育运动得以继续。②

壬戌学制的制定是一场自下而上的教育改革。民间知识分子教育群体充当了这场改革的主角，他们以全国教育联合会为舞台，凝聚成了一个有力的教育集团，把对中国现代教育改革的梦想，通过新学制的拟定加以体现，以《新教育》杂志为喉舌，对国家教育进行改革。

壬戌学制的产生还是西学东渐的结果。自1918年以来，杜威、罗素、孟禄、泰戈尔等一批国外学者纷纷访问我国，通过演讲，与知识界、教育界和政界人士广泛接触，这使得他们的学说、理论对中国人的思想、生活产生了极大的影响。其中杜威、孟禄的教育考察和访问对中国教育的改革具有重大的影响。

1919年到1921年7月，杜威从日本来中国考察访问两年又两个月，足迹遍及14个省市，完成大小演讲200余次。陶行知为杜威的演讲做了许多具体的工作，包括接待、安排生活、翻译、发表学术论文和演讲，等等。

1921年，著名的教育博士孟禄来中国考察4个月，演讲66次，经历9省27个城市及许多乡村，陶行知先生全程陪同并担任翻译。其间孟禄访问

① 江苏省陶研会，南京晓庄陶行知研究室. 陶行知文集［M］. 南京：江苏人民出版社，1981.

② 江苏省陶研会，南京晓庄陶行知研究室. 陶行知文集［M］. 南京：江苏人民出版社，1981.

了晓庄学校，特别有好感。

杜威先生的讲学重在传播民主、科学思想，孟禄则重在践行及实地调查应用，传播现代科学精神及方法，呼应了当时新文化运动的潮流。孟禄博士在华调查讲学，重要的一条是强调教育独立，“即中央对于教育，规定方针指导即可，管理干涉不宜，学校制度、教材及教学法应由各地方按照本地情形为之”。这样的教育理念，被很好地吸收并贯彻于 1922 年的壬戌学制中。

接受了中西文化熏陶的一代中国知识分子，怀着巨大的热情投入这场教育讨论和改革，用胡适的话来说即“再造文明”，而他们的聚焦点便是教育。

壬戌学制以 7 项标准作为改革的指导思想，包括：

1. 适应社会进化之需要；
2. 发挥平民教育精神；
3. 谋个性之发展；
4. 注意国民经济力；
5. 注意生活教育；
6. 使教育易于普及；
7. 多留各地方伸缩余地。①

壬戌学制提出的“六三三制”（即小学六年，初中、高中各三年），我们今天依然沿用。

王丽女士在《追寻失落的中国教育传统》中，于“第 4 辑 温故知新”中，介绍了《新安小学第六年计划大纲》。我们今天再来细细品读这份大纲，依然令人振奋，它凝聚的教育的力量、内涵和深意，值得我们研究一番。

《新安小学第六年计划大纲》脱胎于《新安小学第五年计划大纲》，两

① 王丽．追寻失落的中国教育传统［M］．北京：教育科学出版社，2010.

份大纲被收入《我们的旅行记》中。《我们的旅行记》是新安小学儿童旅行团旅行上海后，由新安的师生共同编辑而成的，后刊载于陶行知先生主编的《生活教育》第七期。

《新安小学第五年计划大纲》含6个部分："一、经费；二、要做的事；三、共同生活的人；四、生活的场所；五、推进社会事项；六、我们的口号。"细读《新安小学第五年计划大纲》，最精彩之处，就是其中"要做的事""生活的场所""推进社会事项"三项。"要做的事"列个人、团体的工作计57条，包括每日工作、每年任务等，涵盖了学习、日常、健康、卫生、课外生活等方面，极丰富有趣。如第四十二条，计划"养鸡鸭鸽各二十只"；第四十三条，计划"养羊两只狗一只"；第四十五条，计划"长途旅行两次，距离远近和时间长短临时酌定"……

第五项"推进社会事项"中，更是让人惊愕，抄录如下：

以联合本地或远地的力量，开发本地富源，救济知识恐慌调剂生活趣味的原则。

一、联合本地的力量重修年久失修的莲花街道路一条。

二、联合远方的力量以救济蒲田户蒲草滞销的恐慌，促进蒲草造纸工厂的实现。

三、办民众夜校一班，救济知识的恐慌。

四、开露天电影场一处，并设法自置电影机一架，以救济群众娱乐的缺乏。

五、设法自置无线电播音机一架，以收小的村庄和大的世界沟通的实效。①

这个坐落于大运河畔的偏僻的江北古庙小学，当时真的拥有无线电收音机、留声机，实在让人意外和惊喜。两年后，他们也真的如计划一般，在陶行知先生的资助下，获得了电影放映机——一架旧的德发牌放映机及

① 新安小学儿童旅行团. 我们的旅行记［M］. 上海：儿童书局，1935.

一个小型发电机。这架电影放映机此后伴随新安旅行团走过全国数十个省市区，为抗日宣传做出了贡献。

以蒲草为原料的造纸工厂投建未能实现，但从汪达之与陶行知及其他同学友人的联系和信文中，我们发现汪达之是非常在意此事的，苦于受技术与资金所限，当时未能真正地实现。

那么，《新安小学第六年计划大纲》，有着怎样的教育真意味和深刻的内涵呢？

《新安小学第六年计划大纲》开篇即明言："本校依据第五年度计划和事实的经验，拟成第六年度计划大纲。"

这份大纲共四部分：经费、生活、环境、口号。

先说说"经费"。

经济基础决定上层建筑，经济决定人们的生活质量，经济实力左右着人的思维与价值判断，当然也影响着人们的实际生活目标的设定与实现。资金匮乏，照理做什么事情都难以成功。但贫穷且坚韧的新安小学，偏偏不信，他们居然要想方设法筹措一万元以上的资金，为的是让一所学校生存下去，为的是办一所免费的学校，为的是学校附近的农人和儿童遥远的未来，为的是让学校周边的村庄改天换地，精神面貌为之一新。

夏虫不可语冰，井蛙不可语海。他们的努力和志向能够得到响应和支持吗？根据我们查得的原始记录，新安学校当年的年收入仅为千元左右，其中大部分用于修整校舍，以及师生生活开销、学生日常簿本和校产校具的购置等。基本学生在学校生活，参加生产劳动，获得一日三餐；教师在学校工作，指导生活、生产，无一分钱的薪水。

那是真正贫穷、艰难的时代，每个人能够活着就已经十分不容易了。每天能够吃饱饭、不饿肚子就已经是万幸了。但新安小学却以无比坚定的热情和顽强奋斗的精神，决心同时代做一番搏斗，"争取生活教育的实验成功"，"打开中国教育的新生路"，这不仅是他们的口号，更是他们行动的动力。

大纲最精彩最周详的是第二项“生活”，这是大纲中的核心部分，也是一所生活实验学校的“操作指南”与“通关秘笈”，里面列举的种种工作和目标，即使在今天看来，依然具有前瞻性、科学性，具有实际的合理性和朴实的操作性。它反映出来的生活教育的意味，已经完全超越了教育，超越了时代。

在“生活”部分，这份大纲首先明确提出了生活的原则，就是“在劳力上劳心”“教学做合一”，从而实现生活教育的五项目标；主张共同生活，养成正确的生活的态度和意识。他们提出了 5 项生活的目标，包括：（1）康健的体魄；（2）科学的头脑；（3）艺术的兴趣；（4）生产的技能；（5）平等、自由、互助的精神。这 5 项目标，是由晓庄、生活教育思想派生出来的，本质上是晓庄生活目标的类似版本。

1927 年春，陶行知与赵叔愚等人在南京西北郊的劳山脚下创建晓庄学校，这里成为生活教育的试验田与孵化器，生活教育在这里得到了丰富的发展和最生动的实践，五大目标也在此期间形成。1929 年，陶行知在《这一年》中指出，生活教育的目标分析开来，在乡村小学里应当包括五种：“一、康健的体魄；二、农人的身手；三、科学的头脑；四、艺术的兴趣；五、改造社会的精神。”他还主张，以国术（即武术）来培养康健的体魄，以园艺来培养农人的身手，以生物学来培养科学的头脑，以戏剧来培养艺术的兴趣，以团体自治来培养改造社会的精神。①

生活教育的五大目标，与民族生存、国家复兴密切相关。三千年封建帝制统治下的中国，虽经辛亥革命建立了中华民国，但存在种种弊端，军阀割据，民困业凋，百废待兴，期待除旧革新。在《晓庄三岁敬告同志书》中，陶行知说：“依照生活教育的五大目标说来，康健的生活就是康健的教育，劳动的生活即是劳动的教育，科学的生活就是科学的教育，艺术的生活即是艺术的教育，改造社会的生活就是改造社会的教育。生活教育是运

① 江苏省陶研会，南京晓庄陶行知研究室．陶行知文集［M］．南京：江苏人民出版社，1981.

用生活的力量来改造生活，他要运用有目的、有计划的生活来改造无目的、无计划的生活。”①

《新安小学第六年计划大纲》提出的五大目标，与新中国的教育目标相吻合，即培养德智体美劳全面发展的劳动者与接班人。

2016 年 9 月 13 日，我国发布了《中国学生核心素养》，以全面发展的人为核心，分成文化基础、自主发展、社会参与三个维度，包括了健康生活、责任担当、实践创新、学会学习、科学精神、人文底蕴六大要素，把儿童的身心教育、终身发展和社会需求、国家发展、民族振兴等统一起来，为国家提供源源不断的人力资源。

从新安小学的五大目标到新中国德智体美劳全面发展的育人目标，再到新世纪中国学生核心素养，中国教育在一代又一代教育工作者的影响、推动、建设下，从愚昧走向开明，从开明走向成熟，从成熟走向辉煌，民族复兴、家国情怀、人民立场则是不变的主题。

《人民日报》记者李帆在《寻找教育独特的灵魂》一文中，这样介绍新安小学的大纲和生活，他说：

什么是文化？文化就是人的生存方式。

……

70 多年前，江苏淮安的新安小学详细制定了学生“生活的方法”，或许可和现在的学校做一比较。新安小学对学生的规定：一、每天做内体运动一次。二、每天整洁一次。三、每天写日记一篇。四、每天吃开水五大碗和豆浆一大碗。五、每天大便一次，且有定时。

……

这些让人赞叹、值得回味的要求，细致具体，包含了身心发展、道德修养、审美人格等各个方面。于这种生活中浸润长大的学生，怎能不拥有健康、阳光、向上的人格？

---

① 江苏省陶研会，南京晓庄陶行知研究室. 陶行知文集［M］. 南京：江苏人民出版社，1981.

……这所70多年前的普通小学，真正彰显出了学校文化的本质：它落脚于人，落脚于日常生活的点滴，悄无声息地去影响一个人的行为方式和精神面貌，成为一个人成长的雨水和泥土。①

从宏伟的目标，到现实的成功，可不是光靠着想和说就能完成的，做才是最重要最关键的环节。天下伟业，不在能知，而在能行。所以，新安师生规定了每天要做的事情后，又规定了每年要做的事，甚至对要做的事，还要列出检查和对照。基本学生左义华在日记中就列出了自己的“自省表”——他不是每日“三省吾身”，检查对照的条目共计有十二条。

他们每天要做的工作和事情，紧紧围绕生活教育的目标，既丰富且有趣：“每天做内体运动一次”“每天大便一次，且有定时”等。

每年的工作就包括“洗澡80次到100次”“洗衣约80套到100套”“每年和国内外小朋友通信12封”“教两个以上不认字的人认识500个字，做扫除文盲的基本运动”“认识矿物、植物、动物各10种以上”“会唱12首新歌；会弄一种乐器；会表演6种话剧；打6套拳术”，等等，以上种种共计有29条，这不仅仅是一个学校教育的整体内容，更是一个儿童全部生活的万言书，是儿童终身教育、未来教育、幸福生活教育的根本目标和事项。

这里，我们要对外人不太明白的“内体运动一次”做些说明。所谓“内体运动”，简单地说，就是练气功，静心打坐，气沉丹田，以达到健体强身之功效。

孙铭勋老师专门就此做了解读和阐述，他说，“内体运动”就是“静坐”，因为“静坐”二字带有很浓厚的神秘色彩，而且实在是“动”而不是“静”，所以改名为“内体运动”。这种“内体运动”不含任何宗教迷信色彩，只是用来锻炼身体的内部。为什么会提出“内体运动”呢？原来汪达之校长少年时代因顽皮爬到树上去，一不小心摔了下来，摔断了肋骨，一

---

① 李帆．寻找教育独特的灵魂［J］．人民教育，2012.

直未彻底痊愈。后来在一位先生的指点下，他试着练习气功，最终他断了的肋骨居然慢慢地痊愈了。孙铭勋老师也用内体运动的方法，把若干年医生未治疗绝根的“肺痈”治好了。于是自1931年起，新安小学决定把“内体运动”移到教育上来实验。通过我与当年新安旅行团的许多团员的接触了解可知，这些经受了无数苦难的孩子们，许多人都健康长寿，如曹维东活了一百余岁，这不能不说他们生活教育的目标——拥有健康的身体已经是真正实现了。

在新安小学，有件非常有意思的事情。这是一所普通的乡村学校，但是孩子们每天早上都要抽空到校园前面的空地上去练习发声、唱歌，就像戏曲演员那样，做一种叫“吊嗓子”的艺术技能方面的基本功训练。此后，新安小学包括新安旅行团的孩子们中涌现出了一大批舞蹈家、歌唱家、画家等艺术人才，我想，这与他们在新安小学和新安旅行团中进行的种种有规律的基本功训练是分不开的。

也许有人要怀疑，新安小学的孩子们能够完成这么多的目标吗？我们也在怀疑。但事实上，如果你注意到新安小学的孩子们的成就，就不必怀疑了。新安小学的孩子，以左义华为例，9岁的时候，他的日记就由上海儿童书局出版了；新安学校的汪达之校长长期以来也有写日记的习惯，他的《生活的书》一书实际上就是由他的日记和信件编辑而成的；孙铭勋老师创作的《古庙活菩萨》，里面引用了相当丰富的汪达之等人的日记、通信等，这些当年的文字，鲜明地记录和反映了新安小学现实的生活。

1935年，新安旅行团离校出发，在他们17年的历史行程中，他们集体创作、编撰了一部《新安歌曲集》——这是孩子们集体作曲、作词、传唱的作品集，所有的工作都是由新安旅行团的孩子们完成的。即使离开团体若干年，一看到那些熟悉的歌名，他们马上就能够自然而然哼唱起来，这已成为他们深入骨髓、跟随一生的教育。

新安小学和新安旅行团吸收、招纳的孩子，都是极为普通的穷苦孩子。然而在新安小学、在新安旅行团里，在充满了生机、充满了艺术氛围的环境下，孩子们能够长大成长为歌唱家、舞蹈家、戏剧家、画家、作家等，是团体内自我成长教育和新安小学、新安旅行团等外部影响力共同作用、教育的结果。

在“团体的生活”部分，新安规定了15项要做的事，值得一说的有“每日轮流做主席和记录”“每日轮流烧饭抬水”“每年长途旅行一次”“养鸡五对狗两只”“编印莲花周报五十二期”，团体的活动是新安小学儿童民主最真实最富实践意义的活动。

新安小学是生活教育的实验基地，也是一个民主生活、科学教育的基地。

新安小学的民主实践、科学教育开展得如火如荼，儿童轮流做主席、轮流做记录，等等，就是民主生活生动、鲜明的体现。

“每年长途旅行一次”为新安旅行团正式出发提供了契机与事实的依据。

今天看来，如果不是东三省沦陷，如果不是日本悍然发动侵华战争，新安小学也许仅仅是生活教育的实验基地。“每年长途旅行一次”，也许就是他们生活、教育的一项工作。但实事和苦难造就了英雄，成就了新安旅行团，他们从此走出校园，再也没有回到相对安静的校园，他们注定要在生活教育、少儿革命史上写下辉煌的战斗篇章。

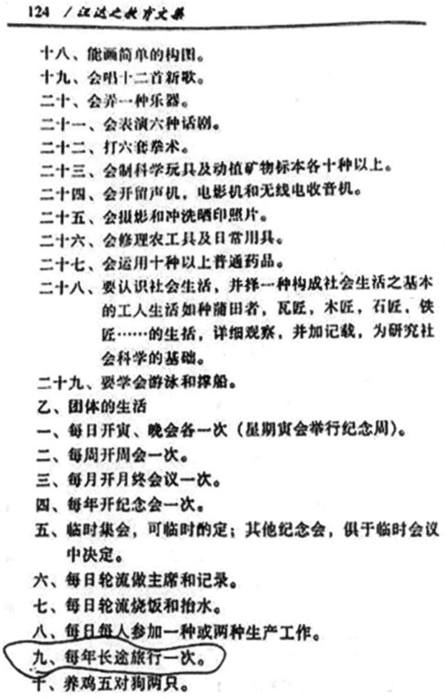
124 / 江达之教育文集

十八、能画简单的构图。
十九、会唱十二首新歌。
二十、会弄一种乐器。
二十一、会表演六种话剧。
二十二、打六套拳术。
二十三、会制科学玩具及动植矿物标本各十种以上。
二十四、会开留声机，电影机和无线电收音机。
二十五、会摄影和冲洗晒印照片。
二十六、会修理农工具及日常用具。
二十七、会运用十种以上普通药品。
二十八、要认识社会生活，并择一种构成社会生活之基本的工人生活如种稻田者，瓦匠，木匠，石匠，铁匠……的生活，详细观察，并加记载，为研究社会科学的基础。
二十九、要学会游泳和撑船。
乙、团体的生活
一、每日开寅、晚会各一次（星期寅会举行纪念周）。
二、每周开周会一次。
三、每月开月终会议一次。
四、每年开纪念会一次。
五、临时集会，可临时酌定；其他纪念会，俱于临时会议中决定。
六、每日轮流做主席和记录。
七、每日轮流烧饭和抬水。
八、每日每人参加一种或两种生产工作。
九、每年长途旅行一次。
十、养鸡五对狗两只。

《新安小学第六年计划大纲》明确提出“每年长途旅行一次”的目标，这是新安小学的诗和远方

3. 菩萨让位，我们作主！（上）

菩萨是什么？菩萨是神，以文化和心理的力量盘踞在民众心头，盘踞了上千年。

几千年来，各种各样的神像占据了庙宇，享受着劳苦大众对他们的膜拜。他们一动不动，怒目金刚，威慑邪恶，据说可以度化普通民众的种种苦难和不幸，是最常见最熟悉的神灵，比民间的灶神、门神及遍布地头的土地公土地婆还要威严，且受着万分的尊重。

中华民国成立以后，曾经提出“党权高于一切”的口号。然而，在当时普通民众的心里，依旧视“神权高于一切”。因为，私有制既然没有被打破，剥削阶级还在剥削，国家在民主、共和、立宪之间摇摆不定，特别是以蒋介石为首的反动集团，并未把人民的利益放在真正的最高处，所以，老百姓在生活中宁可信神，也不信人。中华民族依旧停留在神权时代，在城市里有金碧辉煌的庙堂，乡村中各种各样的神节、放河灯的活动，依旧是热闹非凡。活人住的是茅草土墙的矮屋，泥塑木雕的菩萨们住着雕梁画栋的大厦；普通民众生了病，不是请医服药，而是求神问卜。

在淮安，五月里举行东岳庙都天会时，男女老幼会停止一切工作，穿新衣，戴新帽，欢欣鼓舞，烧香点烛、作揖磕头，争先恐后把他们的全部希望和生活都寄托在这盛会里。

在鲁迅的小说《药》《祝福》《阿 Q 正传》，以及萧红的《呼兰河传》等作品中，我们发现神的形象大量地存在着，深刻地影响着普通民众的生活。

一批睁眼看世界的留学生、中西文化大儒们，从西方文化中请进来的科学与民主两位先生，与神权势不两立。玉皇大帝、山神土地、四大金刚、弥勒菩萨等种种神，包括他们的化身、奴仆、护法，仍旧或麻醉或迷惑着普通民众，幼小的孩子们对其敬畏且害怕。

这就使得各种各样的神，从外形上也许容易被识破、被打倒，但是人们心里的神，要想彻底地打倒、赶跑、摧毁，却不是一朝一夕马上可以做到的。

现在古庙里兴办起了一所学校。一所学校需要各种各样的生活处所——厨房、接待室、图书室、会议室、厕所，等等，这些场所各有用途。古庙里的房舍本来就破败不堪，可用的房舍并不多。原来就摇摇欲坠的西楼，在1930年8月轰然倒下了。幸好汪达之、孙铭勋老师提前发现了，才没酿成楼倒人伤的惨剧。

那么，现在现实的矛盾就来了。学校里有几个基本学生，加上三四位最多时六位先生，以及六七十个走读的学生，每天在这里学习、生活、劳动、住宿，古庙里的房舍也就成了紧张的所在。毕竟，让新办不久的新安小学去别处建房造屋，费时费钱费力新建一个学校，是极不现实的。菩萨盘踞在古庙里，也许有几百甚至上千年，根基可谓牢固得很。到底如何解决呢？新安的师生们从心底里大喝一声：菩萨们，我们来了，请你们让一让！

然而，请菩萨让位，谈何容易！这些盘踞在古庙里的威严万分的菩萨，从精神上已经统治普通民众数千年之久，他们岂肯轻易离开自己的地盘？那些花费巨资供奉佛像、修建庙宇的人们，岂能同意别人这样对待菩萨，否定他们曾经普度众生、逢凶化吉？所以，事实的情况是，庙宇里的菩萨很容易就能搬走，但人们心里的菩萨难以撼动。

1932年夏天，淮安教育局曾决定在河下古镇创办一所中心小学，他们找到镇上一座规模较大的庙宇，想将其整理改造成校舍。当然，整理校舍的第一步，就是要把那些巨大的菩萨搬走或捣毁。然而，菩萨尚未搬移完工，已经激起了地方民众的愤怒和暴动。他们的理由是，菩萨乃是天上的神灵、地方人民的父母，他们掌管着惩恶扬善的工作。没有菩萨，地方何以安宁？搬动菩萨，地方上一定会蒙受灾难。

况且这些菩萨头上镶着珍珠玛瑙，腹内藏有银胆金心，这些搬动菩萨的人难免会从中私吞。于是，这几位负责将庙宇改成校舍的先生，在学校尚未办起来时，就受到了殴打、侮辱和谩骂。再加上当时的民国政府，也要借着菩萨的威严维持他们对普通民众的统治。所以，这场因庙宇办学引发的官司和纷争，从淮安一直打到了宝应，打了好久也没有结果。因着普通民众对菩萨的敬畏、信仰与爱护，类似这样的事情，在中国大地上不知发生过多少回，因为那时人们还无法从精神上摆脱神的奴役。

然而，清醒的人们已经看到这种神权对人权的侵夺，发出了反对神权的呼声——救救孩子，这是作家萧红在她的《呼兰河传》里，以团圆媳妇为人物代表向时代发出的呐喊。

在中国传统文化和神怪小说中，大概也只有像哪吒、孙悟空这些生性顽皮、有勇有识的孩子们，才能够真正地把神权打倒、摧毁。

初生牛犊不怕虎，五百年必有王者兴！

新安的孩子们，正是时代的奋斗者、菩萨们命运的摧毁者，他们是时代的王者，他们将发出勇猛的力量，把神权打倒！

老子在《道德经》中讲了他处世的“三宝”：“我恒有三宝，持而宝之。一曰慈，二曰俭，三曰不敢为天下先。”他的意思是说：“我有三种为人处世的法宝，我谨持不放：第一种叫‘慈’，第二种叫‘俭’，第三种叫‘不敢为天下先’。”心怀仁慈，故能受人敬重，得人关怀；生活节俭，故能无欲则刚，厚朴通行；“不敢为天下先”，入乡随俗，故不会遭人忌恨，“枪打出头鸟”“出头的椽子先烂”，是世人皆明白的道理。

新安的孩子们当然明白这些道理，但他们偏偏要“敢为天下先”，向着千年的神权爆出战斗的勇气、冲锋的姿态，因为他们是儿童，是一群新安儿童！

新安小学初建在一座破旧的古灵王庙里，是一所真正的古庙小学。这座古灵王庙的庙宇建筑和结构，和中国大多数的庙宇建制是一致的，分为三进，前殿、后殿，中间是大殿（正殿）。

正殿左侧有东楼，后殿右侧有西楼，其余又加有一些较小的房舍，充作庙里的和尚或者香客、居士的招待之所。这座古灵王庙也是坐北朝南的，不巧的是，这座庙的选址正好位于莲花街的南侧，为了出入方便，在古庙的西北角开了一个小门。这小门临近莲花街，虽是学校的后门，却又是事实上方便进出的前门了。

而古庙的南门（即前门），外面虽然空旷辽阔，有碧绿的莆田，远处还有钓鱼台、漂母池、城墙、宝塔楼阁，但因为没有大路，反而成了学校的后门。

西楼倒塌之后，东楼就一直做了寝室。东楼前面虽然有窗子，但窗外的砖墙比屋檐要高，通风的效果自然差了好多。楼的后面虽然也有一个一尺五寸的小圆窗，窗外却爬满了紫藤。所以，东楼的寝室，长期阴暗潮湿，非常不适合居住。从民国十九年（1930 年）到二十年（1931 年）的夏天，来来往往的新安同志都住在东楼。

学校还决定在前门开辟一片种菜的农场，为了方便出入，就决定对前殿进行改造，要改造就必须挪走里面那些高大威猛的菩萨。

这些现实的原因放一块儿，针对菩萨的一场战斗也就打响了。

4. 菩萨让位，我们作主！（下）

他们对菩萨动手了！

前殿的改造算是相对温和的。先把正殿的菩萨们挪一挪、挤一挤，腾出些空地儿来，再用绳索、扁担等工具把前殿里的大菩萨们捆绑起来，经过一番齐心协力的口号声的助威，那些被菩萨占据了多年的前殿便空了出来，成了工具房，打开了前门。

改造古庙，修整成校舍，是社会改造的事情，但实际上实施起来困难重重。因为他们要面对的是古庙里盘踞了上百年、千年的菩萨们，他们盘踞在普通民众的心里很久了，搬走它，捣毁它，砸烂它，谈何容易？

为了对孩子们进行一番心理上的教育，使他们认识到菩萨们所代表的神权与时代的局限，几位先生在动手之前，耐心地和他们做了一番交谈。

“古庙里的菩萨，都有什么用处?”

“那是受人们参拜的神。不过，他们不吃不喝也不动，怒目威严使人敬畏。”

“那么，他们到底做了哪些善事、功德，让人们如此虔诚膜拜呢?”

听到先生这样的问话，孩子们自然没有办法回答，因为从他们有限的认知里，实在不知道菩萨到底干了哪些有益的善事，他们既不事劳作，又不去做工，整天端坐于庙堂里，却受着普通民众的顶礼膜拜，也许他们是上天派来的吧。

菩萨本是从佛教和其他宗教中引申、构想、建造出来的形象，为了鼓动、吸引人们对其信仰，于是便造出这些世间绝无仅有的高大威猛的神像来，他们居于庙堂，怒目圆睁、不吃不喝，手持金刚杵等法器，似乎有着无限的威严与忠诚。千年的封建统治下，他们一定程度上疏解了人们内心的苦难，教导民众从善如流、心存善良，但也被封建统治者所利用，巩固了腐朽的政权。

古庙里已经没有了事实上的管理人，法事亦多年未曾做过，古庙里的菩萨们的命运，也如同没落的河下古镇，因了漕运的衰落，已经许久不为当地群众待见，这便是请他们搬离、空出地盘的最好时机了。

新安小学里的那些菩萨，如果能一次性彻底捣毁、砸烂，固然是好，但是从当时的社会风气和环境来看，这样做显然是不合适的，所以新安小学的师生们便采用了一个低调而隐秘的方式，把它们挪一挪、并一并，给古庙腾出空间来。但大家很快遇到了新的问题。宽敞的大殿、高大的主席台、那灵王宝座依旧还在，孩子们经过大殿时，因为有太多菩萨拥挤着，进出非常不便，又该如何行动呢?

教育是要改造社会和自然，而最深刻的就是要改造儿童的内心，然后儿童才能有担当、做大事，从而成为国家和民族的栋梁。

当时，民国新建，但神权依然还影响和左右着人们的认知、判断和做事的方式，也成为孩子们心中的一种禁锢。

所以，新安同志决定谨慎一些，因此只能请菩萨们再向后退，从大殿挪到后殿里去休息。为了让孩子们从心里对菩萨的认识发生些变化，又给孩子们做了一些暗示交流——

“小朋友们，我们每天开晨会、开夕会，应该有一个宽大些的会堂，你们看，这会堂要在什么地方才好？”

……

经过了许多暗示，终于有人发现并提出来：“大殿最好。”

“但大殿里有许多菩萨，怎么办？”

“我们把它通通搬掉！”

然而，孩子们对这个提议多半是摇头，这是不能用“表决”的方式来决定的。于是一位先生就说：“愿意动手的跟着我们来，不愿意动手的就用眼睛看。”

于是，几个大点的孩子跟着几位先生，不客气地对这些泥菩萨、泥马、泥象发出了驱逐的命令，“请”他们到了后殿里。

为了让孩子们不至于过分地害怕，并增加孩子们对于菩萨的轻蔑，老师们特意拿了一个小白脸的菩萨，给他画上胡子，塞住了耳孔，又有几个顽皮的孩子去掉了菩萨的手，用黑纸蒙住了他的眼睛——这就让他们塞上耳，听不得许多动静；蒙住眼，也不得多看，免得泄露天机。人们常说，泥菩萨过河——自身难保。现在，这群泥塑木胎的菩萨，是真正的自身难保了！

甚至还有顽皮的孩子，把护法韦陀手里的“杵”也夺了下来，罚他用头顶地倒立在地上。于是，这灵王庙里面的菩萨们，再也不是那威严勇猛高大的模样了，纯属是一堆由孩子们把玩的泥偶了。

现在，许许多多的菩萨通通挤在了后殿里，空气也不充足，但是新安的同志们还是尽可能把它们排列有序。在当时的社会上，先生们深深地担心着这件事情会发生波折、变化，引起不必要的麻烦，给人留下口舌。他们警告孩子们要三缄其口，又把后殿的门窗紧闭，在缝隙处又糊上了很厚的纸壳，使人们无从看见许多挤在一起、失了尊严的菩萨们。

新安小学在这样小心翼翼的谨慎和紧张中过了一年多的日子。

《道德经》曰：“天下莫柔弱于水，而攻坚强者莫之能胜，以其无以易之。弱之胜强，柔之胜刚，天下莫不知，莫能行。”这句话的意思是：天下没有什么东西比水更柔弱了。但这柔弱的水，一旦攻坚克强，是没有什么东西能胜过它。因为没有什么东西能让水改变它的本性。弱战胜强，柔攻克刚，天下没人不知道这个道理，却又没多少人能按此道理行事。

强者易折，弱者能存。

坚硬的牙齿与柔软的舌头相比，前者会脱落，后者却永在。水深流静，事缓则圆。不着急，反而能把事情做成，这是新安人的智慧。

学校开办不久，古庙里西楼倒了，东楼寝室阴暗潮湿，不宜长期居住，孩子们的健康也很让人担心，于是决定“开发后殿”。可怜那些菩萨们被从前殿搬到大殿，再从大殿移到后殿，现在又要流离失所了吗？可是，他们又能往哪里搬呢？

唯一的办法，只有把他们彻底地捣毁、砸掉，处理得不见踪迹，才能稳妥。毕竟，自从那些许多菩萨被“请”至后殿，关在一间密不透风的屋子里以来，南来北往的新安同志和周围的群众倒也没有什么反应，可现在，大家决定征用后殿，而后殿里的菩萨确实也无处可移了。

若是对这些菩萨们优柔寡断，处理不善，落了“尾巴”下来，反倒惹周围民众嫌疑，那必将给学校带来无限的隐祸。所以，必须给这些菩萨们做个彻底的安置，才是上策。

于是，1931 年一个冬天的夜晚，8 点多钟以后，路上已经没有了行人。住在东厢房外面的吴氏兄妹也睡了觉，新安的师生们把各处的门户关了起来，开始了秘密工作。

泥做的人、马、象等，用绳子套住它的头，拖倒，然后用斧头、锄头将其捣碎、砸烂，然后把碎了一地的泥巴挑去前门口的桂花园里，填入从前养金鱼的一个池子。一匹马还没完全弄完，就已经到夜里12点了，只好把门窗关好，一点痕迹也不暴露。大家去睡觉，第二天接着再干。

又是一个漆黑的夜晚，大伙儿决定对非常高大的泥菩萨动手，一直干到了夜里两点多钟，虽然身上流着汗，脚底却有些冰冷。大家把泥人肚子里的稻草点了起来，大家围着深夜里的篝火，心里面暗暗地发出种种感叹——

你这烂泥与稻草做的东西呀，你也居然有力量把中国人的心灵支配了几千年！五百年必有王者兴。你也可曾知道会有今日?![1]

那些沉重又巨大的木雕菩萨怎么办呢？把大菩萨们用绳子拴好，坐在一块木板上，板下有两根圆木，推、滚、拖着，移到东楼下面一间阴暗潮湿的屋子里去，也不管他们在那里是否会生出种种疾病来。

还有二三十个小的菩萨，便把他们送到东楼上面去。暑假里的时候，几个孩子便把东楼上面这二三十个小菩萨排成一个纵队，和他们做起了训练。

“向左转!”站在他们旁边的两个小孩，就把小菩萨们向左转，如此类推。“向右转!”“向前看”，然后转成双行，站成四行，他们开心地和小菩萨们打成了一片。当然，他们是这群菩萨的领导者、指挥者，命运的决定者。

为了避免不必要的麻烦，最终这支“菩萨队伍”也彻底被斧头给“解决”了，在孩子们的笑声中，它们成了一堆柴。

整个冬天，院子里的孩子们和老师们都在秘密地进行着这项工作。由于做了很多的拆解菩萨的工作，孩子们对此也就越发熟练和热爱了。

然而，孩子们对那些被供养千年的菩萨们似乎生出了更多的敌意。他们组织自己的力量，去校外行动起来。因为，他们觉得菩萨都是没用的东西（左义华曾在日记里明确地指出，这些菩萨都是“没用的东西”），都应

① 孙铭勋．古庙活菩萨［M］．上海：儿童书局，1934.

该被打倒、捣烂，于是就出现了这样一件非常滑稽的事儿。

校后的莲花街上有个永裕亭，亭里面有一双土地（土地公公、土地婆婆），全街人奉之为父母，土地公婆在地方上负有保境安民的义务。然而，在某一天的黄昏，有七八个小孩跑出去，一个站在亭东，一个站在亭西，形成左右警戒，然后四五个孩子在亭子里干起来，没一会儿功夫，这一双土地菩萨就葬身于河底了。

孙铭勋老师特意把这件事情写成了一幕戏剧，叫《几个顽皮的孩子》。可惜，我们无法看到这出戏的演出，那一定非常有趣且引人思考——

千年的菩萨，你们的命运到头了！

“在教育上革命”“办一种革命的教育”，是当初陶行知先生对新安同志的谆谆教诲。现在看来，他们勇敢地参与社会改造，把菩萨捣烂，在人民群众中重新建立起为人民服务的信仰，做古庙里的活菩萨，把为儿童和农人办教育的想法付诸实践，带领儿童做古庙的主人。打破神权高于童权（人权）的世界，鼓励儿童当家做主，做古庙的主人，做时代的主人，做未来新中国的主人。

陶行知先生曾给《古庙活菩萨》一书题词——

从神权高于一切到童权高于一切！

菩萨让位，我们作主！

新安小学在初创的几年里，小心翼翼地奋斗，勇敢地实践。至高无上的神权，在古庙小学里被打倒，“科学”和“民主”两位先生被请了进来，是新安教育的革命。

近代中国既是落后的百年屈辱史，也是皇权、神权统治的文化史，其中皇权更多地体现在社会的管理与结构中；神权则在底层社会文化与精神层面上实现了最大程度的统治。古灵王庙里的一群孩子，面对高大的神像，他们曾充满了畏惧与惊恐。然而，新安小学的创办，标志着一个时代的划分——

诸神让位，我们作主！

新安小学的师生们和诸神、菩萨争地位、争地盘！这些在寺庙里供奉了千百年的菩萨们被打倒、拆毁，甚至被迫“投河”，从而消失得无影无踪。

那些菩萨们最终在古庙里销声匿迹了。

5. 春天不是读书天

有首《读书“难”》的打油诗——

春天不是读书天，夏日炎炎正好眠。

秋有蚊虫冬有雪，一心收束待明年。

惰学者对读书会遇到的种种困难做了想象和推测。春光明媚，无心读书，夏天人易发困，秋有蚊虫侵扰，冬天冰冷有雪，管他呢，读书还是待到来年吧。来年又是怎样的日子呢？大概还是这样，“明日复明日，明日何其多，我生待明日，万事成蹉跎”。这就是说，不爱读书、不想读书的孩子，有一万个不读书的借口；愿意读书、乐于读书的孩子理由只有一个，就是——我要读书！

陶行知先生也作了一首《春天不是读书天》① 的诗，请当时的音乐家赵元任，为这首诗作了曲，在教育的园子里很热烈地唱开来，下面便是歌词：

春天不是读书天：关在堂前，闷短寿源！

春天不是读书天：掀开被帘，投奔自然。

春天不是读书天：鸟语树尖，花笑西园。

春天不是读书天：宁梦蝴蝶，与花同眠。

春天不是读书天：放个纸鸢，飞上半天。

---

① 陶行知. 陶行知文集［M］. 太原：山西教育出版社，2021.

春天不是读书天：舞雩风前①，恍若神仙。

春天不是读书天：攀上山巅，如登九天。

春天不是读书天：放牛塘边，赤脚种田。

春天不是读书天：工罢游园，苦中有甜。

春天不是读书天：之乎者焉，忒讨人嫌！

春天不是读书天：书里流连，非呆即癫。

春天！春天！春天！什么天？不是读书天！

《春天不是读书天》最初出现在《中学生》杂志要目上，新安小学的师生们也许听到过这首歌，读到过这首诗，他们求知的课堂早就在学堂之外了。他们把求知与生活、求知与做事、求知与教育紧密地联系起来，“在劳力上劳心”，已经成为他们一种现实的生活态度和教育主张。

过去的读书人认为“君子远庖厨”，这实在是误解了读书和教育，把读书与做事完全对立起来，将读书人的清高凌驾于劳动之上，让读书人成为“劳心而不劳力”的死读书的一类人，养成一大批“最无一用”的书生，除了说些“子乎者也”之外，多半既不事生产又不能行商坐贾，大抵上是要潦倒一世、困苦一辈子罢了。

新安人认为，“厨房是生活上一个很重要的地方。但中国人对于这个地方是素来极不注意的”。经过全体决议，他们拆掉旧灶，做了一个新的设计，预备了工具，搬来了砖头，调配好石灰，一起动手，经过三天的功夫，新灶就完成了。

他们还自己改造了厕所，把厕所分成三格，可以同时容纳三个人，又在门外修一道硬墙作为屏障，硬墙之外种上冬青，再种上各种花草。这些工作花了一个礼拜的功夫才完成。

陶行知先生在《生活教育之特质》一文中指出生活教育的多种特征。

（一）生活的　生活教育第一个特点是生活的。传统的学校要收学费，

① 舞雩风前，古代求雨祭天，设坛命女巫为舞，故称舞雩（yú）。

要有闲工夫去学，要有名人阔老介绍才进去。有钱、有闲、有面子，才有书念，那么无钱、无闲、无面子的人又怎么办呢？听天由命吗？等待黄金时代从天空落下来吗？不！我们要从生活的斗争里钻出真理来……

（二）行动的　生活与生活摩擦，便包含了行动的主导地位……行动既是主导的生活，那么，只有“为行动而读书，在行动上读书”才可说得通。……书里的真知识是从哪里来的？我们是毫不迟疑地回答说：“行是知之始”“即行即知”……人类和个人的知识的妈妈都是行动……

（三）大众的　少爷小姐有的是钱，大可以为读书而读书，这叫做小众教育。大众只可以在生活里找教育，为生活而教育……教学做合一，即知即传，是大众的生活法，即是大众的教育法。总说一句，生活教育是大众的教育，大众自己办的教育，大众为生活解放而办的教育。①

汪达之在他的日记中这样记述新安生活，他写道：

我们的一切，已到分水岭了！这种实际的情况，直到现在，才意识得明白。……在开教育的新的路线，这是我们的任务。但这路线是为谁开的呢！这是过去很为忽略的问题。……

从本年起，我们是认定了，不再这样干下去（办一种传统的学校）。第一是，彻底的取消班级与毕业观念。需要毕业的，到可以供给毕业的学校里去；不需要毕业的，到我们这里来。观念转移了，淘汰杂质，是第二步。

……

他是一般中的特殊，决不是特殊中的一般。他是要走创造的路，他是要从现在创造一个新的未来。创造，不是偶然的事，自有他本身的统一性，所以，现在暴露他的本质，淘汰杂质，是必然性。②

在确定了新安小学的特殊性之后，汪达之校长提出了招收学生的两个标准：

1. 颠连无告而需要我们帮助的孤儿。

---

① 陶行知. 陶行知论教育［M］. 长春：吉林人民出版社，2024.

② 孙铭勋. 古庙活菩萨［M］. 上海：儿童书局，1934.

2. 信仰我们的教育主张与实施者之子弟。

现在来看，新安小学的生活教育着实具有了新的意味。这个学校根本不谈毕业和班级教学，而是要办一所没有毕业证书的学校，也是一所永不毕业的学校。所以，班级的概念也被打破了。他们主张，一切在做上教，一切在做上学。

这样，学校也就发生了翻天覆地的变化。

全部的校舍，除了厨房，厕所，图书室，寝室，大会堂，有特别显明的用途而外，没有什么上课的场所。而我们的全部生活，也从此消灭了教科书与上课，消灭了班级与年限；而所谓考试，留级，毕业，开除等等不合理的病象，更是绝对肃清了。

以前的教室，现在堆满了砖头与斧头锄头；以前的办公室接待室，现在也摆了推畚箕粪桶之类。许多有意或无意到这里来参观的客人，尤其是别的学校的先生和学生，见了这种现象，无有一个不冷笑，不摇头，而我们就正是要在他们的冷笑与摇头之间才得到满足。他们最不满意的现象，就是我们最满意的现象。我们和他们是截然不同的两个形态，我们自信是从此踏上了我们自己的征途。①

学校里有一块长约 1 丈、宽约 4 尺的荒地，上面堆满了碎石碎瓦。本来打算请外面工人来开辟清理的，要花 8 块钱的人工费。现在，经过民主的讨论，同学们决定自己动手，经过一个星期的功夫，这块荒地被清理出来，省下了这 8 元钱。

孩子们通过自己的劳动省下的 8 元钱，用它做什么？最后，大家决定用这 8 元做一次小小的旅行，全体到清江浦去旅行。在那饥荒盛行、食不果腹的年代，花费 8 元钱，带着一群孩子去做一趟小小的旅行，这是多么奢侈的教育生活呀！

于是，他们从运河的湖嘴码头乘着小火轮，浩浩荡荡，向清江浦赶去，

---

① 孙铭勋. 古庙活菩萨［M］. 上海：儿童书局，1934.

他们要睁开眼睛看看外面的世界。他们参观了一所农业学校、一所孤儿院、一所实验小学和一个幼稚园。

经过这次小小的参观旅行活动，孩子们的精神倍加振奋，尝到了生活教育的滋味：自己动手，丰衣足食；自己动手，梦想可成；在劳力上劳心；自己的事儿自己干，靠天靠地靠祖上，不算是好汉！

在古老的大运河边，一群孩子登上小火轮，开心地笑啊看啊，他们走出校园，开心地谈论着、欣赏着，水花飞溅，叶绿苗青，家乡如一幅巨大的山水画，呈现在眼前。田野里一片翠绿，耕作的农人在挥洒汗水；岸边一棵棵大树，枝繁叶茂。

这情景和两千多年前的孔子带领他的学生来到了泗水河边，一起弹琴、唱歌、交谈、游玩的情景非常相似。不过，这群孩子来自新安小学，他们飞出校园，奔向广阔的世界，他们也曾如农夫一般，赤脚种田、割蒲种菜、挑粪浇水、生火做饭，总之，他们在生活的田野里摸爬滚打，过一种幸福的劳动的教育生活。

春天不是读书天；工罢游园，苦中有甜。

春天！春天！春天！什么天？不是读书天！

6. 读《义华的日记》

20 世纪初，中华民族国运动荡，主义飘摇，辛亥革命成功，国家政体的巨轮在立宪、民主和共和的波涛中艰难摇摆，1917 年的文学改良运动，1919 年的五四运动，唤起了中华民众的觉醒。清朝以来严苛的文字狱及对民众喉舌的封锁，逐渐被打破。

民国政府初建以来的 10 年内，文化、教育、社会风气等迎来了发展的黄金 10 年。在腐朽败落的封建主义废墟上建立起来的中华民国，迎来文化、教育、思想的解放，以及一个相对活跃、发展的时期，各种思潮和主义的引进，成为时代的潮流，也推动了文化的振兴，个体精神的自由表达与话语权在一定范围内得到释放和张扬。温文尔雅的教授们，也会因为政见的不同、观点的差异，争得面红耳赤，甚至大动干戈，火气冲天。

在文化教育和出版方面，人们在清朝言论的禁锢纾解之后，得以自由呼吸。于是，一大批日记、自传、学术文章等纷纷得以出版、发行。

《义华的日记》的出版，正是在这样的文化和社会背景之下。

第一个发现左义华日记可以出版的是方与严先生，他是代表陶行知先生来新安作教育考察的。方与严于 1932 年 9 月底，第二次来到新安小学。在参观学校的日常活动中，方与严先生成了左义华日记的第一个读者，他欣然为《义华的日记》作了序。序文如下：

我是十八年九月间，到过淮安新安小学，过了一次双十节。这是第二次在二十一年的双十节前一天，来到新安小学。

一天，在孙铭勋先生房里，见着桌子上摆了许多小朋友的日记。我就随便翻阅，见着左义华小朋友的日记，很能抓住一天生活的要点，忠实地写出来。孙先生的批改，只有改正别字和修助词句的通顺，很能保存义华童真的原来的真面目。我即说："这日记可以出版。"孙先生说："义华近来的生活太为难了，北地苦寒，隆冬即到，冬衣尚在不可知之中，我正想在他的日记上设法，你来的正好，即请你介绍。"我说："有这样的日记，不但义华不愁冬衣没有着落，就是他的弟弟仲达的冬衣也有得着了。"

日内孙先生已把《义华的日记》校阅如式寄来。在义华的自序里，可以看出义华的身世，看出义华求学的经过。并且可以看出义华与新安小学的关系和进步，在向着科学的路线进步。最重要的是看出义华的日常生活表和自省表，是义华已踏上了过着有计划的生活，受着有计划的教育，将成为一个有计划的科学儿童了。

临了，我希望义华继续不断地努力，照着计划前进创造，向着科学的路线前进创造，那末，将来成就一定很大。同时我更希望着用此书的小朋友们，都和义华一样地向着科学的路线去努力前进创造，都成为一个有计划的科学儿童。那末，中华民国可以得救，中华民族可以复兴了。

小朋友们！来！努力吧！

中华民国二十一年十一月一日 方与严序于上海自然学园①

这序言是本书中唯一的成人叙说和表达。

初读方先生的序言时，我就想起白居易“长安米贵”的故事。白居易未成名的时候去长安考功名，按照传统，他带着自己的诗文去拜见长安的名人、前辈，以求推荐与扬名。当时有个文学前辈名叫顾况，他对前来拜访的白居易说：“米价方贵，居亦弗易。”老前辈其实并不是真的否定白居易的作品，只是初见他的名帖上有“居易”字样，便开了个玩笑。当顾况读到“野火烧不尽，春风吹又生”的诗句，不禁赞叹起来：“道得个语，居即易矣。”意思是说，写得出这样的诗句，在长安居住也不是什么难事了。

初读《义华的日记》，犹如把玩一件小小的手把件，极短小，极有趣，这不只是左义华写的一本小小的日记集，更是他自己创作的一卷生活教育的小诗；再读时，让人沉思起来，新安小学的师生真诚朴实，把生活教育的诗卷写在古庙里，写在土地里，写在一件件极小极细的有心的工作里。

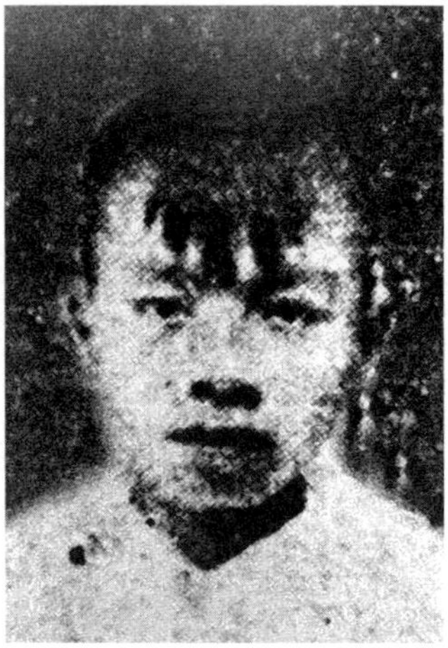

左义华

义华和小伙伴们滚铁环、打狗、去镇上买油、学算账目、去湖心寺游玩等，都写在了日记里。日记的前面是他的自序，那悠长的叹息和血泪讲述的经历是他苦难的童年生活。李友梅既是新安小学最初的老师，也是他唯一可依靠的亲戚，带着他来到了新安小学。

读到日记的后面，我的心里充满了一种悲凉的气息——他身处上海，被父亲接了去短住，也瞧一瞧他脚上的疮——大概是冻伤，其间他给自己挚爱的几位新安的先生写了一封信，然

① 左义华. 义华的日记［M］. 上海：儿童书局，1932.

后想连同自己的四张照片寄回新安，然而，当他问父亲要钱买邮票时，父亲说：“我哪里有钱呢？”

“我看父亲很不快活，我心里也很不快活，我没有说什么话了。”这是日记里的原文，也是我们现在能看到的义华与父亲往来仅有的文字信息。民众的困苦，日常的艰难，一个孩子已经完全体会到了。作为一个孩子，他无法理解革命者抛家舍业的坚定与决绝。

义华的日记，从内容上看，多半是些鸡毛蒜皮的小事。

这些一地鸡毛的小事，说它事小，实际上是我们成人的感觉。其实是古庙学校里孩子们生活的绝大部分，其中《郭亮打狗》《打桐果》《滚铁环》等，是古庙里孩子们无忧无虑的童年，也是孩子们自由自在的玩耍生活。“玩”，被清楚地写进义华的一日生活计划中。

那时物质条件很差，孩子们根本就没有更多的玩具、设备来充实课余生活。但孩子们依然能够从现实的生活中发现许多有趣和好玩的东西，比方说土狗（蟋蟀）和黄蜂打架、天上的云和星、耕地的黄牛在路上拉了大便等，这些都是义华日记里记下的内容。

天上的鸟、树上的桂花、田里的野花、野葡萄、天上的云和月、夜空里的星星都是他们观察记录和日记创作的好材料。更有意思的是，几根红红的火柴，也是孩子们好玩的玩具，他们把火柴梗堆积起来，然后点上，于是发出鞭炮一样的响声，小小的爆炸吸引了他们探索的兴趣和观察的目光。

从文字上看，义华的日记是童言俚语，接近白话。

义华所使用的语言，都是通俗易懂、浅显如话的文字。《打桐果》《我不怕了》《房子倒了》《土狗子和黄蜂》《我们要听不到鸟叫了》等，显示了一个9岁的孩子对日常、对生活、对眼前的能够接触到的事物，做了一番小小的观察、判断和思考，然后用自己的文字、逻辑和语言，连同自己的感受一起写了出来。

这些文字和故事也许极简单，也许极朴实，但它最大的优点是真实、可靠、自然，不做作，不无病呻吟，快活、生气、哭、伤心等，都是他最直白的语言和情感。

下面是一篇名为《哭》的日记，我们能感受到一个孩子真切的悲伤与痛苦。

哭

扫地的时候，我听见有人在外面哭，我叫张俊鑫同我去看。我同张俊鑫走到后门口，看见一个人在永裕亭里面哭。我说："这个人为什么哭?"张俊鑫说："他的妈妈死了!"那个人哭的很伤心，我也哭起来了。张俊鑫见我哭起来，就拉我回来了。

(因为义华的母亲已死了两年了，是在汉口死的。)①

《义华的日记》文字中含着丰富的感情。那颗小小的质朴的童心，流淌着浓浓的师生情、父子情、同学情，还有对生活的挚爱，对自然探索的热情。他离校数日，去了上海，便想念新安的几位先生；他看飞翔远去的大雁，想到它们晚上住在哪里，有人在竹林里打鸟，他即写道——

我对着竹林看了一会，一个鸟也没有了。我心里想：这两个人为什么要打鸟呢？鸟同他有什么仇吗？把鸟都打死了，吓跑了！我们要听不见鸟叫了!②

义华的日记里记载了一则他和小伙伴们的交往和故事。

《义华的日记》封面

---

① 左义华. 义华的日记［M］. 上海：儿童书局，1932.

② 左义华. 义华的日记［M］. 上海：儿童书局，1932.

打桐果

我走到运动场，看见王国保和蒋同仇在那里打桐果。蒋同仇得了很多。我对蒋同仇说："拿几个给我。"蒋同仇说："我们三个人平分。"我们就分，每人分得十八个。王国保又去打，打得了好几个。蒋同仇喊他拿来分，他不分。蒋同仇又去打，打了好久，没有打到，蒋同仇说："好，不打了！"我们就走了。[①]

日记中的人物，在数十年后，在一次偶然间被媒体发现，契机便是2015年淮安市媒体和新安旅行团历史纪念馆共同举行的"重走新旅抗战路"的活动。

这位被重新发现的人物就是日记中的王国保，大致情况是这样的。

2015年5月13日，在北京市公安局工作的王建军（王国保的侄孙），恰巧在当天的《人民日报》A6版看到了一篇来自家乡的报道——《江苏淮安举行重走"新旅"抗战路活动　94岁老兵追忆抗战往事》。看了这则报道后，王建军想到家乡的二爷爷王国保曾多次向他们提到在新安小学上学的事情，其中有个同学就叫曹维东。王建军立即打电话将这个消息告诉了王国保的儿子王振东。

这年，王国保已经是90多岁的高龄了，王振东把这件事情告诉了老人。老人说，他在新安小学确实有个同学叫曹维东，就是80多年没见面了，面相已经记不得了。王振东决定让两位老人在有生之年再见上一面。在多方努力下，终于促成了两位老人的这次相聚。在北京曹维东的家中，两位老人经历了近一个世纪再一次亲密地手拉手。

---

① 左义华. 义华的日记［M］. 上海：儿童书局，1932.

曹维东（左）王国保（右）手拉手

王国保同学从《义华的日记》中走出，来到现实的生活里，佐证了义华日记的真实性。这本薄薄的日记里，装着花鸟虫鱼，装着一切美好，装着新安学生左义华的整个世界。他的怜爱、他的善良、他的仁慈，全在他简单的文字里了。

义华的日记，是他写成的生活教育的小诗，也是新安小学的教育诗。一个孤苦无依的孩子，来到新安两年左右，经过老师们的培育，能够用文字来表达自己的喜怒哀乐，能够通过自己的眼睛，观察这个并不安宁的、苦难的世界，在贫穷、困苦、孤寂的环境里，慢慢长大，实属教育的奇迹，是生活教育结出的硕果。

从他的经历里，我们可以读出那个苦难的时代，军阀混战，民众失业，斗争的潜流在暗暗蓄积；就其个人来说，有着不幸的童年，却也因为来到新安小学，由不幸而万幸了。

左义华的成长和《义华的日记》，很好地阐明了"生活即教育"的含义：一是从生活的角度说，"生活含有教育的意义"，是生活就是教育；二是从教育的角度说，"教育以生活为中心"，通过生活来进行，以求生活的向前向上与提高。以文字和书本为中心，把教育等同于读书，把求知等同于识字，是教育的弱化、狭窄之处；教育的外延与生活相等，"到处是生活，即到处是教育；整个的社会是生活的场所，亦即教育之场所"。

夜色难免黑凉，前行必有曙光。困难是暂时的，希望在前方。

避开车马喧嚣，修篱种菊南山之下；

丢掉自负埋怨，振羽疗伤黎明之时。

新安的孩子们每日写日记、做工、轮流做主席，饲养鸽子、种植蔬菜，自给自足，办儿童自动识字班，教村民识字，表演戏剧，组织节庆活动，为日后成长积蓄力量和经验，描绘着国家和民族未来，正如陶行知先生描述的一般，他们是地下充满力量的“种子”，他们是搏击长空自由的“鸽子”，他们是林间敢于斗虎的勇猛的“狮子”。

7. 民主与科学

新安小学，在当地是一所极富特色、影响深远的新式学校。生活教育思想的传播和实践，也带来民主和科学的思想，并在儿童心里扎下根来。

新安小学的各种计划和大纲中，表现出了对社会生活的高度关注和热情，新安师生积极地参与到民众生活中来，他们办夜校、修路、教村民识字，实现知识公有，努力把一所小学校办成乡村里的文化高地。

这是生活教育的实践与成功。生活教育的兴起，其本质是“西学东渐”的结果。一场“西学东渐”给中国大地带来了翻天覆地的变化。

古老的中华大地，是以农耕文明为基础代代传承的。

从明朝后期到近代，西方文明和各种学术思想，逐渐以各种方式向中国传播。连居住在深宫里的皇帝也开始对西学有所关注并投入学习。到了20世纪之初，一些西方思想家的著作被介绍到中国，如孟德斯鸠的《论法的精神》、卢梭的《社会契约论》等，这些著作传播了民主、自由、平等的思想，对中国的思想界产生了一定的冲击。同时，西方的科学技术成果也开始传入中国，如物理学、化学、生物学等领域的知识，以及蒸汽机、铁路、电报等技术，这些新的科学技术引起了中国一些有志之士的关注。

西方的教育理念和教育制度也对中国产生了影响，一些人开始提倡、传播新式教育，主张培养学生的实际能力和创新精神。清末至民国，国家先后颁布多部新学制，从 1902 年的壬寅学制、1912 年壬子学制，到 1922 年的壬戌学制，中国教育的面貌焕然一新。西方的政治制度，如君主立宪制、共和制等，也成为中国学者、民众关注和研究的对象，他们希望以此寻找中国的富强之路。

“西学东渐”运动经历了三个阶段，每个阶段都产生了重大影响。

第一阶段是洋务运动时期，大约为 1861—1895 年，这个阶段是“西学东渐”的初期，中国开始学习和接触西方科技。洋务运动是中国近代史上一次重要的自我振兴运动，通过引进西方的先进技术和设备推动了中国的工业化进程。在这个过程中，中国学习了许多西方的科技知识，如造船、冶金、电信等，在此基础上建立了一批现代化的企业，促进了民族工业（主要是军工企业）的诞生，推进了国家工业化进程。

第二阶段是新文化运动时期，大约为 1915—1921 年，这个阶段是“西学东渐”的深化期，中国对西方思想文化进行了批判和吸收。新文化运动是中国近代史上一场深刻的思想解放运动，也是发生在东方土地上的思想启蒙运动。它旨在推翻传统的封建文化，建立新的现代文化。在此过程中，中国大量接触和吸收了西方的哲学、文学、艺术等思想文化，也开始对传统的儒家思想进行批判和反思。

第三阶段是五四运动时期。1919 年爆发了五四运动，掀起“西学东渐”的高潮，一大批民主文化战士发出对时事的批判和反抗。五四运动是中国近代史上一次具有深远影响的社会运动，它的主要目的是反对帝国主义的侵略和封建主义的压迫，争取民族独立和民主自由。自此中国人开始深入学习和借鉴西方的政治制度，如民主、科学、法治等，开始反抗旧的传统制度。

在反帝反封建的浪潮中，新的政治制度在暗暗酝酿，中国共产党人悄然登上历史舞台；他们力求推翻封建思想，建立新文化，发展民族工业，推行民族独立和民主自由，中华民族走向伟大的民族复兴之路。

“西学东渐”的春风吹醒了沉睡的中国大地，这片土地上发生了深刻的巨大变化。辛亥革命推翻了千年的封建统治，1921 年中国共产党成立……社会的基本结构虽然未能发生彻底变化，但传统、落后、愚昧的生活方式，正在经历着科学的拷问和鞭笞。

客观上说，“西学东渐”带来的影响是巨大的，中国从政治经济、社会精神、教育文化等各个方面都发生了深刻的变化。

1932 年 3 月，陶行知在给庄泽宣①先生的信中说：“几年以来，我们觉得要救中华民族，必须民族具备科学的本领，成为科学的民族，才能适应现代生活，而生存于现代世界。科学要从小教起。我们要造成一个科学的民族，必须在民族的嫩芽——儿童——上去加功夫培植。有了科学的儿童，自然会产生科学的中国和科学的中华民族。”②

新安小学办学两年了，陶行知先生送上一套科学丛书作开校两周年的礼物，还做了一篇《送科学丛书》的小文，文中写道——

新安小学出世之日，即文渼先生去世之日。我于今把二周祭要买祭品的钱买了这部书，来送给新安小学作为开校二周纪念的礼物。这里面有许多小小的实验！俗语说：“百闻不如一见。”说得更确些是：“百见不如一做。”科学实验要从小做起……我深信新安小学的老师、小朋友必能善用这微小的礼物去造成伟大的前途。那么将来的伽利略、巴士笃、法拉第也许就是你们的同学咧。③

新安的老师台和中先生，准备在学校里筹建生物园，向陶行知先生申请筹建的经费。于是陶行知先生开心地回信，加以指导，还寄来一些钱支持生物园的筹建。陶先生曾做有一篇小文《如何可以不做一个时代落伍

---

① 庄泽宣：浙江嘉兴人，我国近代著名的高等教育家、比较教育家、职业教育家。时任广州中山大学教育系主任、教授。中国现代教育的开端——壬戌学制的起草人之一，中国教育本土化先驱者。陶行知先生谓之“谋国心长，救种虑远”。

② 陶行知. 陶行知论教育［M］. 长春：吉林人民出版社，2024.

③ 华中师范学院教育科学研究所. 陶行知全集［M］. 长沙：湖南教育出版社，1985.

者——答复一位青年教师的信》，他写道——

接读你的信，知道你有努力上进之志，我是何等的欣慰啊！我们要不愿做时代的落伍者，必须专攻一门自然科学。自然是开向理想世界去的特别快车，你坐在上面，不要下来，决不致落伍……从农业文明渡到工业文明，自然科学是惟一的桥梁。小学教师必须拿着科学的火把引导儿童过渡。科学的使命是要造富的社会不要造富的个人……①

我们猜想，这位青年教师，大概就是台和中先生吧。陶行知化名为“梧影”于1932年5月30日又单独给台和中写了回信，在信中指导他的工作，他写道——

和中：

您的信收到了，我在这里看出无限的前途。……不过您的研究方法要有一些修正。您必须以大自然为您的生物园才有丰富的收获。比如研究昆虫，最好是预备一块地方，让它长些野草，昆虫自然要来游玩。世界最著名的昆虫学家法布尔便是这样研究。

比如养鸟，与其把他们关在笼里，不如多栽树木，引鸟儿飞来做客。冬天设巢供食，夏天设盆洗澡，都是招待鸟客的好方法。威钦笙（Wilkinson）研究上海鸟便是运用这些秘诀。蛙的研究最好是在池塘里举行……

我看您那生物园的梦总是做得成功的。您说学校里工作忙，不能常出去，不能常到大自然里去，我有些不懂。真教育是在大自然与大社会里办，不能常到大自然里去，还能算是生活教育吗？祝你们领导小朋友冲锋到大自然里去追求知识。②

新安小学的生物园到底建设得如何，我们已经无法查证，但从已知的文献来看，他们是要开辟“自然科学实验室”一间、“社会科学参考室”一间，并把这里作为“科学把戏”的场所、研究社会生活的场所的。基本学

---

① 江苏省陶研会，南京晓庄陶行知研究室．陶行知文集［M］．南京：江苏人民出版社，1981.

② 孙铭勋．古庙活菩萨［M］．上海：儿童书局，1934.

生左义华记下他们的科学生活日常，他甚至要和全国小朋友分享：“我现在一天做一个科学小试验，试验了就记下来。再过两三个月，我可以整理出来，贡献给和我同样年纪的小朋友们做参考。”①

他的生活观察，有种草、看星、日常发现等，比如《擦红洋火》《织布的梭子》《土狗子和黄蜂》等。我们选择他的一篇日记，抄录如下，显示一个9岁的儿童的科学精神和生活中的发现。

土狗子和黄蜂

昨天晚上，蓝先生捉到一个土狗子，放在桌上玩。等了一会，台先生捉到了一个黄蜂，也放在桌上玩。蓝先生拿土狗子和黄蜂打架。土狗子力大，咬了黄蜂一口。蓝先生又把土狗子放到黄蜂的尾巴上，黄蜂用刺刺土狗子，土狗子很害怕，就跳起来了。土狗子跳到这边来，又和黄蜂打起架来了，过了一会，我们都睡觉了。今天起来，我去看，土狗子没有死，黄蜂已死了。我心里想：土狗子何以没有死？黄蜂何以死了呢？我想了很久，想不出什么缘故来，我就把黄蜂拿去埋在地下。②

从这则日记里，我们不难发现，新安小学的孩子们对于日常生活的关注。他们会对生活里发现的事件进行科学的探求，从中我们还能感受到孩子们的科学情怀。在陶行知先生看来，“行动是思想的母亲，科学是从把戏中玩出来的”。

新安小学的孩子们不但深刻地理解这条主张，还坚定地以实际的动手实践去印证这样的真理，把“科学把戏”真正地做起来。

当今时代，对比中外教育，从知识结构来看，现在的中小学生有两大缺陷，其一是科学知识缺乏，因为考试几乎不考这方面的内容，于是，老师和学生都不注意这方面知识的教学与积累；其二是实践类知识缺乏。我国的各级学校教育都十分注重书本知识，注重培养学生用脑、用眼、用口，但不注重用手，因而，中国学生的动手操作能力普遍较弱。

---

① 左义华. 义华的日记［M］. 上海：儿童书局，1932.

② 左义华. 义华的日记［M］. 上海：儿童书局，1932.

新安小学的孩子们从小就注重动手、动口、动脑，尤其是以做事、做工、干活为主导的劳动实践和生活能力的培养，为他们日后的学习和生活打下了重要的基础。这与陶行知先生主张的手脑相长是极吻合的，陶先生曾经作《自立立人歌》：

滴自己的汗，

吃自己的饭，

自己的事儿自己干，

靠人、靠天、靠祖上，

不算是好汉。①

他在手书条幅中，还特意强调，“自己”二字含有个人与团体的两重意义，这说明要想干成一件事，必定要基于团体的力量之上，个人的努力与团体的合作、分工具有同样重要的意义。

陶行知先生说，“不做无学，不学无术。科学实验要在做上学，在做上教。读科学书籍，听科学讲演，而不亲手去做实验，便是洋八股而非真科学”。他还强调，“科学的世界里，应该有一个科学的中国。科学的中国要谁去创造呢？要小孩子去创造！等到中国的孩子都成了科学的孩子，那时候我们的中国便自然而然的变为科学的中国了”。②

科学素养的养成、动手能力的训练，各种科学综合知识的获得，为新安小学的孩子，包括日后参加新安旅行团的孩子们，在科学探索和研究的道路上打下了坚实基础。

其中，新安旅行团团员王山，成长为军工218厂总工程师，光学仪器高级工程师、副厂长，是我国第一颗人造卫星瞄准具的设计者。新安旅行团团员钱凌白，核潜艇设计专家，曾担任中国核潜艇研究室主任，参与我国第一代反潜攻击型核潜艇研制和试航工作。

---

① 江苏省陶研会，南京晓庄陶行知研究室．陶行知文集［M］．南京：江苏人民出版社，1981.

② 陶行知．陶行知文集［M］．太原：山西教育出版社，2021.

科学把戏（即科学小实验）在当时学校课程建设并不完善的情形下，一方面充实了儿童的学习生活，另一方面也极大地激发了儿童关注自然、探索科学的热情，训练了动手动脑的能力，培养了科学的儿童，他们以此为梯，又向上向前迈进一步。

更能体现新安教育特色的，是他们在学校内形成了以儿童为主体的儿童民主。这种以儿童为主体的民主，打破了封建时代的教育专制，构建了以人权、民权、童权为特征的民主。

在新安小学，他们的民主是客观且朴实的。日常生活中，教师与儿童生活在一起，吃穿住用，绝不搞任何特殊化；师生一块儿吃饭，一块儿劳动，一块儿生产，学校变成家的模样。作为教师的先生们也只是“家”里生活的一分子，更多扮演指导、顾问的角色。

砌墙修房、割蒲种菜、翻地开井、生火做饭等，都是由儿童轮流做，教师也是这些劳动和工作的参与者、指导者。最有意思的是，孩子们在生活的过程中，设定了一个轮值主席，主持每天开早会晚会，决定一日的学习、生活和工作。老师只对孩子们自由民主的生活给出具体的建议，而不是作为管理的一方加以命令、束缚、指示等。

这种以儿童为主体的民主，到底是怎样执行的呢?《古庙活菩萨》一书中记录了孩子们以民主的方式处理生活中的一件小事，我们不妨称之为《一朵紫薇花》的故事。

民国二十一年的春天，紫薇盛开的时候，一个低年级的小朋友——蒋兆铭的哥哥……他一个人悄悄地把一朵紫薇花折下一枝来，藏在袖口里拿回家去。不巧，在途中被别的同学看见了，在那天下午的夕会上：

主席：“我有一个报告，蒋兆铭的哥哥在中上折了一枝紫薇花，请大家想个办法。”

“主席，我提议，罚他浇水，凡是我们学校里的所有的花，通通请他浇一次水。”

主席：“现在有人提议，罚他浇水，凡是我们学校里所有的花，通通请他浇一次水，这个提议有附议没有？”

“主席，我附议。”

主席：“好，有人附议，还有别的提议没有？”

“主席，我有一个提议：罚他保护紫薇花，他每天到学校来的时候，就在紫薇花下守着。”

主席：“守多少时候呢？”①

……

这个主席是一个名字叫张俊鑫的孩子，时年12岁。最后，大家还追到这个摘花的孩子家里。这个孩子在父亲的坚持下，回到学校里遵守大家的议案做了一个礼拜。

有人认为，在新安小学，并没有校长，如果有，那也是新安的一群小朋友。

看，这就是儿童的民主，真正的童权高于一切的儿童民主。在整个事情的解决和处理过程中，没有老师参与和干预。陶行知先生说，儿童的生活是社会的一面镜子。因为儿童人微言轻，经济政治在儿童身上的反应是最彻底而难以隐藏的。

新安儿童以集体的力量和智慧，来领导、组织他们自己的团体生活。这种以轮值主席为领导的儿童民主，以团体会议、个体表决、主席轮值等为特色。

这种民主生活和决策的方式，很大程度上促进了新安儿童的成长和发展。所以，在新安旅行团近600名团员中，涌现出了很多领导干部，他们能够团结和领导群众，克服各种各样的困难，完成上级交给的各项任务，这与他们在民主生活中养成的素质是分不开的。

因为民主，原本单独的、分散的个体结成了一个小小的团体，无数个小的团体，具有某种精神与信仰，就能够团结起来，形成一个强大的集团，

---

① 孙铭勋．古庙活菩萨［M］．上海：儿童书局，1934.

凝聚成国家的力量。这样既可以自强不息，又可以抵御外辱。

黄炎培先生在他《中国50年来新教育之检讨》的报告中指出：

今天最大的毛病，诚如以前我所说，只有个人而无团体，考验每个人的能力，倒还不错，但是要把各个人组织起来去抵抗外敌，那就很成问题。我们今天要求于团体的力量，比较要求于各个人的力量大的多，团体与团体结合为集团，和敌人打仗，就是最严格的整个国家集团力量的考验。①

人的生存，不单靠躯壳，还靠灵魂，国家亦然。国家或者一个集团有了向上的灵魂和主义，就可以集成一个强大的集团，可以形成一股巨大的力量，攻无不克，战无不胜，克服一切困难。

陶行知先生坚持他的民主教育思想，为之顽强地奋斗。他在《民主教育》一文中对此做了生动的阐述——

民主教育是教人做主人，做自己的主人，做国家的主人，做世界的主人。把林肯总统的话引申到教育方面来说：民主教育是民有、民治、民享之教育。说得通俗些，民主教育是人民的教育，人民办的教育，为人民自己的幸福而办的教育。②

承认中国是从农业文明开始过渡到工业文明，经济是极端贫穷。我们必须发现穷办法，看重穷办法，运用穷办法，以办成丰富的教育。开始的时候，唯独这样才能使绝大多数之劳苦大众及其小孩得以享受教育，否则，只有少数少爷小姐享受教育，不能算是真正的民主教育。③

在《再谈民主教育》一文中，他指出：

民主的教育包括四点：

一、民为贵——大家说“教育第一”，其实更重要的是“人民第一”，只有重视人民的教育才能第一。

二、天下为公——教育为公，文化为公，不可由任何人据为己有。

---

① 黄炎培. 中华复兴十讲［M］. 北京：生活·读书·新知三联书店，2015.

② 陶行知. 陶行知文集［M］. 太原：山西教育出版社，2021.

③ 陶行知. 陶行知文集［M］. 太原：山西教育出版社，2021.

三、建立民主的主张——应该集思广益，虚心学习，用民主方法，从各阶层多方面结合而成的主张。

四、自己要说话——也让别人说话，最好是大家商量。①

民主产生和谐的社会秩序，独裁制造恐怖的专制政治。

让人惊奇的是，在新安这所小学里，民主居然自动运行且扎下了根。他们自己也许并没有意识到这就是民主教育。他们只是在生活教育中，觉得这样做事最科学、最有效、最经济。

当今时代，人民群众渴望优质的教育资源并公平享有，希望教育能促进民生与幸福。所以，有了就近入学、公开摇号、教育救助等措施，着力教育公平，以促进全民族整体的教育均衡发展，谋划未来幸福生活。陶行知的“人民第一”的民主教育思想，唯有在当今时代，才有实现的可能。

在新安旅行团的团体生活中，民主自治——他们一贯执行的管理措施和方式，让新安旅行团成为一所“行走的学校”。

坚持办民主的教育，客观上是因为当时新安小学人手紧张，只能依靠儿童自己的力量，组织儿童办理自己的学校，让学校艰难地生存下去，而不至于关门；另外，也是时势所然，当“民主”与“科学”被引进国门，这两位“先生”就开始深刻地影响中国人的生活，而教育作为一种强大的生产力，也必然受到感染并产生积极的变革。当然，在落后、顽固的反动专制下，发扬民主本身就是一种伟大的时代创新。

8. 游泳、开井、办夜校

春秋时的荀子在《劝学》中说：“不登高山，不知天之高也；不临深

① 陶行知. 陶行知全集新编本　第5卷　论文　演讲　1937—1946［M］. 武汉：华中师范大学出版社，2021.

溪，不知地之厚也。”若只是从表面看，新安的师生做了许多修房、种菜、割蒲、养鸡、养鸽子等事情，还不能真正地了解新安小学的内涵。要想真正地了解新安小学的教学与生活，需要从他们的计划、日记还有所做的事情中去看，更多的还是要从一些细微之处去看。

“有备则制人，无备则制于人。”新安小学的教学和生活工作，总是力求提前一步去思考和筹划。新安小学的校址，在一个三面环绕萧湖的小岛上。孩子们生性顽皮，下河游泳是不可避免的事情。如何确保孩子们的生命安全呢？唯一可靠的办法，就是让每一个孩子都学会游泳。然而，学校里没有专门的游泳教练，就连来自江南的汪达之校长也不会游泳。不过，他们想出了办法——请外面的“先生”来教游泳。

新安学生曹维东生前曾忆起在学校里学游泳的情景：

张大叔先让孩子们在浅水处学习基本的游泳技巧。然后分两排坐在船帮上。等船到深水处，说时迟，那时快，张大叔猛地挥动长篙，“噼里啪啦”将孩子们推到河里。被推到河里的孩子们一面拼命挣扎喊叫，一面往船上爬，手刚抓到船帮，又被张大叔的船篙挑到河里。

不过，张大叔的目光紧紧地盯着每个落水者，发现沉到水里，再也不露头了，则以极快的速度将他揪出来。翻来覆去，不到一周，孩子们都学会了游泳。①

我们认为张大叔就是新安学校免费请来的先生，他教学的方式很简单，甚至带着几分粗暴，那就是一切在做上教、在教上学，边做边学，一切从生活的角度出发，实践真正的“生活即教育”。

汪达之校长原本不会游泳，后来他的游泳是莲花街老乡教会的。90 多岁的宋文明老人是新安小学最初历史的见证者和活化石，老人双耳失聪，言语也不清晰，却能通过写字的方式与人交流。他用文字这样介绍和汪达之校长的渊源：“我家就住在新安小学附近，我的父亲和汪达之都是苦命

① 江苏省淮安市新安小学，新安旅行团历史纪念馆．小好汉永远年轻［M］．南京：江苏少年儿童出版社，2005.

人，都是遗腹子，同病相怜，两个人交情深。汪先生的游泳是和我父亲学的。”

“月晕而风，础润而雨。”当时的新安小学在周边产生了广泛的、极好的影响，这里没有豪华的校舍，因为人员紧张、供给的力量薄弱，学校实际上能够容纳的学生并不是很多。让学校真正出名的，是它具有非常先进的教学理念——始终高举生活教育思想这面大旗，并且扎扎实实地在学校里坚持实践下去。

坚持生产劳动，是新安小学的一种生存状态，也是教育生态。实际上，这所学校有严格的学习任务和目标，孩子们每天要在自习室里读书、整理书籍、写大字、做科学把戏（科学小实验）、写日记、编辑《莲花周报》等。大概读书与功课，对新安小学的孩子们来说，可能是相对简单的任务罢了，所以在日记中，很少有文字反映。他们甚至主张，学校应取消毕业的制度——在这所学校里，生活、工作、学习、读书，就是终身的学习，这无疑是极为令人称奇的。终身学习的理念是当代产生的教育理念之一。

他们当时采用的学习课本，主要是陶行知先生编辑的《平民千字课》，里面的内容与现实的生活密切相关，有韵语、哲理故事、历史人物故事，还有戏剧等。这些浅显如白话的教材，易学易懂。孩子们每年上千个的识字量，也是容易完成的，而巩固的方式合理、科学，即要求孩子们写日记，将识字与表达、作文与演讲等紧密地联系起来。用今天的话来说，即把学到的语言运用起来，学以致用，以“用”促学。

平民识字课本中的韵语，引人入胜且富有道理。第二册中有《读书好》一课：

读书好①

读书好，读书好，农人读书收成好。

读书好，读书好，工人读书手艺好。

① 陶行知. 平民千字课［M］. 上海：商务印书馆，1923.

读书好，读书好，商人读书生意好。

读书好，读书好，军人读书把国保。

少年不读书，一世苦到老。

当然，也有吸引孩子的可读性很强的故事。这些故事包含了中华文化要素，凝聚了中华文明传统，更是数千年的文化、道德传播的载体。其中《席下明珠》这个故事就非常有趣。

席下明珠①

林绩进京赶考，路上在一个客店里住宿，正在睡下的时候，觉得席下有块东西。打开一看，不是别的，是一颗明珠。他心想，必定是过路客人忘掉的。

第二天早上，他问出来，前天有位姓黄的大商人住在这间房里。他就对客店主人说："前天住在这里的黄先生，如果再来，我有话对他说。这是我的通信处。他来的时候，请你交给他。"

林绩回到房里后，自言自语的说："还不妥当，客店主人难保不把我的话忘掉。"他想来想去，得了一个法子，就拿起笔来向墙壁上写道：某年某月某日，某处人林绩在此住宿。写好后，他就去了。

黄商人果然找到了店里来，主人果然忘记了把林绩的话告诉他，幸亏墙壁上的字儿给他看见了。他就去找林绩问个明白。林绩把明珠交给他，商人要送他一半，林绩不受。

从教材中编辑的故事来说，显然是要教会儿童做人、做事，把事情做得稳妥、贴切，力臻完善。在我们看来，教育的本质应该是最大限度接近生活的本身。教育是为了儿童的未来和明天，为了未来最美好的生活和幸福。

当今，人们一味地追求书本知识，以为这就是教育的全部意义。在我们看来，儿童教育的核心价值在于促进儿童的自我发展和成长，因获得知

① 陶行知．平民千字课［M］．上海：商务印书馆，1923.

识而增长智慧，进而踏上自我成长、积极发展之路。

哈佛大学教授怀特海指出，我们必须记住，不能加以利用的知识是相当有害的。所谓知识的利用，是指要把它和人类的感知、情感、欲望、希望，以及能调节思想的精神活动联系在一起，那才是我们的生活。如果只是一味地通过被动记忆一些支离破碎的知识，来塑造自己的精神生活的话，那简直不可想象。人性不是这样，生活更不应该这样。①

我们认为，就教育而言，填鸭式教学、刻板的课堂，不仅没有什么真正的意义，而且往往极其有害。人世间最大的悲哀，莫过于最美好的东西遭到了腐蚀。

不难理解，因为各种知识填满了儿童的脑袋，从而使他们的想象力、创造力、动手能力，以及对美好未来的幻想逐渐丧失。他们成了知识的容器、知识的拥有者，而失去了对知识本身的价值判断及利用的能力，很可悲地沦为知识的奴隶。

萧伯纳说，我们希望看到孩子们去追求知识，而不是知识去追赶儿童。所以，新安小学的教育和生活是与社会紧密地联系在一起的。

“生活即教育，社会即学校”，其最朴素的内涵在于，教育是为了明天，教育是为了美好而幸福的未来。教育与生产劳动紧密结合，才能为美好幸福的生活谋得希望。很难想象，如果教育失去了“劳动”这个因素，那么什么才能称为真正的教育？在我们看来，教育是一种心智活动、体力运动、身体劳动，总之，教育真正的发生完全取决于“动”，从室内到室外，从书本到社会，从心灵到肢体。

德国 19 世纪浪漫派诗人荷尔德林写道：“人，充满劳绩，但还诗意地栖居在大地上。”

这是新安师生生活教育的写照。

现在，新安师生决定要开一口井。这项工程是他们从来没有做过的，

---

① 怀特海. 教育的目的［M］. 庄莲平，王立中译注，上海：文汇出版社，2012.

但是现在他们决定自己动手，在校园里开一口井，因为学校附近的河水不能饮用，生活用水每天要到大运河中去挑回来，这太浪费时间和精力了。

八月初，他们热火朝天地决定开始挖井。经过约两周的日子，这口井挖成了，还颇有效果。井深一丈五尺，井底圆周的直径有五尺，井口圆周的直径约有一尺五寸，整个水井像是一个喇叭倒扣在地下。最重要的是，这口井的水量充沛。不过还是有一丁点儿遗憾，这口井里出来的水太咸了，还是不太适合人们直接饮用。据当地有经验的人说，这是油泥。

现在想来，这怪不得当年的新安师生。由于特殊的地质原因，河下镇的地底下其实藏着储量巨大的盐矿，这些盐矿中的盐卤，通过地下水系和土壤的渗透，汩汩地往外涌出，井水是咸的也就得到合理解释了。

井水虽然不能饮用，但有一个另外的用处——浇灌菜地。于是，每天上午新安的师生忙着用井水浇菜，下午排演戏剧。八月份，算是暑假里的日子，新安的师生就这样过着一种种菜、演戏“劳作”的“八股”生活。

开井的工程算是成功的吗？好像成功了，又好像没有成功。要说成功的话，现在在校园里，他们有水来浇灌菜地了，不用到远处萧湖里去取水来浇菜；说不成功呢，是因为还是没有从根本上解决校园内师生饮用水的问题。因为井里的水太咸了，并不太适合人们直接饮用。但是新安师生通过砌墙、开井，尝到了劳动与教育的滋味，尝到了胜利的喜悦，尝到了在生活上进行教育的好处。

开井工程原本预算需要 20 元，包括请工人、买砖、配打水桶，等等。现在，新安师生通过自己的劳动挖出了一口井，获得了开井的经验，享受了教育与劳动的滋味，这算是另一种成功吧。“在劳力上劳心”，是新安人认定的一种教育生活和教育理想。一切在做上教，在“劳力”上提升心智，把做事与做人紧密地结合起来，感受生活、追求教育的过程就是新安的生活教育历程与实践。

挖一口井，是为了新安这个集体的生活，也是为了建立团体与自然和谐相处的关系。他们就是这样关注个体生命与集体生活的。当然，他们还关注社会与民众。新安的师生决定开办夜校，为当地村民扫盲，为民众谋福利。

创办民众夜校，为民众扫盲，是学校五年计划、六年计划、十年计划等办学宏图中要做的事。在《新安小学第五年计划大纲》中，新安师生明确提出，“办民众夜校一班救济知识的恐慌”；这也是遵照陶行知先生的办学意愿去做的事，把教育和知识送给民众，实现知识公有，让每个儿童都有机会接受教育。陶行知曾指出：“以前教育是属于少数人的，是士大夫教育，教人升官发财的教育，没有力量的教育；甚至变成害人的教育，刮地皮的教育，吸大众膏血的教育。现在要把教育普及于大众，要把教育做水，把散沙的民族性凝合起来，团结成为伟大的中华民族力量！”①

负责办夜校的这个学生叫高昭明，他在新安小学开办之初便进了新安学校。从形式上来说，他和新安夜校是新安成绩的一部分。

新安小学在河下镇创办民众夜校，现由他全力主持。他是一个能吃苦耐劳的人。他在给自己的老师孙铭勋先生的信中这样汇报自己的生活，他说：“新安，我现在仍是每天要去一次，汪先生和许多同学们都很好。现在我们要办一个民众夜校，校址就在灵惠祠，已经筹备就绪，下周就可以开学，我的目的是将我这苦闷的精神完全用在这夜校上面去。”回顾他的中学生活时，他说：“中学里那些无聊的功课真是要命，但我又有什么方法可以不上呢？现在我已决定，明年暑假我在中学毕业后，无论如何，离开淮安，离开这万恶的家庭，独自去寻找我的出路。”②

孙铭勋先生不由得感叹，两年前，他是一个天真活泼的小孩，一天到晚无忧无虑，现在呢？他的内心受了很大的创伤，从外表看也成了一个“老成”的少年了，办教育的人究竟要怎样解决这一类的问题？

原来，这个叫高昭明的新安学生，中学还没毕业，他的父母便逼着他与当地的一个女孩子早早结了婚，好传宗接代，他对此极为反感。于是，

---

① 陶行知．陶行知文集［M］．太原：山西教育出版社，2021.

② 孙铭勋．古庙活菩萨［M］．上海：儿童书局，1934.

他最终选择了离婚，挣脱了家庭的束缚，把自己的精力投入新安的教育事业中来，主持、操办新安的民众夜校。所以，孙先生这样感叹：为什么中华少年如此容易衰老。

办民众夜校，是为了让更多的人接受教育，扫除文盲，实现知识“天下为公”，这是继承孙中山先生“天下为公”理想的第一步，是新安教育的初衷和愿想，也是陶行知先生提出的振兴乡村教育的办法。当时，刻板统一的国民教育，让诸多的孩子无法真正喜欢，普通民众也无法进入学校读书。

新安小学身体力行式的生活教育，是当时办教育的无奈之举、可行之道，无疑也是思想上的、行动上的巨大进步和伟大创造。新安师生创办民众夜校，打破了教育与社会生活的隔阂，孩子们被派做小先生，像一个个电灯泡，连通了整个乡村，也照亮了整个乡村。

新安小学的师生就是这样，以绵薄之力，一点一点地在荒芜落后的乡村里播下教育的种子，让它们生根发芽、开花结果。

实际上，开办这个民众夜校也遇到了一些具体的困难，主要是当地民众并不十分理解和接受。他们甚至一度认为，新安小学在灵惠祠办夜校，是为了谋得灵惠祠破败的祠堂。所以民间就有谣言说，新安小学并不是真正地为民办学，而是有所图谋，他们的证据是——你看，新安小学当初在灵王庙里办学，现在那里不是完全成了新安小学的校产了吗?

教育是国家长治久安、振兴发展的根本，它的目标在明天，在未来，在民族和国家的下一代。但是，普通群众哪里能够理解办教育的初衷呢?

新安小学的师生在那个年代就已经完全理解了陶行知，理解了他的学说，理解了创办晓庄学校这所乡村师范学校的初衷，他们是要在中华大地上点起火种，让教育的星星之火在中华大地燃起，让中华民族凝聚、团结起来，爆发集体的巨大能量，拥抱美好的未来和明天。

第四章

走！我们旅行去

学校必须给学生一种生活力，使他们可以单独或共同去征服自然，改造社会。

——陶行知《中国师范教育建设论》

宇宙为学校，自然是吾师。众生是同学，书呆不在兹。

——陶行知《诗的学校》

头上顶着青天，脚下踏着大地，东南西北是他的围墙，大千世界是他的课堂，万物变化是他的教科书，太阳月亮照耀他工作，一切人，老的、壮的、少的、幼的、男的、女的都是他的先生，也都是他的学生。晓庄生来就是这样的气骨。

——陶行知《晓庄三岁敬告同志书》

1. 出发

基本学生是新安添招的住读生，不要家庭出一分钱，同学们靠着自己的劳动，半工半读。

1933 年，7 个基本学生自动旅行大上海，既是生活教育实践，也是伟大的教育创举——把儿童如鸟儿放入林中，让他们自由飞翔。

新安儿童旅行团，为新安旅行团正式出发作了组织与思想上的演练。

新安小学在磕磕绊绊中，在“穷亦干病亦干”的窘迫之中，顽强地坚持了 4 年多。1933 年 10 月，新安的师生们决定干一件大事，组织校内的 7 个基本学生（即住读生），作一趟生活教育的实践，他们要去闯荡当时的“十里洋场”大上海。

这个长途旅行的计划，最初是写在《新安小学第六年计划大纲》里的。《新安小学第六年计划大纲》列有：每天做内体运动 1 次；每天写日记 1 篇；会唱 12 首新歌；会弄一种乐器；会表演 6 种话剧；每日轮流做主席和记录；每年长途旅行一次；养鸡 5 对，狗 2 只……①

“每年长途旅行一次”成为新安学生游学旅行的发轫与契机。

汪达之先生在 1933 年 9 月 19 日写给同学好友冬芜的信中说：“长途旅行的计划，仍不死念，只车票与时间两问题。”在信中，他承认，“目前这个时期，这是我自己冲突得厉害的时期。中国人的道德观念发达得很早，而实际收效，几千年来，所谓礼仪之邦者，仅留下了一些纸上的空话。所以然原因，就是教育与生活分家，过去的教育，只是观念的堆栈。每个人

① 新安小学儿童旅行团．我们的旅行记［M］．上海：儿童书局，1935.

堆集些道德观念，于写文谈话时，都振振有词，而实际却无用。”①

在这封信中，我们可以感觉到，汪达之心里早有组织孩子们长途旅行的计划，却苦于诸多困难，能否实施取决于困难能否解决。但他和孩子们长途旅行的倡议得到了孙铭勋老师的支持，也得到了陶行知先生的支持。

孙铭勋老师也是晓庄学校的进步青年，他在李友梅、蓝九盛到新安小学之后不久便来到新安小学任教。他一到新安小学就以地方资料为素材写墙报、编快板，编写《古庙活菩萨》一书，和新安同事一起进行教育的革命。就在他完成《古庙活菩萨》一书的撰写、书稿，行将付梓时，周恩来把他从新安小学调到上海，去办由党中央秘密领导的大同幼稚园。我们查到了这所幼儿园的一些历史史料，史料表明，大同幼儿园，创建于 1930 年 3 月，地址在江宁路（原戈登路），这是一幢石库门弄堂房子，1931 年春，迁至南昌路 48 号。大同幼稚园是我党早期创建于上海的一所红色摇篮。幼稚园取名“大同幼稚园”，寓意于世界大同。

1987 年，南昌路 48 号的雁荡路幼儿园经有关部门批准，恢复为大同幼儿园。

当年周恩来同志领导中央特科，在上海昼伏夜出，行事相当隐秘，他怎么知道远在苏北淮安的孙铭勋呢？这中间，上海“教联”起着关键的作用。据孙铭勋的女儿孙丹年介绍，周恩来把她的父亲从淮安调到上海后，就一直和他父亲有联系，后来更是让孙铭勋在上海、淮安和延安之间穿梭往返，充当党组织的联络人。

上海大同幼稚园的创办，是党中央在极其困难的情况下，秘密地请上海教联承办的，为安置大革命中失散的革命烈士遗孤，包括其他的革命秘密战线上战士的后代。当年，革命低潮时，连毛泽东的孩子毛岸英、毛岸青兄弟都曾流落上海街头。

所以，新安小学创办之初，就与中国共产党有着千丝万缕的联系，是

① 汪达之. 生活的书［M］. 上海：儿童书局，1934.

党伟大的革命事业中无数细胞中的一个微小分子。这既是新安小学的红色血脉基因，也是新安同志从事教育革命的动力之源。

汪达之给孙铭勋老师的信中这样说——

昨接你信，使我不敢自信的旅行的计划，又重新提醒。如是我又在打算这件事。

今早内（体）运动中，使我对于这件事有许多新的开展，待一会就召集一个会议。

我以为这是一种新的试验，有宣传的必要。必定要有组织，有办法，有意义。我将为此拟一个宣言和办法。①

为了这次长途旅行，汪达之和孩子们在出发之前做了充分准备。出发之前，10 月 17 日汪达之写了第二封信给孙铭勋老师，信中说——

儿童旅行团已经定夺，宣言等拟就，亟待刷印。行期最好本周内即启程……

你处离北站太远，他们到沪后如何和你接头？

在沪生活计划，我们当先拟一个，到沪后再就实际情况，你给他们多多供（贡）献些实际采用的意见。②

孩子们出发之后，他又连忙给孙铭勋老师写信，信中说道——

旅行团的七个人，都在感着莫大的兴趣和希望中的快乐，当然，这是最好的教育的机会了。

他们的快活，我想是和那太平的京都武场的新状元一样的。可是意义和要发生出的力量都有霄壤之分吧！③

10 月 17 日，汪达之致信陶行知先生——

行知师：

七个小光棍，拼命要南征；

---

① 新安小学儿童旅行团．我们的旅行记［M］．上海：儿童书局，1935.

② 新安小学儿童旅行团．我们的旅行记［M］．上海：儿童书局，1935.

③ 新安小学儿童旅行团．我们的旅行记［M］．上海：儿童书局，1935.

旗帜一打好，择期就启程。

小光棍的旅行团，是已九分决定要到上海去观光了。我们不能筹出多少旅费，是准备着讨吃。我告诉他们，饿肚子行乞，不是一件容易的事。但他们笑着回答，只要眼睛饱了，管不得肚子暂时的饿了。他们这种气概，我觉得是中华民族的新生命，也就不顾一切的来规划这件事了。

……

旅行团行期本月二十二日（星期日），乘镇淮班轮南下，二十四五日可到沪，在何处访你呢？①

除了写信给陶行知先生，请他在上海接洽七个孩子、安排生活、指导旅行，为了孩子们能够顺利地完成旅行，他还给当时上海、镇江等地的报馆、士绅（主要是徽州人士）写信，请他们为孩子们的旅行提供帮助和指导，既有精神上的，也包括物质上的，使七个孩子的自动旅行取得了空前成功。学校写给上海商务印书馆黄警顽先生的信——

警顽先生：

民族危机到了最后的呼吸，国家存废，如再无振作之方策则危亡可以立待。敝校同人，为中华民族的新生命着想，加紧生力军的培养，实为紧要之途径。此同人誓志于新教育事业也。今者敝校儿童七人，组织之旅行团，即将出发矣，南征千里，过镇来沪参观，以实验“社会即学校”之教育主旨。

先生为沪上人物之中枢，该团抵沪后即当首先晋谒。尚希赐教，并请予以赞助。该团旅费极窘，而壮志可慰，倘费用不继，敬祈先生为之登高振臂一呼，庶可不致使该团沦为吴市吹箫之伍子胥，则感激不尽矣。事关提倡中华儿童创发的新精神，想先生当乐予援助也。此上，敬祝康乐！

新安小学同人谨启②

学校另外给《时事新报》、苏报社、实业家吴蕴初、省镇江车站等处和

---

① 新安小学儿童旅行团. 我们的旅行记［M］. 上海：儿童书局，1935.

② 新安小学儿童旅行团. 我们的旅行记［M］. 上海：儿童书局，1935.

人去了公函或信件，主要意思和目的包括：

第一，宣告本团组织的意义及基本构想，即“当兹国难临头，民族存亡已到最后之一刹那，而适应此严重关头之方策犹未多见。救亡图存之道万千，当各尽所能，不在多言，而敝校则视教育此民族的新生命，为更急不容缓。……今者为发展儿童自己的力量，并欲引起全国儿童之奋发起见，特组织儿童旅行团来沪参观”①。

第二，请求给孩子们的旅行提供资金的免除或优惠。

第三，在文化和社会舆论造出声势来，获得舆论支持与精神动力。

此外，他们还根据孩子们的能力与在学校里的实践，作了职务分配和生活公约的计划，设置了交际、账务、主席、医药等职位，各有安排。有意思的是主席职务，规定是“轮流担任”。旅行生活公约有下面几条——

1. 每天开寅会、夕会各一次；

2. 每天早操晚操各一次；

3. 每天写日记一篇；

……

7. 不得吃杂食；

8. 不得无故随意离开团体……②

这些公约与新安小学里的生活公约大致是一样的，能够最大程度地保证他们的旅行生活不至于发生混乱，确保团体中每个孩子安全、健康、有秩序地过旅行的生活。

现在，我们将儿童团的七个孩子一一具名，并作小传，示之各位：

1. 左义华，男，后改名左林，1924年12月出生，湖南浏阳官渡镇人。他的父亲系中共早期的革命烈士，他6岁时由李友梅带到新安小学读书。汪达之校长视之如子。1933年10月，儿童旅行团出发时左林不足10岁，年龄最小。

2. 靖秉铎，淮安河下莲花街人。参加新安儿童旅行团时14岁，后参加

---

① 新安小学儿童旅行团. 我们的旅行记［M］. 上海：儿童书局，1935.

② 新安小学儿童旅行团. 我们的旅行记［M］. 上海：儿童书局，1935.

1935 年出发的新安旅行团。4 年后，即 1938 年冬，在宁夏五原感染疟疾不治而亡，安葬于宁夏五原。

3. 程昌林，后改名为凌则之。1920 年 3 月出生于淮安。1932 年入新安小学学习。1933 年加入新安儿童旅行团，时年 14 岁。1935 年继续参加新安旅行团，1938 年 5 月去延安抗日军政大学学习，是新安旅行团中 3 位接受党的领导和培训的团员之一。新中国成立后，曾任原纺织工业部生产司、计划司副司长；1978 至 1981 年，任江苏仪征化纤工业公司筹建总指挥。

4. 刘昭朗，淮安河下人。加入新安儿童旅行团时 15 岁，又参加 1935 年的新安旅行团。到镇江后，因感染肺结核病请假回到淮安老家。新中国成立后，协助汪达之先生恢复新安小学，主持新安小学的工作，助力汪达之校长创办新生合作社，帮助当地群众开展蒲业生产、销售。

5. 靖秉铨，淮安河下莲花街人，是靖秉铎的哥哥。参加 1933 年的新安儿童旅行团时年 15 岁。后改名为张明。1935 年参加新安旅行团。1940 年，离开新安旅行团，到范长江设在桂林的新闻社工作。

6. 张俊卿，加入儿童旅行团时 15 岁。后改名张翼天，是 1938 年离开新安旅行团到延安接受党的领导和培训的团员之一。

7. 杨永鑫，后改名白晞，淮安河下莲花街人。参加新安儿童旅行团时 17 岁。1935 年参加新安旅行团后，因病和刘昭朗又回到淮安。抗日战争爆发后，白晞从家里拿出路费，和当时学校里的郭青老师，一起把新安小学的 6 岁女学生项苏云（新四军军长项英之女儿）送到了延安保育院。新中国成立后，历任辽宁省青年戏剧实验剧院党委书记、辽宁电影制片厂厂长、辽宁电影家协会主席。

2. 歌声嘹亮

10 月 22 日，星期天，新安儿童旅行团出发的日子。早晨，秋雨绵绵，凉气袭人。7个小伙伴，兴奋异常。一阵阵钟声（早饭钟）后，大伙儿吃完了早饭，穿上草鞋，一身不算整齐的衣服，打上包袱，带了三床被、四个提包这样简单的行李出发了。

学校里的其他小同学也来了，发出了雄壮而庄严的声调："祝旅行团一路平安，一路生活快乐……旅行团万岁。"风雨更大了，大伙儿的兴奋劲儿却一点儿也没有减去。走到运河大堤边，在枚皋古里（今称古枚里）时，汪先生又给大家摄影留念。

今天的主席左义华带着大伙儿唱起了《锄头舞歌》——

手把个锄头锄野草呀！
除去野草好长苗呀！
咿呀嗨，呀嗬嗨。
除去野草好长苗呀！
呀嗬嗨，咿呀嗨。

五千年古国要出头呀！
锄头底下有自由呀！
咿呀嗨，呀嗬嗨。
锄头底下有自由呀！
呀嗬嗨，咿呀嗨。

革命的成功靠锄头呀！
锄头锄头要奋斗呀！
咿呀嗨，呀嗬嗨。
锄头锄头要奋斗呀！
呀嗬嗨，咿呀嗨。①

---

① 江苏省陶行知教育思想研究会，南京晓庄师范陶行知研究室．陶行知文集［M］．南京：江苏人民出版社，1981.

注：陶行知先生后来对这首歌词有所添改，现依较早的陶行知先生的创作。

校董之一曹天任先生也来了，对即将出发的孩子们作了讲话，他说——

今天我非常的快活，你们这是第一次出发，大家在路上要小心。我月前到南京去了一趟，看了一场电影，名叫做生活。电影中有句重要的话就是，踏进了生路，才有生路。现在，我就祝你们踏进你们的生路。

曹先生的话说完了，孩子们呼起他们烂熟于心的口号——

1. 我们要取得生产的工具材料，达到我们的经济独立。

2. 努力完成我们的第五年计划。

3. 打开教育的新生路。

4. 为儿童创造真幸福。

5. 努力奋斗。

6. 诸位先生万岁。

7. 中华民国万岁。①

这是儿童旅行团出发时悲壮而动人的场景，杨永鑫同学做了当天的记录，他的文字让我们仿佛又看到了当年那豪迈的远征。

法国思想家帕斯卡说，河流就是自动行走的路，把我们带到它想去的地方。

但是新安的孩子们决不依着生活的面目，他们要在荒凉的苏北大地上，在贫瘠的中国教育园地上，用坚定稚嫩的童声，发出中国儿童的声音，洪亮的歌声和口号使四万万同胞产生共鸣——

努力奋斗，为打开教育的新生路！

俗话说，读万卷书不如行千里路，行千里路不如阅人无数，阅人无数不如名师指路。现在，新安的七个孩子，正如鸟儿一般从新安学校里飞出来，飞向更辽阔的天空，向着自由的世界去探索。他们一边飞，一边向着

① 新安小学儿童旅行团．我们的旅行记［M］．上海：儿童书局，1935.

大千世界学习，以求得身体、道德、生活、学问等方面的进步。

更重要的是，他们的旅行绝不是为了简单地寻求感官上的快活与新鲜，从出发那刻起，从一份份公函发出之时，他们的主张就像天空大地一般辽阔、高山峻岭一样秀绝。

在旅行团出发之前，汪达之校长就已经起草好《儿童旅行团宣言》《告小朋友书》等，即时地向镇江、上海等地报社、友人发出，以求给予旅行团帮助与指导。重读这些文件、公函，令人振奋感动，在国家危亡、民族苦难、民众穷困之际，新安的师生们，首先想到的是国家与民族大义，且奋不顾身地投入其中，怎不让人钦佩？

青年毛泽东曾在北大图书馆工作过一段日子，其间他认识了李大钊、陈独秀、胡适等共产党人，受到俄国十月革命的影响，初步形成共产主义思想。五四运动爆发后，他回湖南组织学生游行，后创办《湘江评论》，在创刊词中，他发出洪钟大吕之声："天下者，我们的天下。国家者，我们的国家。社会者，我们的社会。我们不说，谁说？我们不干，谁干？"

透过《新安儿童旅行团宣言》中的文字，我们能够读出当年新安的孩子们内心迸发出来的革命斗志与豪情——

本校是个试验新教育主张的学校。……

这个旅行团是由七个孩子组织成功的，他们都是本校的基本学生。基本学生，是本校自四周年后才开始的一种计划。

他们最大年纪是十七岁，最小年纪是十二岁。

本校的一切日常生活的挑水、烧饭、洗衣、洒扫，是他们共同轮流负担；种菜、筑路、砌墙也是他们共同负担；还有编辑周报（、）表演戏剧，也是他们自动的一桩一件分日分时的去做……

……

……我们相信，教育是人类自救的事业。在万难临头几乎不堪延续的时候，从报上看到一位无名氏的女子慨然解囊以巨款捐助抗日的义勇军的故事，使我们觉得中华民族的前途，尚有可为。也就振一振精神，继续奋斗！

……

我们认清的教育主张是：

"生活即教育，社会即学校"，我们以"教学做合一"的方法"在劳力上劳心"的理论，实验我们教育的主张。

……

人类的意识是给时代唤醒了，为儿童谋幸福的声浪，也日高一日了。我们的计划决定后，去和平素热心帮助我们的几位先生商谈一过竟得大加赞许，并多方力为赞助。这是出乎我们的预料，增加我们不少的勇气，鼓励我们积极地向前。

……

中华民族正在碰着存亡的关头了。图存之道不只一端。我们是愿以终身尽瘁于新教育事（业）的人，但我们的能力是这样的薄弱，我们是需要巨量的多方面的赞助和指导！

亲爱的父老，兄弟，诸姑姊妹们，我们掬诚的告诉了你们关于本校的大概和这次儿童旅行团的意义了，敬请不吝指教！①

团员左义华出生于1924年12月，参加新安儿童旅行团时实际年龄不足10周岁。有人计算了一下，旅行团孩子的平均年龄不到15岁，可谓是世界上平均年龄最小的旅行团。两千多年前的孟子若是读到这些文字，想必一定惊诧：他们小小年纪，如何有这般高远的志向与超越常人的果敢行动？

孟子曰："居天下之广居，立天下之正位，行天下之大道。得志，与民由之；不得志，独行其道。富贵不能淫，贫贱不能移，威武不能屈，此之谓大丈夫。"

梁启超在《呵旁观者》一文中谓曰："知责任者，大丈夫之始也；行责任者，大丈夫之终也。"人生天地间，各有责任。知道一件事的伟大责任，

① 新安小学儿童旅行团．我们的旅行记［M］．上海：儿童书局，1935.

大丈夫的精神就已经萌芽于一个人的心里了；能够去努力完成这件伟大的责任，离成为一个大丈夫就不远了。若能以此为志向，克服万难，以百倍信心、万分精神干成伟大事业，就是一个真真切切的大丈夫。

君子弘道，壮士力行。

有好事者定要发问，这些文字难道不是他们的先生汪达之亲力亲为撰写的，如何代表这些小孩子的观点和心思？这问得极好。但是，请大家想一想，当时的新安小学只有汪达之一个人在苦苦地支撑，每日生活上琐屑的工作都是由孩子们轮流去做，学校的学生分成了大班和小班。小班孩子们实际上是由大点的两个孩子（杨永鑫和刘昭朗），去教学和管理的。这些文字上的起草和书写、刻印，想必一定不是汪达之先生一个人做得过来的。所以，我们认为，这些文字绝大多数出自孩子们的心头。

近朱者赤。跟着来自晓庄学校的具有奋斗精神的汪达之校长，新安的孩子们自然也具备了登高望远、振臂高呼的勇气。

再读《告小朋友书》，亦具奋斗之精神——

我们是从古老的荒凉的江北的农村，向繁华的文化的江南的都市出发了。我们此次旅行的目的：

第一，看看江南的风光，让我们实际地明了地理历史、风俗、民情……（等）社会科学的实质。

第二，看看近代的工业文化，让我们实际地明了自然科学的功用。

第三，看看淞沪的战地，让我们实际地明了帝国主义的残暴，做奋勉图强的最有效地鼓励。

第四，打破成人的不信任我们小孩子也有独立自由行动的能力的错误观念。

但总括起来，都是实验我们学校教育的主张“社会即学校”。①

当今时代，教育作为民生之事业与国家根基工程，倡导快乐的、自由

---

① 新安小学儿童旅行团. 我们的旅行记［M］. 上海：儿童书局，1935.

的教育。大多数人很难看清教育的本质——教育为的是让人强筋壮骨，精神强大，并以坚韧的精神、顽强的意志和优良的品格匹配，这才是教育的必由之路、发展之道。

有学者认为，在中外教育对比中，我们的基础教育弊端明显，我们以课本为世界，发达国家教育以世界为课本。新安的孩子们闯荡大上海，他们的本意正是要丢下书本，到社会课堂中去学习和锻炼，以求得真知、真学问，课本中没有的学问与智慧。

2015 年，《淮海晚报》记者采访了新安旅行团团员曹维东，据他介绍，汪达之组建新安儿童旅行团出于两个方面的考虑，他说："一方面，我们这些新安小学的学生，都是贫苦人家的孩子，在学校里还能有口饭吃，离开学校后怎么办？汪先生当时想了很多办法，找来当地的泥瓦匠教我们砌墙、办粉笔厂，在院里支起大铁丝笼子养鸡，都不太成功。与其没有饭吃，还不如出去闯闯。另一方面，日本帝国主义对中国的侵略日益加重，宣传抗日救国刻不容缓。"

这里说组织新安小学的孩子们成立儿童旅行团，外出闯荡一番，以增资历，以图日后生存，大体上是可信的。"苟全性命于艰难，但求振奋在我辈。"小孩子们很难明白汪达之校长为什么不离不弃新安之事业，以一己之力苦苦支撑，力保学校艰难生存发展，促学生身心健康成长。

汪达之先生来自晓庄，1930 年晓庄罹难，学校被封，十名烈士洒鲜血于雨花台边。汪达之不可能不知道革命斗争的艰难与尖锐，所以，在平常的言论、教育中，他只希望这些穷苦人家的孩子能够平安长大，能够有一份谋生立世的职业，能够好好生活。

所以，新安旅行团团员对组织新安儿童旅行团（包括 1935 年的新安旅行团）有这番认识也就不足为怪了。

古人提倡，读书为修身、齐家、治国、平天下。一个人倘若不能自立于世，连起码的吃穿住行还要依赖于别人，那谈何去治国、平天下呢？这番深意，孩子们不能完全懂得。以教育长精神，以自己的力量于乱世之中、荒年之际而幸存，即汪达之信奉的新安教育事业。

汪达之校长当然也不只是希望孩子们完成课业，顺利就学，以图娶妻荫子，光耀门庭；长大后若能造福一方，有一番可为的事业，也定是他的教育理想和追求。

生活是一条河流，也是“自动行走的路”，带着我们披荆斩棘，波奔浪涌，踏过万千艰难险阻。所以，我们绝大多数人的人生被生活左右、带领，且忍受它的不公和责难，但新安的孩子们却要走一条自己的路——不被那人生的河流左右，他们要成为择流而行、逆流而上的奋斗者、实验者！

3. 旅行计划

1932 年的新安小学，生活条件略有改善，学校也由一座古庙越来越像一所学校了。但在 1932 年的暑假，学校里一座摇摇欲坠的殿堂（西楼）倒下了。所幸的是，汪达之和台和中两位老师提前发现了险情，及时搬离了那里。记下古庙里西楼倒塌的是左义华，他用最简单的文字，清晰、准确地记录了西楼轰然倒塌的情景，那是在 1932 年 8 月 19 日。

一所新的学校，坚定地屹立在这破旧的古庙里。到 1933 年 10 月时，新安的孩子们决定出去闯一闯，去上海见识一下那繁华的大世界，实验生活教育。这情景颇有枯木逢春之感——在那颓废衰败的古庙里，灿然地开出一朵实验生活教育的鲜花。

儿童旅行团于 10 月 24 日到达上海，然后转乘电车到静安路，又辗转来到一个叫地丰里的地方，找到了门牌号为 6 的一处宅院——陈彬龢先生的家。12 月 25 日，在地丰里 6 号宅院里，来了两位先生（陶行知和曹聚仁），孩子们见到了陶先生，非常高兴。陶先生关心地了解了他们到达的经过，随后和孩子们一起制订参观旅行计划。根据记录，整个计划非常庞大，共分为 10 个板块，包括：

一、帝国主义侵略之路线与证据：

1. 黄浦滩。2. 海关。3. 工部局。4. 领事馆。5. 外国银行——汇丰。6. 外国工厂——美国烟工厂、日本纱厂、电力公司、自来水公司。7. 殖民地中的外国儿童教育——日本小学、美国小学、法国小学。8. 殖民地中的中国儿童教育——新闸路小学。9. 洋泾浜章程的租界。10. 租界的扩大——越界筑路。

二、帝国主义残暴的痕迹：

1. 五卅惨案的南京路。2. 一·二八惨案北四川路、天通庵。3. 闸北、江湾、吴淞。

三、中国资本主义的发展：

1. 金融机关——中国银行、上海银行。2. 工厂——康源制罐厂、天原电化厂、大华无线电公司。

四、社会教育学术机关：

1. 中华职业学校。2. 傅兰雅盲哑学校。3. 闸北平民教养院。4. 中央农业实验所。5. 中央医学院。6. 中央研究院。7. 各大学。8. 商务印书馆。9. 世界书局。10. 申报馆。11. 时事新报馆。12. 儿童科学通讯学校。13. 晨赓工学团。14. 山海工学团。

五、娱乐场所：

1. 电影院——选看中外好影片。2. 天蟾舞台。3. 先施乐园。4. 大世界。5. 中华口琴会。6. 听音乐。

六、休闲场所：

1. 跑马厅。2. 跑狗场。3. 公园——法国公园、外滩公园、兆丰公园、虹口公园。

七、海京伯马戏场：

1. 看马戏——动物教育。2. 参观兽苑。

八、中国的上海：

1. 市政府。2. 文庙路。3. 小东门路。4. 中山大马路。5. 乡镇——

江湾镇，北新泾。

九、中外宗教场所：

1. 城隍庙。2. 文庙。3. 天主堂。4. 慕尔堂。5. 基督教青年会。6. 佛教会。

十、下层民众生活场所：

1. 码头工人。2. 火车站工人。3. 工厂工人。4. 工人住宅。5. 小菜场。6. 苏州河船家。7. 马路上的乞丐。8. 四马路夜里的野妓。9. 建筑工人。①

这份完整详尽的参观、教育计划，为儿童旅行团的孩子们开启了许多鲜活的课堂，让他们可以去了解民族的各种生命细胞和社会的整个精神，去了解国家当时的苦难和艰辛——这是半封建半殖民地的旧中国！

这边参观计划刚刚制订完成，去新北泾（在沪西郊外）的团员杨永鑫也找来孙铭勋老师，赶回了地丰里6号。现在，孙铭勋先生和陶行知先生一起参与到儿童旅行团的旅行生活中来，对儿童团的旅行生活是有力的指导。

下午，孙铭勋老师带着7个孩子，去浙江大戏院看了一场叫《人猿泰山》的电影，晚上又回到了地丰里6号陈先生的家。新安儿童旅行团的孩子在这里一住就是50余日。7个孩子在上海的50余天，住宿一项支出仅为1块多钱。

我们有必要对陈彬龢这个人物作一番介绍，因为儿童旅行团在上海的日子里一直寄住于他家——这处位于地丰里6号的宅院里，使得大家免受风餐露宿与流浪之苦。这一点，他有功于儿童团，要知道，那时候的大上海的人物是耻于与乡里的穷人为伍的，甚至带着排斥与鄙夷的神态。

陈彬龢是当时上海《申报》的大牌记者。1931年春进申报馆工作，任社评主撰。

新安儿童旅行团入住他家，历时50多天。他能以待客之礼招待这群来

① 新安小学儿童旅行团．我们的旅行记［M］．上海：儿童书局，1935.

自苏北乡村的穷苦孩子，就事论事，扪心而论，无疑是值得肯定的。

团员刘昭朗记录了他们离开陈氏宅院当天的日子，他在当天的日记中写道——

今天，我们要离开上海了。……我们吃的这顿陈先生家的饭，也可算是最后一顿饭了。同时，我们心头又浮上一种感想，我们来到上海，住宿，吃饭都是承蒙陈先生招待，现在我们要离开这上海了。我们应该怎样的感谢陈先生呢？我们在想，吃过了饭，陶老师来了，我们把这话提出来和陶老师商量。陶老师笑嘻嘻的表示赞同的说："是的呵！和陈先生做个永久的纪念，你们想吧！"结果，陶老师拿出一张很美丽的纸出来，叫我们写几句话在上面给陈先生，我们照着陶老师的话，就写了几句话在这美丽的纸上给陈先生，留个纪念。摘录如下：

父母生我，先生教我；

谁则家我？彬龢华和。①

短短16个字，和着古老的《诗经》里儒雅的韵味，把孩子们感激的心情表达了出来——父母生养了我们，学校里的先生们教育了我们；在繁华的大上海，谁又待我们如家人般温暖？是陈彬龢先生和陈太太（华和）啊。

4. 轰动上海

10月24日，新安儿童旅行团从镇江乘火车抵达上海。7个脚穿草鞋、背着简单行李的孩子在上海一出现，就引发了媒体和社会的广泛关注。

当时，镇江是江苏省省会，上海是国家经济之都，苏州、无锡等地的各大报纸纷纷报道新安儿童旅行团。《新华日报》《镇江晨报》《扬子江报》《经济日报》《时事新报》等以各种标题报道了新安儿童旅行团，"到处留心

① 新安小学儿童旅行团. 我们的旅行记［M］. 上海：儿童书局，1935.

都是学”“七个小孩的伟举”“实为我国教育界之创见”等文章标题吸引了读者的眼球，提振着时代和国民的精神。甚至一家英文报纸也作了报道，刊登新安儿童旅行团的壮举。孩子们的照片、活动、经历刺激着那个经济萧条的年代，也为大都市上海带来了关注教育、振兴文化的风气。

他们在新闻界、教育界刮起了一股宣传和教育的旋风，也吸引了诸多关心教育的朋友，报纸的宣传为他们在上海的旅行带来广泛影响。许多中小学，以及各类机构、工厂邀请孩子们去演讲、参观。

当年的 7 个孩子，他们勇闯上海滩，做生活教育的宣讲者、实验者、传播者。他们要做的事可不是为制造一点新闻的热度，他们要扎实地走进工厂，走进机关，去访问、了解、探察社会最真实的现实；凭吊一·二八战场，寻访遗迹；参观报馆，了解一个真实的大上海，接受社会的教育与指导。

他们严格地遵照出发时提出的生活公约，差不多一直过着近乎学校中的有规律的生活。每天按时出发、参观、休息、就餐、吃饭、休息，晚上闲暇时还要整理材料、写日记、开讨论会等。

在上海这些有规律的作息、生活的痕迹，同学们每天在游记中都有所记录，从他们出版的《我们的旅行记》中，我们能够窥见一斑。

他们的生活公约是怎样的呢？每日有专人做记录，记下旅行生活点滴；每个人要遵守团体的生活公约，主要是按时作息，不单独外出，不吃杂物；每个人要坚持固定的生活轨迹，写日记、写信等是每个人工作和生活的一部分。

在新安儿童旅行团的参观日记中，7 个同学轮流记录了他们的旅行生活。因为每个人行文风格不同，所以这本旅行记能够让我们读到孩子们的生活细节、喜怒哀乐，以及他们的见识与感悟。

团员杨永新记录了 10 月 27 日他们去看德国海京伯马戏的情景。

电灯照耀得如同白昼。先由音乐队演奏，三次后，有四个大象表演，相继的是骆驼（、）海狗表演，人的跳栏，意大利大力士表演，无鞍骑术，群马合演各种军事操，化妆滑稽表演，印度虎骑象表演，十四头虎共同表演。人的技术精巧，兽的动作熟练，真是罕见。导演者在群兽中指挥如意，观者却惊心动魄。①

当年，海京伯马戏团在报纸上的广告特别吸引人，孙铭勋老师带孩子们观看了马戏团的表演

最后，他总结："我们觉得很侥幸，在海京伯马戏到上海时候，我们却也旅行上海，在这次旅行中，要算意外的收获了。"

一群乡村里的小孩子，能够看到这样豪华且极其气派的世界级的商业演出，是很难得的，它开拓了孩子们的视野，增长了他们的见闻，丰富了他们的阅历。

20世纪20年代，欧美等国家出现了大规模的经济萧条，为了提振经济，人们把目光转向探险和猎奇领域。海京伯马戏团的出现，正是提振经济和迎合人们猎奇心理双重作用下的产物。当然，它也是一个时代的见证者、开拓者。

当时，大上海有"冒险家的乐园"的称号。海京伯马戏团来到这个古老而神秘的东方大都市演出，实际上也是一种经济上的掠夺。当时，一张门票贵的要五元，普通的也要一元。普通市民几乎消费不起。

这种以马戏为主题的世界范围内的巡回商演，当时是极为成功的。从

---

① 新安小学儿童旅行团. 我们的旅行记［M］. 上海：儿童书局，1935.

当时的《申报》等各种报刊宣传和海报中我们不难发现，海京伯马戏团的演出极受欢迎，盛况空前，大家都以一睹海京伯马戏团的表演为荣。

时人描述了海京伯马戏团的演出，那可谓是一场无与伦比的马戏：

十六匹体态相似的白色马匹，身披丝毯，上面绣着 1 至 16 的牌号。一开场，随着大型管弦乐团演奏的节奏，十六匹白马按顺序、按节奏，以纵队形式，步伐齐整地次第入场。不久，在驯马师的指挥下，凡双号的马从左侧出列，于是队列变成两马一排；而后又化成四马一排、八马一排队列，最后成横向一列绕圆场而走，就像钟表上的指针一般转圈！那一刻，最中间的一匹马是在原地自转似的行走，而走最外一圈的马匹，步子就像奔走一般！每一匹马由于位置不一，步子的大小也全然不同。因为此时的排列仍是笔直一条线，四条腿的起落仍要保持高度的一致！

这样的马戏演出，可以说是空前绝后的！可惜的是，在上海演出结束后，海京伯马戏团乘坐自己的轮船驰向太平洋，但在旅途中不幸沉入大海，结束了十六匹“神马”的历史。

左义华记录了到外滩参观游玩的经历，他也表达了自己的感悟，他写道——

我们在南京路上，看见路是用一块一块木头铺成的，木头就是红木，路的两旁都是高大的洋房。以前这条路是哈同做的，因为哈同是一个大地主。两旁的洋房，也是这个大地主的。

你们想，一块小小的红木，就要几块钱，一条大马路，你看要多少钱？

我们看见江里的轮船，来来往往，“都都……”地叫着……

许多蓝色的兵舰，停在江里。这是帝国主义者的武器，也是占中国地皮的武器。

我们走到海关，海关是几层楼的，顶上挂着一个大钟。这就是检查货物出入的机关，是中国的海关，但权操在外国人手里。为什么中国的海关，权操在外国人手里呢？钱不要都给外国人拿去吗？

我们再前去，看见有几个铜像，一个是自由神，一个是赫德，还有一个外国人，穿着绿衣服，一只手指着，一只手夹着一本绿书，手指着，意思是说："这是我们外国人的地方。"那本绿书是说："这是我们和中国订的条约。"你们想外国人利（厉）害不利（厉）害呢？

我们又向前走，看见一个公园，便是外滩公园……

以前公园门口挂了一张牌，是："狗与华人莫入"。我们想想有没有面孔呢？还要到那公园去送钱？我们真是无耻！现在虽然那牌子去掉了，但他们总是欺侮了我们。①

生活即教育，社会即课堂，教育充满艺术。一个不足10岁的孩子对财富、社会经济、敌国的侵略（包括经济、文化、国土等）产生了高尚的认知和理解，教育的效果达到了，而且是极其深刻的教育。

美国学者帕克·帕尔默指出，"好老师在生活中将自己、教学科目和学生联合起来"。"不好的老师把自己置身于他正在教的科目之外——在此过程中，也远离了学生。""好的老师具有联合能力，他们能够将自己所教学科和他们的学生编织成复杂的联系网，以便学生能够编织一个他们自己的世界。"②

左义华的日记中，海关大楼、雕像、骄傲的手指、绿皮书、侵略的条约等构成了一个事实的儿童的教育场，培养了儿童的耻辱感——"耻辱心是对于卑劣的、丑恶的东西的强有力的抗毒剂。形象地说，它是能够浮载荣誉感、良心和自尊感的大船的深水，也培养了儿童民族的、正义的情感、精神和意志"。（苏霍姆林斯基语）

10月29日，团员程昌林的记录比较简单，却很重要，他在《讨论演讲》中写道——

今天天阴，落着小雨，我们没有出去参观，在家（陈彬龢先生的客厅）休息。这两天的早晨，由我们七人轮流扫地、抹桌椅及擦地板。

---

① 新安小学儿童旅行团. 我们的旅行记［M］. 上海：儿童书局，1935.

② 帕克·帕尔默. 教学勇气：漫步教师心灵［M］. 吴国珍，等译. 上海：华东师范大学出版社，2005.

上午，孙（铭勋）先生和我们讨论演讲，并将各人负责的题目分配好了。

社会即学校、自动工学团、教学做合一、小孩子怎样自动，这几个题目是由杨永鑫负责的。我们的学校，是由张翼天、刘照（昭）朗两人负责。一个小学生的奋斗史，是由左义华和我两人负责。

分定了后，我们各人照着自己预备的，做个大纲，再照大纲，做一篇演讲词。①

这幅照片是陶行知先生拍摄的，上排为新安儿童旅行团的7个孩子，下排是上海报童

这篇日记尽管内容简单，但反映出来的信息内容却相当多：第一，新安儿童旅行团的生活状态实际和学校里没有太大的差别，主席轮流做，工作轮流做，生活有规律且自动完成；第二，曾经执教于新安小学的孙铭勋老师，亲自参与了儿童旅行团的旅行计划制订和指导，当初汪达之校长以信件和他交往起到了很大的作用。

这个世界上，愿意动嘴乐于教人的人很多，而身体力行肯去助人的人却很少。当时孙老师住在新北泾镇——沪西一个比较偏远的乡镇上，到地丰里，要坐好长时间的车才能赶过来。

---

① 新安小学儿童旅行团. 我们的旅行记［M］. 上海：儿童书局，1935.

孔子曰："学而时习之，不亦乐乎？""时习之"，强调的是在适当的时候去实践学问、检验学问。孩子们在上海要进行演讲，讲什么呢？怎么讲呢？如何讲得更好呢？他们为演讲做了分工、预备，当然也有合作，七个人的一个小团体，单就演讲这项工作而言，认真筹备必定会做得非常出彩。

儿童旅行团的孩子们根据自己的特长和经历，确定各自的演讲题目，准备大纲，写演讲词，也就是每个人做适合自己的事情。这给孩子们带来无限的快乐，因为演讲一方面锻炼了他们的能力，另一方面也让他们获得了旅行的经费。

用汪达之校长的话说，靠乞讨来旅行，那是万万不能的，有失儿童的尊严，肯定不能做，也是失败的教育。

教育应该为儿童建立起真正属于他内心的伟大尊严和崇高道德。

5. 孩子们的演讲

那么，孩子们的演讲到底如何，是泛泛空谈吗？能切中时弊吗？是来自生活教育真实的学问增长，还是经历一次丰富的精神旅行和伟大实践呢？

演讲与演戏，是民国时期重要的文化和精神活动。陈鹤琴主编的民国教材中有一篇《三个头》的课文，就是一篇演讲稿，我们把它全文摘录过来——

诸位同学：

谁会有三个头？谁要有三个头？谁有三个头，谁就能够办理一切伟大的事业。

我所说的三个头，并不是在原有的头上再生出两个头来，要是那样，岂不是成了妖怪吗？我说的是，我们要有强硬的"拳头"、锐利的"笔头"和灵活的"舌头"。

"拳头"可以代表身体，强硬的拳头可以代表健康的身体，一个人必须有了健康的身体，才能够担负起重大的责任来。不然身体虚弱，精神萎靡之，虽有高深的学识和宏大的志愿，怎能胜任呢？我们学校里每学期都要开一次运动会，就是希望我们养成强硬的拳头。这是我所说的第一个头。

“笔头”的用处？也是非常之大。譬如我们有一种意见，想贡献给大众，必须要有锐利的“笔头”，不然虽然有很好的主张，而笔头来的迟钝，不能尽量发表出来，怎能博得大众的欢迎呢？我们的老师们平日极注意我们的作文，而且指导我们办报，教我们练习投稿，就是希望我们，养成锐利的“笔头”！这是我所说的第二个头。

“舌头”这件东西更是我们随时随地的所需要的。譬如我们意见的发表，对人交涉的胜利，都是仗着我们灵活的舌头。试看古今中外的外交家，能博得交涉胜利的，哪一个不是仗着灵活的舌头呢？所以，我们学校里为练习我们的舌头起见，今天特别举行演说竞赛会。这就是希望我们养成灵活的舌头！这是我所说的第三个头。

这三个头，我们锻炼好了，什么伟大的事业我们都可干了，我希望大家一起努力，把我们这三个头统统锻炼好。①

培根说，阅读使人充实，讨论使人灵敏，笔记使人精确。那么演讲呢？演讲必定使人振奋。因为，演讲者要用自己的语言去说服人、感染人、教育人，演讲者本身就是精神活泼、言辞准确、情感充沛的人。

他用语言传达、汇报、渗透自己的观点、思想、行动，并且积极动员其他的人信服他的思想，同意他的观点，跟随他的行动。可惜，今天的学校，学生和老师大多成了教科书的“奴隶”，仍有一些人不懂得运用舌头的力量去学习、改造、获得进步，“哑巴英语”便是极好的证明。

11 月 1 日，团员们依照陶行知安排好的路线，由铜人码头乘游轮到庆宁寺，再由上川乘火车到新陆，就到新陆师范学校了。为这次演讲，陶先生写了一首诗，让团员们带去，送给新陆师范学校，因为当天正是新陆师

① 闫苹，张雯. 民国时期小学语文课文选粹［M］. 北京：语文出版社，2008.

范学校的周年纪念日。

这首诗很有名，后来被改编收入苏教版小学语文课本中，叫《人有两个宝》：

人生两个宝，双手与大脑，用脑不用手，快要被打倒；

用手不用脑，饭也吃不饱，手脑都会用，才算是开天辟地的大好佬。

为这次演讲，新陆师范学校慷慨地付了十元的演讲费，团员们又卖了十几元的书。他们这次的演讲活动算是相当成功了，收获颇丰厚，得到了不少的旅行费用。今天看来，这件事情有两点是可以肯定的：第一，陶行知先生当时在上海的影响力已足够大，但为了让新陆师范学校更得益处，陶行知先生亲题了墨宝，让孩子们带去，也算是人情来往；第二，新陆师范学校的一般师生是教育圈里真正关注和支持教育的，所以他们出手阔绰了一回，对于新安儿童旅行团的孩子们来说，是雪中送炭的事情。

在友声旅行团团部，儿童旅行团的孩子们也轮流作了报告，左义华报告了他到新安的历史，张俊卿略述了新安学校涉讼情形，刘昭朗讲了“求学与学问”。这个旅行团也资助了新安儿童旅行团，颇有惺惺相惜之意。

11 月 4 日，在商务印书馆黄警顽先生的带领下，新安儿童旅行团参加上海儿童晨报社的欢迎会，团员杨永鑫作了演讲并记录了当天的活动。

欢迎会上，晨报社胡叔異先生首先作了致词——

中国今日的儿童事业，日益发达，训练儿童方法，亦日求改进，将来之世界，乃儿童之世界，中国（华）民族之能否复兴，亦全俟今日儿童之负起责任。新安小学儿童旅行团，实属创举，各位小朋友之勇敢精神，及实行以社会即学校的教育，是值得我们钦佩（的）……①

最后，团员杨永鑫致答词，根据他的记录，节录如下——

今天承蒙诸位先生这样招待我们，实在很惭愧。我们这次的旅行，可说是试验“社会即学校”的主张。中国现在的小朋友，都被家中视为玩物，

---

① 新安小学儿童旅行团. 我们的旅行记［M］. 上海：儿童书局，1935.

视为私有品，男娶女嫁，养老送终，这是一班（般）父母教养小孩的最大目的，小朋友是这样的被家庭贻误了。我们知道，小朋友是有生命的，小朋友在人类中同样有地位有人格的，父母不能以我们当玩具，不能以我们为私有品。

目前中国的小朋友，大都是在打麻雀牌的母亲怀里，躺在抽鸦片烟的父亲床上，养成了种种不良的嗜好和习惯。我们应当到山上去学开矿，到水里去学捕鱼，到马路上去学筑路，到工厂里去学做工，这才是正当的出路。所以中国的现代儿童，要积极的改变，要恢复自己的地位和人格。但是改变要自动的，不要人家去推动。现在的小朋友大都是父母来推动，这是不对的，我们应该造（养）成自动的行为和习惯，将来做救国工作或其他事业，才能有希望。

但是动的方法要手和脑联合起来动。目前的社会上有四种人，一种用脑，一种用手，一种是手脑并用，还有一种手脑都不用。这四种人中，我们小朋友就要学第三种人的手脑通力合作。①

团员杨永鑫的这番演讲，如果不是我们现实地了解，实难想象出自一个十五六岁的少年之口。

演讲先表礼貌与谢意，以“惭愧”一词总括，又点出所讲主旨，讲本校的生活教育。展开讲，就是中国的小朋友的现状如何，儿童被视为玩物、私有品，无人格无地位，被轻视了，当然他们的力量也就被看轻了。

如何改变呢？要自动改变，不是要大人推动。而自动的方法如何？手脑相结合，学第三种人的手脑通力合作，而且要团体的，不是单独的。“所以小朋友能自动，换句话就是中国能自动，才能打倒帝国主义，不能自动，即会亡国灭种。”②

这番演讲，有据有论，有见有识，纲目并举，既通俗明白，又深刻醒人，比起那些尽讲些概念、口号或空泛的大道理的语言，要实在得多，亲

---

① 新安小学儿童旅行团. 我们的旅行记［M］. 上海：儿童书局，1935.

② 新安小学儿童旅行团. 我们的旅行记［M］. 上海：儿童书局，1935.

民且致用。因为这番讲话来自新安学校的教育实践，来自汪达之先生的耳濡目染，来自晓庄，来自朴素的生活教育思想。

陶行知先生在《生活教育提要》中是这样阐述要从轻视儿童到信仰儿童的，他说：

从前的儿童是大人的附属品、玩物、私有财产，一切没有儿童的地位。现在要相信儿童有能力，是一个小思想家、小创造家、小建设家。只要能因势利导，他们儿童个个都是思想自由的天使、创造的天使、建设的天使！①

团员杨永鑫的演讲与陶行知先生的演讲如此相似，见解如此吻合，实在是让人惊奇。实际上，杨永鑫同学与陶行知先生隔着好远的距离，他从来没有听过陶行知先生的演讲，也非受教于陶行知先生门下，唯一可能就是陶行知先生的学说已经被内化成为新安小学的教育——被认可、被吸引实验中的生活教育。

《论语·里仁》曰："君子怀德，小人怀土；君子怀刑，小人怀惠。"君子考虑的是道德，小人考虑的是田产；君子思考法度，小人关注的是私利。这句话陈述了君子和小人在价值观和人生观上的差异，强调了君子注重道德和公正，小人则是存私心且看重自身利益。

新安的小小少年，他们心里装着什么？是国家、民族和人间大道。

12 月 4 日，新安儿童旅行团根据陶行知先生的安排，到光华大学去演讲，光华大学有中学部和大学部。大学部有朱公瑾先生，中学部有廖茂如先生，两位先生是接待他们的人。这一天，孩子们出了点意外，他们赶到大学部时，大学部正在进行纪念周活动（纪念孙中山的集会），新安儿童旅行团的孩子们迟到了，原因大概是陈彬龢先生家的钟不太准。所以，儿童团的孩子们因迟到没能参加大学部的活动。

10 点左右，廖茂如先生带他们到中学部的礼堂里，旅行团的代表在这

① 陶行知. 陶行知文集［M］. 太原：山西教育出版社，2021.

里做了一场演讲。

本次演讲的代表是刘昭朗。他在演讲中介绍了新安学校的生活状况，大概的收入，也介绍了学校的教育主张。他在报告中是这样讲的——

诸位先生，万想不到，我们这几个穷小孩子，从一个偏僻的穷乡村中，会跑到这偌大的上海来。今天蒙贵校请我们到此地来演讲。“演讲”这两个字我们实在是不敢当，因为我们都是些学问浅薄的小孩子，谈不到什么演讲。不过只是随便谈谈而已，至于讲的不对以及讲的不好的地方，还希望诸位原谅，加以指教！今天我们觉得最惭愧的，就是把时间弄误了，没有和大学部诸位先生谈话。

现在我（本团代表）把敝校的概况报告诸位：

敝校经济状况：……

敝校的生活状况：我们是过有计划的生活，合理的生活，美满的生活的。我们日常所过的生活便是我们所受的教育。我们的日常生活，是洗衣，煮饭，挑水，种菜，有时拆屋，砌墙，铺路，开井，养羊，养鸽，这都是我们的日常生活。我们做某件事，便去看某件事的书，研究某件事的学问。

敝校这四年来没有进展的原因：敝校的历史已有4年，成绩之多寡，进展到如何地步，我们只好坦白的说，实在有限。最大的原因，是被经济的围墙所包围，叫你困在那里，一时摸不着门儿。这是一个使我们不能进展的大问题，大原因，这是敝校不能进展的第一点原因。还有第二点原因，就是四年来，敝校受着社会的普遍压制，社会上怎样，我们有时必得照样画葫芦，我们的主张，是没有办法行起来，社会环境的力量真是大极了，直到今年暑假，我们的生活，更换了一个新的方向，立了第五年计划。我们的旅行一项，也是根据第五年计划的。

敝校的主张，是“社会即学校，生活即教育”，就是说：我们的学校，即是这个大社会，大社会即是我们的学校。譬如，我们这次来到上海，上海即是我们的一个学校，这个大学校比贵校的这个大学，以及大夏大学，沪江大学，还要大到若干倍，甚至可以大到全宇宙，全世界，全地球。总之，这个大学校的范围大得很，它上面盖着的是天，下面踏着的是地。什么是生活教育？简单的说一句，过的什么生活，即是受的什么教育，过的好生活，即是受好教育，过的坏生活，即是受坏教育。总之，在生活教育之下的“生活”与“教育”，是永不分开的。

如果把我们的生活再分开来说，那便是：

是健康生活，便是康健教育；

是艺术生活，便是艺术教育；

是科学生活，便是科学教育；

是劳动生活，便是劳动教育；

是革命生活，便是革命教育。

刘昭朗又大致地介绍了旅行经费的取得、旅行的一般经过，解释了这次自动旅行的情景，他说——

我们这次旅行，没有先生领着的原因，就是要锻炼我们自己能够管理自己，养成独立精神。

我们这次来到上海旅行，是受了千辛万苦，并不是走马看花的就完了事。我们是要以劳力赚我们的旅行费用，并要实地参观战迹，明了帝国主义的残暴……①

读这份演讲报告，我们仿佛看到（听到）陶行知先生在演讲，那种朴素自然、面容和蔼且条理清晰的样子。

这次演讲中，团员刘昭朗把生活教育的衣钵完全地传承下来了。教育即生活的思想源自美国教育家杜威先生，他是陶行知先生的老师。杜威在20世纪美国工业化时代初期提出“学校即社会，教育即生活”的主张，不过当这一主张和中国的现实结合时，陶行知先生将它翻了个儿，变成了“学校即社会，生活即教育”。汪达之校长是晓庄学校的学生，自然也是生活学说的重要衣钵传承者。所以，新安小学的孩子们实践生活教育、传承

---

① 新安小学儿童旅行团．我们的旅行记［M］．上海：儿童书局，1935.

生活教育，也是自然而然的事了。

当时，学校里除有几个基本学生吃住都在学校，还有不少走读的孩子，汪达之校长干脆交给杨永鑫和张俊卿两位学生去负责，自己则和几个基本学生把“教学做合一、即知即传、学校即社会”等真正地应用于生活和教育中来。

6. 访问记：工友与资本家

儿童旅行团的孩子们来到上海，在陶行知先生和孙铭勋老师的指导下，他们的修学旅行日程紧凑、计划周详，引起整个上海教育界的轰动。他们接到许多学校、团体、工厂等机构的邀请，孩子们参观、访问、演讲、售卖书报等活动也随之展开，收效显著。孩子们更是睁大双眼、开动头脑，用审视的目光察看、研讨这个中国现实的“十里洋场”，在社会这所大课堂里增长了无数的真知和学问。

上海《时代画报》记者拍下的新安儿童旅行团

11月1日，旅行团的孩子们应邀去新陆师范学校作演讲。他们由地丰里出发，乘车到了黄浦江的外滩，路过一个小面摊馆，这个面摊馆开在黄浦江边，专门供给黄浦江边的工人们，生意很忙。一下子来了7个孩子，他们夫妇俩显得更忙了。他们一个起劲地扇着炉子，一个忙着下面条。团员们在这闲余的时间里，和坐在他们旁边的一位工人谈了起来，做了一番最简单的社会调查和访问。

“格位老度（音同大），啥地方临（临音同人，此亦上海语音）?”

“咱？咱是山东!”原来他还是山东人。

“这位大哥贵姓?”我们问。

“咱姓王！你们是哪里?”

“我们是淮安县来的，到上海来参观的。”

“你们是洋学堂里的？你们怎么穿草鞋!”他的话使我们要笑起来。从这几句话里可以看到（出）现在中国的一般学校和平民的隔绝，难怪一般平民叫学校做洋学堂了。

“我们不是洋学生！中国人怎样会成洋学生呢?”我们很庄重的回答他们，“王大哥怎样想到上海来的?”

“谁愿到这里来！在前年家中被水淹了，才跑到这儿吃这碗倒头饭!”

……

问：“王大哥一天能拿多少钱?”

答：“苦死了，才够吃饭的，四五角钱顶多了!”

问：“还预备回家吗?”

答：“等家中年成好了，就要回去。”①

因为儿童旅行团的孩子们要赶路，他们的社会调查就这样简单地结束了。

简单的对话，实际上已经给孩子们上了一堂深刻的社会课。天灾加上军阀混战，导致民不聊生，普通大众生活难以为继，日子举步维艰，不得不背井离乡外出谋生。然而，他们付出的血汗也仅仅是维持了基本的生存

---

① 新安小学儿童旅行团．我们的旅行记［M］．上海：儿童书局，1935.

需要，哪里谈得上发家致富。

这些出卖苦力的工友们，对穿着草鞋的学生有种奇怪的认知，觉得穿草鞋的“洋学生”太过另类。或者说，觉得他们根本就不像是学堂里的学生。这也使孩子们认识到，普通大众的生活与学校隔着相当远的距离。

然而，偌大的上海，不只是有无数穷苦的工友们，也有各种各样的资本家。程昌林同学记录了访问上海天厨味精厂的大致经过。

11 月 24 日，儿童旅行团的孩子们来到了上海天厨味精厂。他们是乘坐电车去的，一下车便找着了地方。他们进了工厂，参观了包装间、工人宿舍、洗澡堂、化验室。其中，孩子们对工人宿舍印象很深。因为有一半工人住在厂内，日夜做工。工人休息而机器不停，工人宿舍内是非常清洁的。工厂里有工人洗澡的地方，有男子澡室，也有女子澡室，里面也很清洁，是工人自己打扫的。

在一个机器间里面，团员们看见一个身穿粗布学生装的人站在一个大机器旁工作。带领大家参观的先生停下了脚步，指着穿学生装的正在机器旁工作的人介绍说，那就是吴蕴初先生。大家停下脚步，由杨永鑫团员代表团体请教吴先生。

吴先生向团员们笑了一笑，并询问大家的旅途经过及感想，旅行团的孩子们就把参观的情景大概地告诉了他。大家谈笑着，已经走到了吴先生的会客室，他请大伙儿吃茶，并且送了团员们三打味精。

民族资本家吴蕴初先生

吴先生又介绍团员们到天原电化厂及他们的第三厂去参观。最后，旅行团的孩子们请吴先生题词。离开天厨味精厂时，天已经快黑了。

在儿童旅行团的题词簿上，吴先生留下的文字是：“于书本外求智识，方是真确的智识。”

吴蕴初，字葆元，1891 年 9 月 29 日出生于江苏省嘉定县（今属上海市）。10 岁入学，后入上海广方言馆学外语 1 年，因家贫辍学，回嘉定第一小学当英文教师养家糊口。15 岁时考入陆军部上海兵工学堂半工半读学化学，因刻苦好学成为德籍教师杜博赏识的高才生。吴蕴初热爱祖国，积极抗日。早在 1932 年，他就开始组织工厂生产军用防毒面具，支援抗战。1937 年后，为保存民族工业，吴蕴初积极组织内迁，于 1939 年建成了香港天厨味精厂、重庆天原化工厂及重庆天厨味精厂，1943 年又建成天原电化厂宜宾分厂。1945 年，毛泽东赴重庆谈判时准备邀请工商界人士座谈，需要名人出面做东时，吴蕴初挺身而出，与王若飞共同签名发送请帖。事后，王若飞和邓颖超为此专程到他的寓所致谢，赠送了延安产的一条毛毯、一袋小米和一包红枣。王若飞对他说：“中国经济建设的发展，需要吴先生这样的实业家振兴工业。”1949 年 10 月，吴蕴初到达北京，周总理亲自接见并设便宴招待了他。一见面，周总理就说：“味精大王回来了，欢迎！欢迎！”周总理还说：“中国化学工业将会有很大发展，希望吴先生能为化工事业继续努力。”吴蕴初受到极大鼓舞。这年 11 月，他返回上海，受到天原电化厂全体职工的热烈欢迎。1953 年 10 月 15 日，吴蕴初在上海病逝，终年 62 岁。

从《去趟民国》这本书中，能够读到关于吴蕴初先生的一段文字，转录如下——

吴蕴初身为大资本家却全无资本家的恶习。抗战胜利后，吴的工厂与资源委员会合资成立董事会，吴被推为董事长。他召集董事会时，午餐就在会议桌上吃，四菜一汤，不备烟酒，有厂里的大师傅烹饪。参加董事会的人戏谑他为“犹太人”。吴本人生活一向简朴，自己的衣食，家里的陈设都极其普通。工厂每年的盈利，除提出一部分扩充规模外，全部捐献社会。①

显然，吴蕴初先生是民主、爱国的民族资本家，他顽强刻苦、务实肯干，以实业报国的精神，为中国民族工业打下了基础，受到党和国家领导人的称赞和礼遇，也是必然的。

心中爱祖国，心中有人民，是不会错的。

7. 关怀不止（上）

新安儿童旅行团在上海进行参观、访问、旅行、演讲、卖书报等活动共54天，这些活动多半是在参观时完成的，每天回来后孩子们便加以记录，行程可谓紧张有序、张弛有度。

在上海旅行期间，他们尝试卖书（主要是销售晓庄丛书，此丛书系陶行知先生主编，包括程本海所著《在晓庄》，方与严所著《晓庄一年计划》，孙铭勋所著《古庙活菩萨》等）、卖报，由于他们只卖儿童类报纸，效益并不好，从他们的收支表中可以看出。

在新安小学儿童旅行团账目“卖书报收入”中，清楚地记着：“1. 代售晓庄丛书赚七元八角一分。2. 代售儿童新闻（报纸）赚四角。”②

团员们还总结了售卖书报收益不高的原因——在繁华的上海，儿童书报不能引人注意，不易卖出。

七个人的旅行团，50多天的旅行，共获得收入一百五十元八角六分八厘，这些收入主要包括三部分：个人捐助，合九十九洋元多；团体的演讲费收入，共计四十三洋元；售卖书报，收入八洋元多。而支出包括了车费、伙食费、药品费、工具费、图书及报纸费、本团应用物品费等，共花费一

① 刘仰东. 去趟民国［M］. 北京：生活·读书·新知三联书店，2012.

② 新安小学儿童旅行团. 我们的旅行记［M］. 上海：儿童书局，1935.

百一十六元七角七分四厘。另外有两个细节，买邮票用了四元五角四分、房金一元五角四分。七个孩子，五十多天，绝大多数的日子住在陈彬龢先生家的客厅里，所以房金是几乎没有花费的，这么说来，陈彬龢先生也是旅行团最热心的真诚赞助者之一。

团员靖秉铨记录了 10 月 15 日凌晨，约三点钟，轮船到了淮安西门码头，七个远征的学生终于安全地返回了淮安。天亮了，古庙里响起一阵爆竹声，本校同学和老师开了一个欢迎会，旅行团报告了旅行的经过，这群学生回到古庙，继续他们的奋斗与教育实验。

新安儿童旅行团自动旅行为什么能够成功呢？原因有三点：

第一，陶行知先生的倾力支持和关怀。自 1930 年春的晓庄事变以来，陶行知被通缉，晓庄烈士血溅雨花台，陶行知先是去上海避难，后又隐匿身份去了日本。到 1932 年 1 月，他的通缉令才被取消。但回国后，他又投入乡村教育革命，和友人一起创办山海工学团，最终在上海大场地区的一个观音堂找到了适合办乡村工学团的地方。1932 年 10 月，孟家木桥儿童工学团开学，陶行知将其命名为山海工学团。取名“山海”有两层含义，工学团位于宝山县和上海市交界处，“山海”点明了其地理位置；九一八事变后，日本侵占华北继而侵略中国的野心昭然若揭，山海关是进入华北的门户，陶行知希望中国人民同仇敌忾，团结抗日。陶行知亲自为山海工学团题写了“工以养生，学以明生，团以保生”十二个字宗旨。

第二，在旅行过程中，他们自动组织和管理的办法运用得当。孩子们在出发之前，许多事情都已经做好了计划和预备，如如何应对生病、如何购买团体票、如何取得其他方面的资助等。在出发前，他们已经根据每个团员的能力特长，分别承担了健康、交际、记录、财务等职务，还制定了严格的团员活动纪律，甚至规定需每天写旅行日记、写回信等。

第三，汪达之校长悉心关注儿童旅行团的行程和一切活动。汪达之校长虽然不在身边，但他根据团员们的行程，写信指导他们去见哪些重要的热情人士，同时请他们收发有关信件。这样，几个孩子就都能收到汪达之校长的信，得到指导。

曾任教新安的孙铭勋老师也是热心教导者和帮助者之一。他当时住在沪西北泾镇，离上海很远，却抽空放下手里的工作，时常与孩子们在一起，拟订参观、游览计划，带孩子们去看电影，联系访问、演讲等，诸事上心，全力以赴。

那时候，交通不便，通讯全靠着书信或口头传递消息。汪达之校长是如何指导远在路途中的7个小伙伴的？他的办法是写信，50余天的旅行中，他一共给孩子们写了8封信。除此之外，他还抓紧给陶行知先生、镇江徽州会馆，以及其他报馆、企业家等写信。总之，他动用一切社会关系和力量来关心这支勇敢出征的小队伍，为他们殚精竭虑地操劳着、思考着、指导着。

现在，我们很高兴能从《我们的旅行记》等书中看到这8封信的全部文字。8封信如果一一列出，非常冗长。透过主要的文字，我们分明可以读懂和感受到汪达之校长感人至深的教育情怀和勇敢坚韧的革命气概。

第一封信写于孩子们离开的早晨，小雨中，他步行进城送出一封给《苏报》的信，回头就急切地写下了给小朋友们的第一封信——

亲爱的小朋友们：

这是你们离开我的第一个早晨，在（这）四个月以来，我们还不曾有过这样的冷清。

我祝福你们，勇敢地战胜旅途的一切困难，快乐的，平安的达到了目的地。

轮船开后，我站在码头目送着你们……

……

我们的生活态度和精神，是要排除旧的不合理的一切，我们要争斗，要和“时间”争斗，因为它稍纵即逝，要和不合理的一切生活习惯争斗，因为它时刻要来征服我们，毁灭我们。

……

旧的一切是大的腐化剂。

……

你们去后，社会上批评一定很多，但是我们只有大胆去做，虚心的容纳，新安是有他的光辉，就要射出来的。

俊鑫说孔庆椿的母亲到他家里去谈话：

孔母："你家的小三子也去了?"

张母："是的。"

孔母："他们这些学生到那（哪）里去?"

张母："他们是到上海去的。"

孔母："哎，早晓得这样，我家的小四子就不让他去学生意了，先生不好，早也不告诉我一声。"①

在信的最后，汪达之给孩子们布置了旅途中的一些零碎的工作，最后署了时间——"1933，10，22，早"。

儿童旅行团的孩子们到达镇江后，应是遵照汪达之校长的嘱咐给学校写了回信。汪达之校长写回信给旅行团的孩子们，这是他的第二封信，信中写道——

昨天才接着你们从镇江寄来的信，我又担着两天的忧心了。

我总信得过你们这次遥遥千里的南征，是社会给你们"做人"有大的力量的。②

孩子们在信中向汪校长汇报，他们尽管是个团体，却没法在镇江买到往上海的团体火车票，显然，购买团体票会省出许多经费来。汪达之校长这样鼓励孩子们，他说——

那站长的面孔，真真实实的团体，而取不得团体的待遇，这道理在那（哪）里?

永鑫说："他告诉某先生我们每天吃棒头面的"，好像在暗笑。这不必

---

① 新安小学儿童旅行团. 我们的旅行记［M］. 上海：儿童书局，1935.

② 新安小学儿童旅行团. 我们的旅行记［M］. 上海：儿童书局，1935.

告诉他人的事，夏天的虫，和他讲冬天冰的故事，他如何能知道冰是寒的呢？除非他把寿命延长到冬天。

旅途正如人生的前途，困难是多着呢！但是，不要怕，只有奋斗。前面才会有路走。

这次旅途中的一切，你们该知道奋斗的真意味了。①

当年旅行团的孩子们写给汪校长的回信，都没有编入《我们的旅行记》，这是件很可惜的事情。我们揣测其中原因，大概是有人觉得若是编入，《我们的旅行记》又要厚出许多来，因为这本书已经很厚了，总计377页，售价也高，要大洋八角，近一个银元的价钱，很是不菲。

8. 关怀不止（下）

10月30日夜晚，汪达之校长给旅行团的孩子们写下了第三封信。这是一封洋洋上千字的长信，信中讲到了很多的事情，比方说，让孩子们回镇江看望校董曹先生，因为他是最为关心孩子们旅行这件事情的；到镇江后还要访问其他一些地方和先生，买一本《镇江指南》。还让他们请陶行知先生做两件事：一是请一位声乐先生，把孩子们的发声正一正（新安小学的孩子每天都有唱歌的生活习惯）；二是请一位戏剧先生，对孩子们的戏剧研究扼要地指导一点门径，并介绍剧本。

汪校长还在信中兴奋地告诉孩子们，接了他们的信后就决定了一件大事——一年后旅行全国，五年后旅行全世界。

在信中，他还提到了旅行团能否出发，与当时的政治气候密切相关。当时国民政府在江西“剿共”的进程并不是很顺利，于是就要求各镇分摊出一名志愿兵，而这种并非自愿的志愿兵，最后就变成了出20~100大洋买

① 新安小学儿童旅行团. 我们的旅行记［M］. 上海：儿童书局，1935.

人当兵的情景，可见当时的政治之混乱腐败。

还有一件重要的事情是决定增加基本学生数量，至少20个，也就是说，要让旅行的队伍更强大一点，人数更多一点。汪校长认为，“社会安静不安静，是我们旅行全国能不能启程的先决问题”。

第三封信对两年后出发的新安旅行团来说是最为重要的一封信。在这封信中，汪达之校长构想了新安旅行团的初步旅行计划，就像一位母亲开始了她新生命的孕育。

对未来的新安旅行团的生存，他也做了各种规划和构想，他讲到团员可以靠卖讲（演讲）、卖戏、卖书，总之，想尽一切办法谋得旅行的经费，在旅行中进行学习和团体的教育。

他提到了另一件极为重要的事情，就是和陶行知先生一起商量，谋得一架电影放映机。电影放映机可是当时国内最潮流、最现代化的宣传工具，只有大城市上海、广州等才有。在后来的日子中，新安旅行团在旅行的路上放映电影，收取有限的观影门票收入，但也是极为灵活的，普通民众实在没有钱来看电影，很简单，只要喊一两句抗日宣传口号就可以了，他们并不是以电影放映来谋求利益，而是真正把它作为宣传抗日的工具来使用的。

第四封信是一封教育和指导意味相当浓厚的信。汪校长写这样的一封信，大概是因为团员靖秉铨写信回家，向家里要一块钱零用。这件事被汪校长知道了，他便忍不住要对孩子们作一番教育和警示了。在信中，他在布置一些具体的事情之外，写了下面的话——

你们认清，随便拿父母的血汗换来的钱化（花）了是很不应该的。

要买的东西只要是必要的，在寅会或晚会上提出。认为必要，管帐（账）务的抽闲去买，不能再有公和私的分别了。亲爱的孩子们，我惟一的希望，你们能在这次旅行的生活中，将几千年遗传给我们的那些自私的恶习惯，劣根性一起扫荡干净吧。检讨一下，那是我们理想生活的腐化剂，当心着！

我担心着你们的健康，健康是事业的母亲，健康是精神的来源，你们的生活时间有些过分的失常了，你们自己来总反省一下，你们的生活公约，可都能遵守了。孩子们，我异常的担心着!①

在这封信中，汪校长还提议，请陶行知先生想办法给 7 个孩子每人做一件粗布棉大衣。因为江北昨夜忽起北风，清晨很寒，小河已有薄冰了。

关于做棉衣这件事情，在旅行中有所记录，它在孩子们的心里面泛起了阵阵涟漪，他们的思想伴随着生活教育的经历在不断升华。团员刘昭朗以“提议做衣服”为题，在 10 月 12 日、12 月 1 日分别做了记录，他们一方面与陶行知先生做了讨论，另一方面也进行了深刻的思考，尽管旅行团的孩子们有必要在上海添一件棉衣以御寒，但最终没有做起来，因为他们的时间不允许，更深的原因是，他们每人都做了新衣，在新安小学里的那些孩子并没有新衣穿，这如何是好呢？最终他们的棉衣没有做成，但在上海开明人士的帮助下，孩子们穿上了新衣服。其间，他们还跟着一位姓王的女士学习做新衣服、修补旧衣服。

孔子曰：“已所不欲，勿施于人。”新安的小朋友在这一点上大概是能够不教而教的。生活教育和团体生活的经历，已经使他们能够真切地、设身处地地站在他人的立场上去思考人生和现实的问题。

新安小学的孩子们为什么能够悲天悯人、设身处地地关怀别人，是因为他们有这样一位事事躬亲、身体力行的校长汪达之。所以，在新安，同学们并不叫他校长或老师，时常称他为“汪爸爸”。孩子们并不以为自己所处的这个学校是个一般的念书的古庙，而是把这里当作自己的家。

第五封信主要谈了旅行中日常的事情，其中有两个细节我们要把它讲出来，第一个是汪校长自己向同学们汇报说：“最近，我用了几块钱缝了一件棉大衣，尚未缝好。可是我看着韦佩纲尚赤着脚，宋心田穿着唯一的空心的大破棉袄，我的心非常的不忍。倘我们的生产计划不实现，如何有救

① 新安小学儿童旅行团．我们的旅行记［M］．上海：儿童书局，1935.

呢？大家想想看。”第二个是他要孩子们关注：“题词的簿子可充分的用到了？”①

题词簿更有意思，主要是向各位社会贤达请教，请他们写下赠言或教导，以促进团体的进步和成长，与今天请社会名人或各级领导题词，意义是不一样的。因为在新安小学的教育传统中，听取别人建议、征集社会批判是写进教育大纲的，即“收集社会批判”（《新安小学第五年计划大纲》），第六年计划大纲表达为“征集社会的批判”。1935 年，新安旅行团正式出发后，也准备了题词簿。当时江苏省政府主席陈果夫、教育厅厅长周佛海看到新安儿童旅行团出版了《我们的旅行记》和 9 岁的左义华出版的《义华的日记》很是震惊，立即在题词簿上题了字。陈果夫题“幼学壮行”，周佛海题“鹏程万里”。

有了政府要员的题词，题词簿成为他们事实上的通行全国的“通行证”。遗憾的是，今天我们没有办法看到这个有价值的历史文存，因为从桂林辗转回苏北时，团里大部分的物品都不能带走，连陶行知赠送的最宝贵的电影放映机都被变卖了。为了躲过日本人的盘查，许多团员们把日记本等宝贵的资料忍痛扔进江里，否则无法从封锁严密的交通线上通过。

第六封信，汪达之催促孩子们提前回校，原因是福建闹政变了（指 1933 年 11 月 20 日，李济深在福建发动兵变，讨伐蒋介石，后失败）。同时，他要孩子们从上海购买一些物资，包括防治冻伤的药品。

第七封信，汪达之再次催促孩子们早点回校，一是他要参加华北参观团，何时动身还没有消息，但时间紧迫；二是他要离开学校，回去照应自己身体羸弱的母亲，因为汪的母亲“一到天寒，喘病就发，这两年遭遇更坏，抵抗力也就更弱……”

第八封信，写于 12 月 7 日，新安儿童旅行团的孩子们从上海返回镇江时，进行了游览，并且新安同乡会举行了接洽参观活动，当时的镇江是江

① 新安小学儿童旅行团. 我们的旅行记［M］. 上海：儿童书局，1935.

苏省省城，驻有徽商同乡会，新安儿童旅行团在这里受到了热情款待，同时参加了诸多参观、演讲活动。信文如下：

亲爱的孩子们：

我算计着你们的行程，此刻该到镇江了。

这里有新安同乡会各位先生热烈地欢迎你们，这一定使你们感到莫大的快乐。

我现在非常为你们担心！我觉得有一个“魔鬼”要跟着你们了，那“魔鬼”就是“骄傲”。

“魔鬼骄傲”是连老年人也要追随的，只要偶一不慎，就会上他的穿（圈）套。但老年人给他的教训的次数多了，能各自当心，不易再去上它当。如是“魔鬼骄傲”就要专找年幼的孩子们了。假使遇着它，而又不知摆脱，那才是最大的不幸！因为他（它）能毁灭你的前途，孩子们，提防着！

你们所携现款，从邮局汇寄为安，这些日来最不安静，常有抢劫的事。

买一本《镇江指南》，是你们必要用的。

房子翻盖明日可以完功（工）。我们是很平安的。不及多写了。敬祝你们胜利地归来！

达之

一九三三年十二月七日十时①

9. 划分新时代

近代民主人士杨公崖（江苏镇江人，时任国民政府镇江临时参议长等职），亦为新安儿童旅行团题词：“从大处着眼，小处着手！”

---

① 新安小学儿童旅行团. 我们的旅行记［M］. 上海：儿童书局，1935.

汪达之校长和新安的孩子们是如何实验生活教育主张的？他们实验生活教育的三大根本主张是：生活即教育，社会即学校，教学做合一。事怎样做就怎样教，一切在做上教，一切在做上学。

在生活教育实验这项伟大工程中，他们仰望星空，目光高远，凝神未来，却又能俯下身来，做了无数具体而细微的工作，比如说每天的记录，每天的自我服务，从事生产、生活实践和服务等。一切的言行，正是对“从大处着眼，小处着手”的最生动阐述和证明。

古人注重言行一致。一屋不扫，何以扫天下？孔子说：“君子讷于言而敏于行。”汪达之校长是扎扎实实用心做好每一件细小的事情的。比如说，孩子们刚上轮船出发，他就亲自去邮局寄出写给《苏报》的信，为孩子们的旅行作宣传和安排接洽。

新安小学的孩子们做事、做工、学习，实验生活教育是如此真诚、细致，汪达之校长作为教育家，教育孩子不也是这么去做的吗？

从他所写的 8 封信及其中叙述的事件我们不难看出来，汪达之校长作为一个最坚定、最朴实的教育家，做了他最朴实的工作，那就是从小处着手，从大处着眼。

有好名者把汪达之称为教育实践家，我觉得这有点可笑。世界上还有不做事的教育家？只在书斋里指手划脚、议论纷纷，却从不干一件具体的工作、实实在在的事情，这样的教育家又怎能算得上是真正的教育家？即便是，充其量只是个夸夸其谈、滥竽充数的伪教育家罢了。

陶行知先生说——

我们常见的教育家有三种：一种是政客的教育家，他只会运动，把持，说官话；一种是书生的教育家，他只会读书、教书、做文章；一种是经验的教育家，他只会盲行、盲动，闷起头来办……办……办。第一种不必说了，第二种、第三种，两种也不是最高尚的。以我看来，今日的教育家必定要在下列两种要素中得了一种，（一）敢探未发明的新理；（二）敢入未开化的边疆，方才可以算为第一流的人物。①

难能可贵的是，新安小学的孩子们和汪达之先生做了这么多了不起的事情，其本意却不是为了做什么一流的教育家、一流的学生，他们只是埋头做了他们认为要做的事情——

1. 取得生产的工具和材料以达到经济的独立。

2. 努力完成生活教育的实验。

3. 打开中国教育的新生路。②

第二句口号有不同的版本，《我们的旅行记》中写的是“努力完成生活教育的实验”，而此报告在《生活教育》第 1 卷第 39 期发表时，此句更改为“努力生活教育的实验成功”。

新安儿童旅行团闯荡大上海的壮举成功了吗？我们以事实的经历、当时各界的宣传报道，以及他们自身所获得的教育收获来看，已经是大大地超乎了他们自己的预料。

团员们在上海，见前人所未见，经历之前所未经历，在大上海这偌大的社会学校里学到了许多。汪达之曾经致信陶行知先生，让他评一评新安儿童旅行团的孩子们，陶行知先生很高兴地给汪达之写了一封信，信中这样评价——

达之同志：

儿童旅行团来，大家都欢喜。我以小工人之礼待之。在这里他们绝无冻饿之忧。我所虑的是汽车老虎，曾嘱他们特别留神。你要我估一估儿童旅行团的价值。这是新时代无价之宝，姑且定他万万万万万的金元吧。这样伟大的宝藏，世界谁也没有，却为新安所得，使福特摩尔根辈儿见着，未免要生小巫见大巫之感。而新安不敢私为己有，愿公天下后世。这又是富翁们舍不得的了。好，如果讨厌黄金，就听我唱吧！

---

① 江苏省陶行知教育思想研究会，南京晓庄师范陶行知研究室．陶行知文集［M］．南京：江苏人民出版社，1981.

② 新安小学儿童旅行团．我们的旅行记［M］．上海：儿童书局，1935.

题新安儿童旅行团

没有父母带，先生也不在。

谁说小孩小，划分新时代。①

现在我们可以看到陶行知写这首小诗的手迹，已经成为新安旅行团历史纪念馆里的一件历史遗迹。陶行知先生还特意解释作注说，乡人注重早婚，一般十五六岁已经结婚了。这诗中的“未结婚”有两层意思：一是这些孩子们的年龄也就在十五六岁；二是这些孩子们正在读书、实验生活教育，要向新世界闯荡一番，还不曾想结婚荫子、光宗耀祖。

更有意思的是，有一次，陶行知问一位叫郑爽秋的大学教授：“孩子们的报告讲得怎么样?”郑教授幽默地回答说：“讲得太好了，弄得我们教授的饭碗有些不稳了。”

团员杨永鑫为新安儿童旅行团留下了回忆片断，他写道——

新安儿童旅行团的成功尝试，为新安旅行团的建立做了思想上和组织上的准备。在中国共产党上海“教联”支部支持鼓舞下，新安旅行团终于在 1935 年 10 月踏上了壮丽的征途。②

新安儿童旅行团的孩子们以坚韧的精神完成了远征，写出了时代的教育新篇章。他们用自己的行动赢得了社会各界的尊重与称赞。

① 新安小学儿童旅行团. 我们的旅行记［M］. 上海：儿童书局，1935.

② 淮安市新安小学. 我在新安旅行团［M］. 南京：南京出版社，1992.

第五章 出发之前

人生天地间，各自有禀赋。为一大事来，做一大事去。
多少白发翁，蹉跎悔歧路。寄语少年人，莫将少年误。

——陶行知《自勉并勉同志》

教育是一种武器，是民族、人类解放的武器。
教育必须是战斗的。教育不是玩具，不是装饰品，不是升官发财的媒介。

——陶行知《告生活教育社同志书》

1. 决议出发

新安旅行团出发时15人，后来团体历经17年，行程5万余里，吸纳近600名团员，书写了中国少儿革命史的壮丽篇章。

不忘初心，牢记使命，“为农人和儿童谋福利”是他们十余年活动的真实写照。

团体在政治上自觉成长，离不开中国共产党的领导与指挥。新安旅行团的活动史，一部缩微中国革命史。

新安旅行团旅行全国，做生活教育实验、抗日救亡的宣传工作。向社会求学的议题已经确定了，为了这次远征，新安小学的老师和孩子们开始了积极筹备。

早在1933年10月30日，汪达之就写出第三封信，指导新安儿童旅行团的孩子们在上海的生活。这一天的夜里，他洋洋上千言，和远在上海的孩子们谈了很多，既指导旅行，又关心生活和学习，最重要的是，他坦言：

这是我接着你们的信后就决定了的一件事，你们试猜看这是什（怎）么一回事？

一年后旅行全国，五年后，我们旅行全世界……①

接着他还构想如何实现长途旅行，提出最初的旅行办法，以挣得旅费。

我们一年的长期的准备，可卖的艺术，第一是表演戏，要准备十出二十出拿手戏剧，第二是卖讲，只要讲明我们的教育主张，第三是卖书，我们自己的著述，第四是卖照片，是我们自己摄的照片（还有卖字和画），第五是放电影。（因为陶先生已允我们在半年后会给我们一架电影机来）

① 新安小学儿童旅行团. 我们的旅行记［M］. 上海：儿童书局，1935.

如此一来，我觉得像我们刻苦惯了的旅行生活费，一定不难找的。①

然而，一年后的旅行全国的计划未能实现，大概的原因，除了经费，别无其他缘由。到了 1935 年，事情总算是有眉目了，汪达之校长数次往返于上海和淮安之间，新安小学得到了陶先生赠予的一架电影放映机。

新安旅行团决定组团、出发，这个提议是在淮安发起的，但批准、支持这项提议的却是在上海，而提议的批准和最坚定的支持者，是中国共产党领导的上海教育工作者联盟（简称“教联”，亦称“新兴教育社”）。上海“教联”通过会议讨论研究决定，周密筹划新安旅行团的修学旅行方式、宣传活动，帮助他们从爱国人士那里获得宣传工具和物资。

此后，“教联”一直是新安旅行团活动的领导者、决策者和支持者，参加绥远劳军，鼓励他们北上、西进等，都是听从上海“教联”的主张和决定。只是，在当时特殊时期和政治环境下，他们并未完全以党组织的决策来命令和领导新安旅行团。

上海“教联”批准和支持组织新安旅行团这件事，当时作为党外人士的汪达之并不清楚其中的细节。当他带着组织新安旅行团的计划去上海请求支持时，陶先生便马上答复了他，上海“教联”支部的同志既赞成也担心。担心是因为政治上国共对立，在蒋介石“攘外必先安内”的反动政策下，一切公开的抗日言论和行动都被严格禁止。蒋介石正全力围剿中国工农红军，国民党统治区内一片白色恐怖。新安旅行团要到各地宣传抗日，政治上极不安全，经济上也没有固定来源，生存极为困难。

但“教联”的丁华、王栋若等同志却全力支持。他们认为，确定新安旅行团为少年儿童教育团体，实践陶行知生活教育理论，以孙中山遗愿——“唤醒民众，联合世界上以平等待我之民族共同奋斗”为宗旨，宣传孙中山的“三民主义”，以“唤起民众，共赴国难”的名义，以修学旅行的方式，到全国各地开展抗日救亡运动，可以按计划出发。另外，孩子们目标小，

① 新安小学儿童旅行团. 我们的旅行记［M］. 上海：儿童书局，1935.

安全问题不大。经济上，“教联”想办法从上海爱国厂商那里争取支持，搞来一些宣传工具和物资作为装备，就这样，组织新安旅行团的计划一步一步实施了。

电影放映机来之不易。为了支持新安旅行团的活动，陶行知先生毅然捐出了母亲的人寿保险金——一笔五百大洋的巨款资助新安旅行团，并赠予新安学校一台德发牌无声电影放映机，当时电影放映只有少数的几个大城市才有。又从中华无线电研究所弄来一台小型汽油发电机和扩音机、电唱盘等，从联华、明星影片公司弄来了《一·二八淞沪抗战纪实》《民族痛史》《抵抗》等影片，通过音乐家任光同志从百代唱片公司弄来了《义勇军进行曲》等唱片，还买了一架幻灯机。一些爱国厂商捐了一些毛巾、挎包、油布及日常旅行药品。就这样，新安旅行团筹集到了许多物资，前后花了一年多的时间。

1935 年 8 月，汪达之把这些物资从上海运到了淮安，还专门安排师傅教新安孩子学习、掌握电影放映技术。现在已是万事俱备，只等着出发的日子了。

8 月 1 日，中国共产党发表了著名的《八一宣言》，呼吁全国人民团结起来，全社会抗日救亡的呼声更加高涨。孩子们决定在辛亥革命纪念日 10 月 10 日出发。

新安旅行团能够按计划出发，踏上革命征程吗?

2. 讨饭也要去宣传抗日

为了尽可能真实地还原事实，我节录了新安旅行团首批团员张牧的回忆文章，对新安旅行团出发前的情况做介绍。文章再现了新安以儿童民主生活会议讨论决定新安旅行团是否按期出发的情景。

1935 年 10 月初，新旅出发前的一切准备工作都已完毕，只等陶行知先生回信后，就要按预订日期启程了。虽然深秋的寒气已向人们袭来，但校内外却是热气腾腾。每天都有走读生的家长们，莲花街的乡亲们，来校话别。晚上，我们在学校院外的空地上为乡亲们放电影。在淮安放电影这是头一遭，学校附近真是热闹极了。

10月4日，日本内阁提出了所谓“广田三原则”，日本驻中国的特务机关长土肥原贤二，又公开要求国民党在华北的军事头目二十九军军长宋哲元出任所谓“华北协同防共委员会”的委员长，而国民党中央政府和宋哲元都不敢公开拒绝。日本帝国主义的侵略步步紧逼，形势更加危急了！而国民党政府对日的态度十分暧昧，却全力围堵北上抗日的中国工农红军。与此同时，在苏北和鲁南一带又发生了大水灾。据当年国民党的《新江苏报》记载：“十月二日，沂河南堤溃决，水流澎湃，有如山崩栋折……爷娘唤子，童稚呼亲，一望大地，四面汪洋，尸体漂流，鸡犬不宁……”淮安一带到处可见一群群饥寒交迫的灾民。

几天过后，陶先生果然来信了，但汪达之先生见信后，却没有什么愉快的表情。当天晚上，他把14名团员一起召集到他的住处，召开例行的生活晚会。在一盏灰暗的煤油灯下，大家在楼板上席地而坐，都急切地等待着他讲话。会议一开始，他先带大家唱了一首经常唱的《自立歌》：“滴自己的汗，吃自己的饭，自己的事，自己干，靠人靠天靠祖上，不算是好汉！”

唱完后，他开始用庄重而缓慢的声调说：“同学们！陶太老师来信了！他在信中劝我们还是暂缓出去为好！”

“不走了?！为什么?！陶先生不是很支持我们的行动吗?”大家不约而同地争相发问。

汪先生苦笑了一下，郑重其事地把信宣读了一遍。陶先生在信中，述说了当前的形势之后，郑重地要汪先生考虑：在这杀机四伏、灾荒遍地的时候把孩子们带出去，安全难有保证，弄得不好饭也吃不上，甚至可能要讨饭，如果这样，学校如何向社会、向家长们交代呢？因此他建议，原计划暂缓执行，过段时间看形势发展再作决定。

汪先生念完了信问大家道：“同学们，大家都好好想一想，我们该怎么办呢？”

形势确实是异常严重的。走，还是不走？国民党政府是不会赞成我们去宣传抗日的，现在天气很凉了，我们还只穿一身单衣，一双草鞋，从学校里只能带出十块现洋，出去以后，真的会讨饭吗？大家相互观望着，思索着。

一段沉默之后，汪达之先生说：我们出去的目的，第一条是实践“生活即教育，社会即学校”的主张；我们的第二条宗旨是宣传孙中山先生的遗嘱——“必须唤醒民众及联合世界上以平等待我之民族共同奋斗”，孙中山先生的遗嘱，现在政府不也是每星期要举行纪念周，让大家念一次吗？我们按这两条宗旨，政府又有什么好说的？倒是出去以后，真要靠讨饭过日子那该怎么办？

“讨饭就讨饭！儿童旅行团一个钱没带也没讨饭嘛！相信爱国的人总会同情我们的！”大家的情绪顿时活跃了。

“我们不怕，讨饭就讨饭！”

“讨饭也要去宣传抗日！”

大家你一句我一句地纷纷表示自己的决心。

汪达之先生的脸上露出了笑容，最后他说：“如果社会上有人向我们捐助，我们就通通接受，谢谢他们！不过，我们决不公开募捐，以免给反对我们的人以口实。我们还是按时出发。”屋里顿时响起了热烈的掌声。汪达之先生又交代说：“陶先生信上说的事，先不要告诉你们的父母，要是他们不放心，我们就走不成了！”大家纷纷表示同意，并决定给陶先生回信，表明我们的决心。①

最初7个新安基本学生要去上海之前，也开过一个民主生活会议，讨论

① 淮安市新安小学．我在新安旅行团［M］．南京：南京出版社，1992.

去上海的种种困难和解决办法。孩子们意气风发，大家表示，“管他呢，先让眼睛饱了再说，饿了肚子也不怕”。这个民主生活会议与两年前的情况极其相似，不过这次他们的底气更足了，因为他们已经得到了陶先生赠给他们的一台电影放映机。这台极为先进、新颖的机器，作为旅行团有力的宣传工具，一定能帮助大家克服各种困难。

并且，他们这次远征队伍又壮大了，当初儿童旅行团只有 7 个孩子，平均年龄不到 15 岁，现在，汪达之校长又添招了更多的基本学生，大家在民主、自愿、家庭支持的情况下加入到队伍中来。现在，这支队伍加上汪校长，已经有 15 人。

人心齐，泰山移，前面的困难再多、再大，总会想到办法，以集体的力量一一克服。

更重要的是，自新安小学办学以来，孩子们一直以“小先生制”为教学方式，以民主协商的团体会议管理团体的生活，每个孩子都能“做学生”“做先生”“做主席”，自我管理生活，讲报告，承担账务、交际、药品管理、电影放映等工作，新安旅行团已经成为一个自觉运行、组织有序的“自动组织”，在任何地方、任何时刻，团体都能高效地运行起来。

3. 壮心不已

10 月，秋意已经渐浓，寒气在清晨和夜晚一阵阵袭来。

日本帝国主义的侵略正步步紧逼，华北危急，内蒙古危急，中华民族危急。国民党反动派却抱着“攘外必先安内”的思想，对共产党党员“宁可错杀一千，不能放过一个”，白色恐怖笼罩全国。

黄河泛滥，沂河溃堤，四面汪洋，尸体漂流。天气已经转凉，新安旅行团团员每个人只有一身单衣、一双草鞋。学校里可以带出去的也只有 10 块洋钱。饥饿、寒冷、流血、死亡时时威胁着新安旅行团的孩子们。

陶行知先生之所以让新安的孩子们暂缓出发，是因为他在为孩子们担心，还有什么比生命安全更重要的呢？

但是另一方面，新安儿童旅行团自从上海旅行归来，大家踌躇满志，决心和汪校长再一次组织起一个更大的团体旅行全国，到社会大学里求教，宣传抗日救亡。他们已经准备了接近两年，难道辛辛苦苦的努力就要付诸东流吗？难道新安少年只能在这间破旧的古庙小学里读书、生活、做学问吗？不！他们绝不！他们在民主生活会议上你一言我一语，纷纷表明了“就是讨饭也要宣传抗日”的决心和斗志。

新安的孩子们，决定按期启程！

他们踌躇满志，要踏进历史的荒原，那里也许有如雨的马蹄、如雷的呐喊和如注的热血。暂别了，故乡慈母的白发和湖塘边稚儿的夜哭；再见了，故乡河下的柳荫、日夜流淌的运河、遮风避雨的学校，还有那一垄垄菜地、一缕缕炊烟、一阵阵细雨。这些都将渐渐远去，而留于大地上的，必将是他们走过的足迹，像一颗颗微不足道的星星，虽然微弱，但世人皆可见其明亮的光辉。

他们爱着自己的家乡，爱父老乡亲、儿时的伙伴、仁慈的师长，学校里的桂花、鱼池、菜畦，还有新安的夜晚、晴空、朗月。他们爱着记着，如缕不绝的是草木般不断生长的对故土的深情。

他们愿作一只只猛兽，在这暗夜里独行，冲破那时代的黑暗，发出让人警醒的呐喊，惊醒时代与民众；他们不愿意做牛羊，不愿成为餐桌上的肉食；他们睁大了眼睛，寻找时代的光明与未来。

《八一宣言》他们听到了，结成民族统一战线、共同抗战的局面正在渐渐形成，打跑共同的敌人——日本侵略者，是现阶段中华民族的唯一任务和目标。

现在，他们要做一群振臂而呼的鼓者、战士、奋斗者，不怕流血，不惧牺牲，行进在民族解放、民族救亡的征途上，他们要做普罗米修斯那样的盗火者，为民族为国家为人类也为自己寻一条光明的出路。

为了争取社会各界的支持和理解，他们起草了多份对外宣传的文件、告示，在《旅行团长途修学旅行宣言》中，他们说：

本校是试验生活教育的学校。五年以来，经费极端困难，环境异常恶劣，但不能阻止我们的前进，因为我们的民族整个浸在艰难里。从艰难中奋斗，是我们民族唯一出路。

……

在笼里生活惯了的鸟，谁都知道它是不会高飞的，然而不会高飞并不是鸟的本性啊！

……

生活教育，不以形式的学校为学校，而以社会为学校。社会即学校，解放了狭隘的学校、教师和学生。知识是无所不在，而随时随地可以取得。以知识造成特殊地位的时代，是要随着教育普及而成过去了。①

在《江苏淮安新安旅行团告国人书》中，他们说：

生活教育要以社会为学校。我们的长途修学旅行计划只是实验的一种方法。

我们是要扩大我们的生活，增广我们的见闻，更要多多接近良师益友……

我们生存在垂危的国家，更处在僻远荒凉的乡村。我们要努力我们的前途，是一定要寻找新的有效方法才行的。

我们为了要使所经之地留下一点深刻印象，发生一点宣传效果，特费了九牛二虎的力量，得着了电影全部机件——电影是近代的教育工具，从少数人的娱乐消遣而走上了它更有价值的前途。我们要运用它到各地去放映，将以唤起各地的普及教育运动。②

在《告小朋友书》中，他们说：

亲爱的小朋友们：

---

① 凌文，程静. 陶行知与徽州［M］. 北京：光明日报出版社，2021.

② 凌文，程静. 陶行知与徽州［M］. 北京：光明日报出版社，2021.

我们又将出发我们的长途修学旅行了。

这次参加人数增添了一倍，旅程也更加遥远了。

……

世间没有不出劳力的收获。因此竟使我们认清了一条成功原则，就是一切成功都属于最肯努力、最会努力的人。我们一定要抓紧这条原则，去努力我们所要努力的生活。

亲爱的朋友，我们是手足，我们是兄弟。现在国家多难，世界多难，我们唯有互相勉励，互相帮助。挽转人间的狂澜，我们都有责任啊！①

出发之前，他们还做了几项其他的准备工作。

汪达之带着几位团务干事一起到县政府去向县长申请一张护照（通行证）。到了县政府，同学们送给县长一本《我们的旅行记》，并当面向他辞行。县长听明来意，对发给护照一事表示为难。在他看来，这么一群穷孩子，没有足够的旅费，却想在全国做修学旅行，简直是一种狂妄的想法。倘若他签发了护照，必定要对此事承担后果。可是当汪达之校长向他介绍了 1933 年 7 个孩子组成的新安儿童旅行团到上海旅行 50 多天的事迹后，县长又觉得此事出在他的治下，算是他的德政和光彩，终于同意签发了一纸淮安县政府的通行护照。不过县长强调说，这张通行证只能证明你们是淮安新安小学的学生团体，要到全国去，需由省政府向中央政府申请通行才行。

出发前的几个晚上，新安小学在莲花街上为当地群众放了几场电影。莲花街上人山人海，孩子们大声疾呼："放电影了，放电影了！"这在当时是莲花街上破天荒的"西洋景"，人们从四面八方涌来。从血与火的战争画面中，从新安同学的解说中，父老乡亲了解了日本侵略者的暴行，也更加理解、支持他们宣传抗日救亡的重任了。

放几场电影，一方面是为了和乡亲们告别，毕竟对于莲花街上的穷苦

① 凌文，程静. 陶行知与徽州［M］. 北京：光明日报出版社，2021.

乡亲们来说，这也许是他们人生中第一次也可能是最后一次看电影；另一方面是为了日后更加熟练地操作电影放映机。

出发前一天，新安小学举行了告别大会，借用了淮安中学礼堂为会场。因为告别大会要放电影，所以到会的人很多。除淮安中学的全体师生外，各界人士包括县长都到了。在会上，汪达之先生向人们介绍了团体的宗旨和旅行计划，团务干事徐志贯讲了国难形势，以及团员要遵照孙中山先生遗嘱到各地唤醒民众共赴国难的决心。

这些言论和讲话受到淮安中学师生的热烈欢迎和支持。有学生当即起来演说，号召到会人士慷慨解囊，以实际行动支持新安旅行团成行，会场气氛热烈而又充满激情。在学生们的要求下，县里决定资助团体 20 洋元的旅费，淮安中学也支持了 20 洋元的旅费，甚至还要求轮船公司免费送团体到达镇江。现在团体有了 50 洋元的旅费（后学校里又筹得 10 个洋元），还能免费到达镇江，大家心里无比欣喜。告别大会这样热烈而成功，是大家没有料到的。

4. 壮士出征

1935 年 10 月 10 日，这是历史注定会铭记的日子。

一大早，孩子们就一个个忙碌起来，打起行李卷，吃过早饭，聚在大礼堂前，汪达之校长亲自给他们拍了一张照片，原本应该出现在照片中的十四个孩子，还有两三个没有赶上呢。

学校里留下来的没能跟着团体一起出发的孩子，汪达之把他们交给了自己的一个同乡好友——安庆人郭青（又名郭光庭）。他是汪达之请来继任校长的，临别前，旺达之特意交代了一件事，学校里留下的“猫姑娘”（中国共产党领导人项英的女儿，来校时身上的衣服上绣了一只小猫的图案，大家称她为“猫姑娘”，名字叫项苏云，秘密地在学校里读书），因为年龄太小，没法跟团体一起出发，如果学校遇到办不下去的情况，汪达之请求郭青一定克服一切困难把她送到延安去。1938 年，日本侵略者打到淮安，郭青校长和另一位新安学生杨永鑫想办法凑了路费，把“猫姑娘”送到了延安。若干年后，项苏云来到新安小学，她仍记得当年在新安小学的生活。

新安旅行团出发前在学校大殿前留影

接着，一场宣誓仪式正式举行。

本人愿参加本团生活，誓以忠诚谋团体生活发展，为生活教育努力，为民族生存奋斗！如有违反团体生活、不忠于团体生活行为，愿受团体严厉制裁！此誓。①

风萧萧兮易水寒，壮士一去兮不复还。

个头最小的左义华做了今天的轮值主席，他举起那面缝有“社会即学校”的蓝色三角小旗，走在队伍最前面。每个团员身着一件白布衬衫、一条蓝色工装裤，脚上穿着一双蒲草编织的草鞋，背上一只挎包，一把雨伞，所有人向着运河大堤进发。

乡亲们得到消息，纷纷来为孩子们送行。男儿立志出乡关，不破楼兰

① 中国青年出版社. 红旗飘飘（29 集）［M］. 北京：中国青年出版社，1985.

终不还。民族的解放事业还没有完成，侵略者的魔爪还没有斩断，中华民族正处于危亡之中，在这深秋的清晨，在这飘飘洒洒的秋雨之中，人们不知道脸上是泪水还是雨水，他们心里唯有无限的默默祝福——孩子们啊，加油干哪！儿啊，早点回啊！

带着几分悲壮，带着对前路未知的迷茫，带着家国情怀，带着铿锵的誓言，新安旅行团的孩子们向着遥远的未知征程出发！

未雨而绸缪，仰望星空，心朝大海；

扎实且稳健，立足脚下，踽踽前行。

这就是新安小学的孩子们以行动写下的誓言和壮举。

他们是种子，在中国革命的土地上，顽强地生长、开花、结果，谱写了中国少儿革命史上的壮丽篇章。

他们是战士，在艰难与困苦中，负重前行，唤醒民众，点燃激情，为四万万同胞呼号呐喊。

他们是诗人，在生活教育理论武装下，在社会大学里自由、勇敢地高声吟唱，唱出生活教育最革命最绚丽的诗行。

他们是一群孩子，在民族危亡时刻，在血雨腥风里，离家别亲，胸怀天下，笃行弘道，至诚报国。

他们是播火者，播种星星之火，点燃神州大地；

他们是远航者，众人扬帆击水，无惧风浪危途。

他们是一群仰望星空的孩子，他们的名字应该被我们铭记——

曾兆寿，12 岁，后改名曾里，团内职务：营业；

左义华，12 岁，后改名左林，团内职务：账务；

张敬茂，13 岁，后改名张牧，团内职务：管理药品；

张俊鑫，13 岁，后改名张早，团内职务：管理工具；

曹维东，13 岁，团内职务：营业；

靖秉铎，16 岁，团内职务：营业；

程昌林，16 岁，后改名凌则之，团内职务：交际兼编辑；

靖秉铨，17 岁，后改名张明，团内职务：管理工具；

张俊卿，17 岁，曾用名张翼天，后改名张宜天，团内职务：管理行李兼记录；

刘昭朗，17 岁，经中央医院检查患肺病，不宜旅途生活，到南京后回淮安，后又帮助汪达之在淮安恢复新安学校工作；

徐志贯，17 岁，后改名徐之光，团内职务：交际兼编辑；

杨永鑫，19 岁，后改名白晞，1936 年因病离开新安旅行团，1938 年进入延安抗日军政大学学习，1939 年入党，在延安开始文艺工作；

嵇钰，19 岁，后改名纪宇，团内职务：电影技术管理兼纪录；

朱金山，20 岁，团内职务：账务；

汪达之，32 岁，团内职务：顾问。

“大鹏一日同风起，扶摇直上九万里。”“鹏之背，不知其几千里也；怒而飞，其翼若垂天之云。”

现在，新安旅行团的孩子们，化身为鲲鹏，踏上遥远的征程，向着未来遨游飞翔。他们“水击三千里，抟扶摇而上者九万里”，向着目标勇敢前行。

伴随着他们的是铿锵的团歌——

“同学们，别忘了，我们的口号，生活即教育，社会即学校，拼命的做工，拼命的跳，一边儿学习一边儿教，别笑我们年纪小，我们要把中国来改造，来改造!

“同学们，别忘了，我们的口号，生活即教育，社会即学校。我们的家破产了，我们的国遇了盗，听啊！到处是敌人的飞机和大炮，同胞们，别睡觉，把一切民族敌人都打倒，都打倒！……”

第六章 生活教育新诗篇

我们深信教育是国家万年根本大计。

——陶行知

在教师手里操着幼年人的命运，便操着民族和人类的命运。

——陶行知

道德是做人的根本。根本一坏，纵然使你有一些学问和本领，也无甚用处。

——陶行知

1.《新安旅行团》剧组的孩子们

面朝大海，春暖花开，教育是未来和远方。

当年，新安同志披荆斩棘，开辟生活教育之路。

今天，新安学校如何操办？以生活教育为经，以素质教育为纬，我们谱写生活教育的新篇章。

下面的事实和场景，是新安教育的剪影。徐飞、梁文超、陈小红等老师作为事件的经历者或讲述者，提供了文章。

2021 年，新冠疫情肆虐全球，全世界都在积极应对这场人类危机。全球几十亿人笼罩在疫情的阴霾之中。淮安市委宣传部、淮安区区政府、中国儿童艺术剧院、新安小学等多家单位组织排演的儿童剧《新安旅行团》正式签约落地了。以下是这部剧的创作时间轴：

2021 年 12 月 21 日，项目签约；

2022 年 3 月 17 日，团队建组；

2022 年 3 月 18 日，半封闭排演；

2022 年 5 月，转入淮安宾馆全封闭排演；

2022 年 5 月 16 日，装台；

2022 年 5 月 18 日，排练厅审查；

2022 年 5 月 30 日，淮安大剧院首演成功！

这是第一次以儿童剧的形式再现新安旅行团当年的历史风采——从出发到感动。

这是第一次由新安小学 25 名学生演员饰演当年的新安旅行团团员——

血脉相承。

导演张颜女士说，这部剧最大的特点和亮点是由 25 名新安小学的孩子们担任了全剧主要角色的演出，这可能是全国唯一。

这 25 名学生演员是从新安小学海选出来的。校园小记者访问小演员张程铭："你是怎么被选上的呀?"张程铭傻笑着说："我就像个气球一样啊，晃了几圈，然后啊，那气球就爆了，我也摔倒在地了。就这样，我被留下了。"

小演员吴挺说："我是和猴子夺香蕉，就这么选上的。"徐嘉熙则说："我把自己当成一朵白云，在空中飘飘悠悠，看到了大地上的许多人和物。就这样，我也被选上了。"只有 9 岁的小演员李博豪笑嘻嘻地回答："我也不知道怎么被选上的，就觉得当时很好玩，玩着玩着就被选中了。"这些孩子们确实不知道来自北京儿艺的主创团队老师看中了他们什么，就这么稀里糊涂地入选了。对于这场与校园生活不一样的演出之旅，他们满心好奇，期待着排演早日到来。

与孩子们的新奇与期待不同，学校艺术中心的几位老师充满了担心。此次合作，旨在弘扬新安旅行团团员当年的故事，由新安小学的孩子们出演当年新安旅行团的小团员，这是一个重大的政治任务。张大冬校长亲自负责，多次召开专题会议，成立了以艺术中心张晓莉主任为主的团队，专门负责协调排演工作。

海选第一轮，全校 2000 余名学生依次走进校舞蹈室、音乐室、阶梯教室，由儿童剧主创团队一一面试，最终留下了约 200 人。至此，第一轮海选结束。

海选第二轮在唱歌、吟诗中开始。之后，200 人还剩下不足 100 人。

海选第三轮，经过"巫婆唱歌""气球上天""猴子拔河"等这些让孩子们意想不到的情景想象表演之后，最终留下了 25 人。张晓莉老师仔细将这 25 人的名单比对了之前自己精心挑选的演员名单，发现那些舞台经验丰富的校园小明星竟无一人入选!

看来，专业的主创团队挑选孩子，有他们自己的考量。

看着这群十来岁的“无名之辈”，张晓莉老师一脸严峻，对旁边的几位老师说：“这些孩子毫无表演经验，他们站上舞台，怕是会全身发抖，咱们压力山大呀！”

吴婕老师倒显得轻松：“学校平时各种文艺活动啊搞得太多了，他们没演过也见过。”

艺术中心的曹老师说：“这几年学校在各学科上都推行‘小先生制’，训练了很多的‘小先生’。这些孩子啊，能在自己的班级走上讲台讲课，那么站上舞台也不会紧张。”

晓莉叹了口气说：“但愿吧，这次可是一个大任务，全国的大舞台呀。”

身为导演及第一编剧的张颜老师也表示忧虑：“（这群孩子）白纸一张，交给我来画，能行吗？”但在中国儿童艺术剧院冯俐院长看来，儿童剧《新安旅行团》的创作，开创了一种新的探索尝试，那就是专业演员和没有舞台经验的小学生们同台演出。当年新安旅行团的孩子们也是这般年纪。由新安小学的学生本色出演，那种纯真和童稚，一出场一开口就能直达人心了。

徐老师也在深深地担忧着，他是这群孩子们的班主任。

孩子们的表演能过关吗？高强度的训练能承受吗？全封闭离家生活能适应吗？

学习、排演两不误，能平衡吗？

5 月 13 日，全体演职人员入驻淮安宾馆封闭训练，全力冲刺 5 月 30 日的首演。二十几个孩子和老师一起在淮安宾馆封闭生活、学习、排演。

徐老师在他的日志中写道：

大的十二三，小的才八九。

这群小好汉，真让人点赞。

为了宣传好新安旅行团的光辉事迹，传承新安旅行团的优良传统，新安儿童艺术团的 25 名孩子，今天离开父母和家人的呵护，入住宾馆开始独立生活。将在老师的指导下一边学习，一边排练，和中国儿童艺术剧院的艺术家们封闭训练、奋力冲刺、真情演绎，排演儿童剧《新安旅行团》。今日小好汉演绎当年小好汉，他们将像新安旅行团前辈一样，不怕苦，不怕难，自立自强，奉献牺牲。百花争艳，将为他们加油；舞台璀璨，见证他们成长。

让我们共同期待！

然而现实狠狠地考验着这群孩子。大家对李博豪的两次流泪至今记忆深刻。

9 岁的李博豪同学幸运地被导演选中担任主角，饰演陈默。陈默是本剧的核心人物，贯穿全剧，戏份很重。刚刚在家过完 9 岁生日的小博豪，哪里会演戏，一切从零开始。台词、动作、眼神、跑位，等等，都得扎扎实实地学，认认真真地练。常常一个动作反复来上几十上百次，一顿跑场反反复复演个不停。其戏份排演密度很大、强度很高，有时其他孩子都休息了，他还得加班排练。排演结束已近深夜，还得洗澡洗衣，整理内务。迟睡早起，那是自然的事。整个剧团 7 点起床，洗漱整理，7 点半整队出发，核酸检测，就餐。8 点半至 11 点半文化学习。11 点半至 12 点午餐，下午 1 点开始排演，下午 5 点半晚餐，晚上 7 点至 10 点半排演。加班加点，再正常不过。

在《桂林大轰炸》那部戏中，孩子们顶着轰炸，在岩洞里学习、宣传抗日，李博豪饰演的陈默需要在画板做的岩石上写宣传抗日的标语。这场戏人员众多，背景烦琐，调度复杂。在各种声、光、电营造的敌机轰炸的环境下，各部门配合总不完美，导演的要求很高，反复排演了好多次都没过关，因为两个场景的间隔时间短，戏中饰演陈默的李博豪要快速换装，举着飞机模型，套上头套，饰演敌人轰炸机的飞行员。就这样，李博豪写了又写，举了又举，不知练了多少遍，练得手酸臂肿，终于获得了导演的肯定。

到了就餐时间，李博豪的胳膊竟然疼得拿不起筷子，再想到之前排练的各种累，他的眼泪终究没忍住，掉落在桌前的餐布上。

晓莉老师见状啊，忙走过去抱住李博豪问道："博豪，怎么啦?"这个只有9岁的孩子，把头倒在晓莉老师的怀里，终于忍不住抽泣起来："张妈妈，我太累了。"

一旁的曹雪香老师也跟了过来，抹起了他的眼泪。曹老师知道这9岁的小娃娃自排演以来，付出了比别人多几倍的努力，反复机械地对白、跑场，早已把他之前对演戏的新奇和兴趣磨光耗尽。这孩子一直在坚持，一直在和自己较劲，只是他毕竟只有9岁，今天终于累哭了。

曹雪香老师想到自己，为了这部剧没时间陪伴自己的孩子就医，以至于孩子的手术一再推迟。曹老师抓起博豪的手臂，轻轻地揉按，就好像在按着自己孩子的手臂一样。

新安少儿艺术团的孩子们在北京留影

晚上的排练还得继续，小博豪用自己小小的身躯扛起了这个角色。事后他说："作为小主演我知道自己的责任，要让更多人知道新安旅行团的故事，我就得坚持。"小小年纪就懂得累可以哭，泪可以流，但排演绝不能懈怠。这样的努力，终得大家的认可，他的表演也越来越好。

浊浪滔天的黄河岸边，陈默父子相遇却不能相认，因为各有使命。分离后的陈默意识到刚刚离开的是自己的父亲时，他背着画板，拼命地在黄河岸边奔跑，呼喊着：爸爸——爸爸——

深情的呼喊，以致声嘶力竭。满脸的泪水，随着音乐滴落在排演场的地板上，那一幕感染了排练场的每一个人。以至于排演结束，李博豪同学仍在戏中不能自拔，带着那一脸泪水，跑着抱住晓莉老师哽咽地说：“张妈妈，小陈默的命太苦了。”

这个9岁的孩子完全入戏了，他对剧中的人物命运和使命感同身受，用自己的真情实感无比精彩地演绎了这个角色，演活了这幕戏。现场的工作人员说，新安小学的李博豪了不起。前些天还是个累了会流泪的小娃娃，现在已经是一名合格的、出色的小演员了。

一个有温度的校园，会有一批温情的老师，也会涌现一群情感丰富的学生。李博豪真情地演绎了陈默这一角色。这种与角色的共情天然流露，无法掩饰，正是孩子们真实性情恰到好处的流露，而非一种技巧性的表演，这正是导演所期待的效果，整部剧以超强的感染力征服了大家。一个博豪，两次流泪，一段成长。

李博豪是幸运的，一出场就是主角。小演员杜瑞泽的运气就差了许多，因为他正处于变声期，发声不稳定，一入剧团就坐了冷板凳，同学们在场上风风火火地排演，而自己只能独坐一侧。他已经是五年级的大哥哥了，平时帮这个学弟洗衣，教那个学弟刷鞋，教会学弟们独立生活的一些本领，还做过几回轮值主席，管理、照顾着大家的生活起居，常常受到班主任徐老师的表扬。可一到排演，自己都没有上场机会，他十分失落，担心自己会不会被淘汰。吴婕老师给他讲了歌星刘若英当年在滚石唱片公司做了三四年的打杂小员工，后来成为公司最红明星之一的故事。杜瑞泽从此像换了个人，没有失落，没有焦虑，反而是更投入，一种坐在板凳上的投入。他用心记住了场上每一个演员的角色身份、出场次序、各种跑位、调度、台词、动作，等等。记了又记，回到自己的房间练了又练，终于等来了机会。

那天，梁景皓因为不小心受伤，有一个手托大肉包子的富家少爷角色，就需要人替补了。杜瑞泽勇敢地走向导演，请求让他试试，并告诉导演，这些天自己在台下已经默默地记住了每一个人的戏。导演被打动，同意了。他走上台，一手托起大肉包，还走起了可爱的O形步，将富家少爷的那股“傲”劲、“憨”劲表演得淋漓尽致，获得了导演和大家的赞扬。

导演也为这位“金牌替补”不断加戏，最终成为主要的小演员之一。杜瑞泽同学终于实现了自己的价值。

二十几个小演员，在台下要记得台上人的戏，在台上要记得同伴的戏，随时能够相互替补出演，这很不容易！

剧组每天都有小故事发生，杨惠雅错失主演甘当绿叶帮扶王思懿，两人处成闺密；夏士杰从任性小子变成最认真的小演员；王寅玺每晚一个苹果温暖小学弟；曾家庆处处有心，堪称后台小管家……这群孩子真的很拼。首演前的一个晚上，导演曾高兴地对小演员徐嘉熙说：“你终于把自己演成了一个不可缺少的角色。”得到导演的赏识，他高兴极了，靠着清秀外形和清澈嗓音入选剧组的他，在剧中被分到了一些“力气活”，比如大秧歌、甩大旗等。

就说举大旗，那旗比人高出很多，大人举着都费劲，更别说小学生要去甩起来，还要虎虎生风，噼啪作响。不服输的徐嘉熙常在排练间隙刻苦练习，一练就是几百次，一双“麒麟臂”就这样练成了。据说演出结束返校后，他在班级里和人扳手腕，无人能敌。吴婕老师夸他说：“徐嘉熙呀，你是始于颜值，忠于才华，你的表演最让导演放心。”徐嘉熙不仅在表演上不可或缺，更是每天半天的文化课学习中不可缺少的“小先生”。

上午的文化课学习，学校安排了三位老师。肖寿俊校长教数学，王老师教英语，班主任徐老师教语文。一群孩子，三个年级，复式教学。新安小学广泛推行的“小先生制”，在此发挥了巨大作用。徐嘉熙成了这二十几个孩子中的全科小老师，语文、数学、英语，三、四、五年级他都能讲，而且效果很好。朱子禅、刘博涛、张程铭等大哥哥，也在学习上以“小先生”的身份和方式帮助了学弟学妹们。在正式演出结束之后，他们返校期末考试，朱子婵、张程铭、徐嘉熙、杜瑞泽四人包揽了他们班级的前4名。

紧张的排演并没有耽误孩子们的学习。

独立生活是对孩子们的更大考验。带队的肖寿俊校长顾不上老母亲身患癌症急需就医问诊，坚守淮安宾馆，密切关注孩子们的生活状态。他和班主任徐老师商定，既然这次演的是新旅前辈的故事，生活上孩子们就要像前辈一样，以大带小，互帮互助，自主自立。

曾家庆不会洗衣服，是五年级的大哥哥许俊烨帮他、教他的。梁景皓夜里睡觉总喜欢踢被子，杜瑞泽总是轻轻起床帮他盖好。女生们生活用品多，她们就相互协调，一起收纳整理房间，还互相帮助梳头发、扎辫子。几位女老师像妈妈一样承包了孩子们的吹头发任务，防止孩子们用电不安全。每天选举一名同学做轮值主席，负责叫醒、查房、训话、提醒，然后带队、就餐、核酸检测，再走入排练场。一切都井然有条。连就餐都有巨大变化：以前是“我先吃”，饭来张口；现在是“我先帮你盛饭”，尊师敬长。

徐老师在剧组里充分发扬民主，开展五星团员自荐，让大家从学习、排演、生活三个方面自评自荐，再由民主评议谁能获得三星、四星、五星团员。还鼓励大家写好日志，在日志中记录生活点滴，反思自己的得失，在这里学新安旅行团的活动，最扎实，最贴近。

导演张颜老师总结说，所有的写意舞蹈，孩子们都完成了，所有高标准的艺术手段，孩子们也都完成了。在这两个多月的排演过程中完全实践了陶行知先生的教育理念，孩子们也成长了，两个月的变化非常大。他们善于表达情感，有责任心和信念，这在成长中很重要。

（本文作者：徐飞）

2. 新安观课：学生站在课中央

扉页上的火种：跨世纪的教育预言

九十多年前，陶行知先生为新安老师孙铭勋《古庙活菩萨》一书在扉页上题词：

从神权高于一切到童权高于一切！

和陶行知先生预想的一样，九十多年后的某天，淮安市新安小学五年级教室里，一个叫开朗的男孩正紧张地攥着粉笔，他用植物根茎比拟知识脉络，娓娓道来。窗外的法桐新叶沙沙作响——鼓励儿童和农人，自己办理自己的学校，这在新安课堂已然实现。

这场静默的革命里，讲台不再是知识讲坛，而是成了生命绽放的原野。在这里，教师退为守夜人，学生成为播种者，陶行知先生倡导的“小先生制”经由现代教育理论的淬炼，正生长出全新的课堂教学形态。

清晨的阳光透过明亮的窗户，洒在五年级三班的教室里。这节课是科学课，课堂的主角不是老师，而是学生，别开生面的“小先生”课堂正在进行中。

讲台前站着一位戴着眼镜、略显羞涩的小男孩，他是今天的“小先生”——开朗。开朗紧紧地攥着自己精心准备的“教案”，眼睛不时地看向台下的同学们，仿佛在寻找着支持和鼓励，他讲的题目是《奇妙的植物世界》。

“同学们，大家好！今天，我要和大家分享的是关于植物的一些有趣知识。”开朗的声音还有些颤抖，但足够清晰、坚定。

开朗讲解了植物的生长过程，他捧着一棵小盆栽，一边指着盆栽里的植物，一边讲解：“大家看，这是植物的根，它负责吸收土壤里的水分和养分；这是茎，它负责把水分和养分输送到植物的各个部分；这是叶，它负责进行光合作用，制造营养……”

台下的同学们，有的坐得笔直，全神贯注地听着；有的则低头做着笔记，生怕错过任何一个细节。偶尔，还会有人举手提问，在开朗的引导下，与同桌进行讨论。

在讲解的过程中，开朗穿插了有趣的小故事和实验演示。他拿起一个透明的玻璃瓶，里面装着一些绿色的植物叶片，向同学们演示光合作用的过程。他还讲了一个关于植物能够“感知”音乐并幸福生长的小故事，引得同学们一阵阵惊叹和好奇。

随着课堂的深入，开朗越来越自信，他的声音也越来越响亮，逐渐成为一位充满热情和智慧的“小先生”。台下的同学们也完全被开朗吸引，他们积极地参与课堂的每一个环节，仿佛置身于一个奇妙的植物世界中。他们的脸上洋溢着好奇、兴奋和满足的笑容，这一刻，学习变成了一件无比快乐的事情。

这一场景深深地烙在每一位同学的心中，成为他们课堂生活中一段难忘的经历。他们期待着下一次的“小先生”课堂，期待着自己也能站在讲台上，成为那个引领同学们探索知识的“小先生”。

在传统的课堂里，教师往往是知识的传播者，学生是知识的被动接受者。但在新安小学，这些正发生改变，这里演绎出新的课堂生态——学生教学生，学生自己教自己学！新安小学的课堂上，最常见的是学生们不再是整齐划一地坐着听讲，而是三五成群，或讨论，或合作，或展示。这里的课堂，已经悄然从“教师讲、学生听”的模式转变为“学生教、学生学、教师导”的新模式。学生们站在了课堂中央，成为学习的主角。

破茧成蝶：沉默者的迸发

谢天佑，一个安静而内敛的男孩。他总是静静地坐在座位上，像一朵待绽放的花蕾，他的思想和见解紧紧地隐藏在他小小的身躯中。课堂上，当老师提问时，他眼神躲避，在学校推行“小先生”制度后，这一切都变了。

谢天佑同学后来开心地分享了他的故事：

起初，我对这项新制度充满了好奇，又带着几分畏惧。我想象着自己站在讲台上，面对全班同学，那种紧张感让我几乎想要逃避。可是班级里的小先生是轮流担任的，再过一段时间就要轮到我了，逃也逃不掉。这时，内心深处一个微弱的声音在告诉我：“试试吧，或许你能行。”

晚上，饭桌旁，我鼓起勇气对爸爸说：“爸爸，我想当一回小老师，你当学生，好吗?”爸爸笑着点了点头，眼里满是鼓励。我拿起课本，手微微颤抖地翻开，开始了我第一次的“授课”。我的声音起初小得像蚊子哼，但在爸爸耐心地倾听和鼓励下，渐渐变得清晰有力。妈妈、爷爷、奶奶也陆续加入，家里成了我的小小讲台。

就这样，日复一日，我开始尝试用不同的方式讲解知识点，用生动有趣的故事来串联知识点，甚至学会了如何用眼神和肢体语言与“学生”互动。每一次练习，都让我离那个真正的讲台更近一步。

终于，轮到我走上真正的课堂当小先生了。那天，阳光透过窗户洒在讲台上，我穿着整洁的校服，心里默默背诵准备说的话，心跳如鼓。我深吸一口气，踏上了讲台，全班同学的目光都聚焦在我身上。

“身体——坐正！认真——听讲！大家好，我是今天的讲题小先生。今天我来给大家讲解一道数学难题。”我的声音虽然还有些颤抖，但坚定而清晰，“这道题看起来很难，但其实只要我们掌握了其中的关键步骤，就能轻松解出。”

我开始一步步地讲解解题过程，每讲到一个关键点，我都会停下来问同学们：“大家听明白了吗?”有的同学点头，有的同学则露出疑惑的表情。我见状，便耐心地再次解释，直到所有人都露出恍然大悟的神情。

在讲解过程中，我还与同学们进行了互动。我提问：“谁能说一说，这个步骤为什么要这么做?”一个同学举手回答，我微笑着点头，给予肯定：“很好，你的理解很到位!”这样的交流让课堂氛围变得活跃起来。

讲解结束后，老师脸上洋溢着满意的笑容：“谢天佑同学，你解题思路清晰，表达也很到位。更重要的是敢于站在讲台上，这种勇气值得表扬!”

同学们也纷纷鼓掌，向我投来敬佩的目光。我的心中涌起一股暖流，第一次感受到了被同学认可的喜悦。

从此，我的世界打开了。同学们经常主动围在我身边，讨论问题，分享见解。我也第一次感受到了与同学交流的乐趣和成就感。我不再是那个沉默寡言的孩子，而是成了一个能够自信表达、乐于分享的小先生。

那个总将答案囚禁在喉间的谢天佑，当他用数学公式为同学解开思维绳结时，他突然意识到：真正的学习不是填满容器，而是点燃火炬。这个曾将课桌当堡垒的男孩，在“教”与“学”的辩证运动中，完成了对自我的重新认知。正如苏格拉底所说：“教育是点燃火焰，而非灌注容器。”

这种东方古典智慧与皮亚杰建构主义的奇妙共振，在新安课堂随处可见。当无数谢天佑们站在黑板前，他们不仅是知识的传递者，更是认知结构的重建者，维果茨基“最近发展区”理论在此获得最鲜活的注解。

蝴蝶在林间飞舞，人们注意到它们的舞姿，很少会想到，它们诞生于囚禁之茧。

角色嬗变：教师身份的重新确认

在新安，教师的角色也悄然发生了变化，他们不再是课堂的主导者，而是成了学生学习的引导者和支持者。刘老师是一名语文教师，她见证了新安课堂的生动改变。

曾经的刘老师，总是站在讲台上滔滔不绝地讲着、读着、写着。学生们坐在下面，安静地听着、记着，偶尔有几个勇敢的学生也会举手提问、回答，但大多数时候，课堂都是老师一个人的“独角戏”。

然而，这一切，正在慢慢发生变化。

又是一节语文课，刘老师走进教室，没有像往常一样直接开始讲课，而是先提出了一个问题：“如果你是课文中的主人公，你会怎么做？”她微笑着说：“今天，我们不做听众，要做思考者。”

学生们先是一愣，随即眼中闪烁起了兴奋的光芒。一只小手怯生生地举了起来，举手的是班级中平时不太引人注意的一个内向的学生。“老师，我觉得……”他的声音虽然有些颤抖，却充满了勇气。刘老师耐心地听着，不时点头鼓励，心里暗自惊喜：原来，孩子们有这么多独特的想法！

随着第一个学生的发言，课堂像炸开了的锅一样，学生们纷纷举手，争先恐后地分享自己的看法。刘老师站在一旁，微笑地引导着讨论，偶尔提出一个问题，引导学生们深入思考。她发现，当自己不再是课堂的主讲者，而是作为一个引导者和支持者时，同学们的学习热情竟然如此高涨。

在讲读一篇关于春天的课文时，她带来了几盆鲜花和绿草，播放着轻快的鸟鸣声。“现在，我们就想象自己置身于春天的田野中。”刘老师说，“请大家闭上眼睛，想象一下，你看到了什么、听到了什么、感受到了什么?”

一个平时活跃的学生站了起来，绘声绘色地描述着他想象中的春天。刘老师满意地点点头，鼓励其他同学也勇敢地站出来当“小先生”。

一个比较内向的女生举起了手，她有些紧张地站起来，但在刘老师的鼓励下，她开始慢慢地讲述她的想法。虽然声音有些颤抖，但她的描述却充满了诗意和美感。刘老师听着，心里充满了欣慰，说：“现在请你来当‘小先生’，带领大家读一读这个片段。”

这样的课堂，与刘老师的“独角戏”形成了鲜明的对比。现在的课堂充满了学生们的欢声笑语和思维的碰撞。学生们在“小先生”的角色中，不仅学会了如何表达自己的观点，还学会了如何倾听和尊重他人。

这场转变始于某个春日：当刘老师将《春》的讲解权交给学生，一个女孩子用柳枝比拟诗句的韵律，男孩子们以鸟鸣声演绎文字节奏。“教育不是雕刻，而是唤醒”，杜威的箴言在此时突然变得可触可感。现在的刘老师更像园丁，修剪思维枝蔓，守护思想“野性生长”。

“小先生”在课堂中为同学们讲课

共生拔节：“伙伴学习共同体”的生命叙事

当年，新安旅行团的孩子们运用陶行知先生倡导的“小先生制”，大的教小的，会的教不会的，一边当“学生”，一边当“先生”，以教人者教己，即知即传，即学即教，既是一种教学方式，也是一种学习方式。

新时代，新安小学借鉴新安旅行团的成功做法，赋予“小先生制”新的内涵。2018 年，新安小学在“小先生”课堂的基础上，进一步开展“伙伴学习共同体”研究，成功获批江苏省基础教育教学改革前瞻性项目并顺利结项，构建了“四步八环”学习范式。“四步”即“学生独学—组内互学—小先生领学—全班研学”，“八环”即“个人自学、自主整理；互帮互助、互探互究；互动质疑、汇报分享；分析梳理、探究归纳”。“伙伴学习共同体”以问题解决为中心，以伙伴学习为基础，以团体成果为评价标准，让学生通过分享、倾听、交流，实现共同成长的目标。

在高年级，“伙伴学习共同体”的学习新样态已经蔚然成风。

英语课上，王老师布置了一个任务：围绕“我的家乡”这一主题，准备一段英语口语展示。同学们先用几分钟独立思考和准备，他们或低头沉思，或奋笔疾书，试图在脑海中勾勒出家乡的美好画面，并用英语表达出来。

准备结束后，教室里顿时热闹起来。同学们按照“伙伴学习共同体”小组围坐在一起，开始热烈地讨论起来。有的小组在商量展示的内容，有的小组在分配角色，还有的小组在练习发音和语调。李小兰所在的小组决定以“淮安的特色美食”为主题进行展示，她作为组长，负责协调小组成员的意见，确保每个人都能参与到展示中来。

经过一番准备，小组展示开始了。李小兰带着小组成员走上了讲台，他们自信满满。李小兰首先用英语介绍了淮安的美食文化，然后小组其他成员分别介绍了几种具有代表性的淮安特色美食，如淮安茶馓、软兜长鱼等。他们的展示生动有趣，赢得台下同学们的阵阵掌声。

展示结束后，王老师引导台下的同学与李小兰小组进行了交流互动。

有的同学提问了关于淮安美食的制作方法，有的同学则分享了自己对淮安美食的喜爱之情。这种互动不仅加深了同学们对家乡文化的了解，还锻炼了他们的英语口语表达能力和应变能力。

“我觉得这种学习方式真的很好！”李小兰在课后感慨地说，“我们先独立思考，然后小组讨论，最后一起上台展示，这样既能发挥自己的长处，又能学习别人的优点。而且，与台下同学的交流互动也让我更加自信了。”

在“伙伴学习共同体”的英语课堂上，李小兰小组的淮安美食项目获得满堂喝彩。这不仅是语言能力的胜利，更是本土文化基因的苏醒。当孩子们用英语讲述茶馓制作技艺时，他们完成的不仅是知识的迁移，更是文明的对话。这种“四步八环”学习范式暗合了人类认知进化的密码：从个体觉醒到群体智慧，正如人类从穴居走向城邦。

自觉生长：课堂原野的新生态

在新安小学的课堂，学生的争论声如春潮涌动，教师退居角落微笑倾听。这让人想起亚马孙雨林——最繁茂的生态，从不需要园丁。数据佐证着奇迹：近年来，新安小学的学生团体获奖 40 多次，“小好汉宣讲团”获江苏省优秀“五小”团队。学生个人获奖达千人次，杨路然、孙艺航、仇博等十多名同学荣获全国新时代好少年、省市新时代好少年等称号。新安小学毕业生思想素质高，学习习惯好，动手能力强，发展后劲足，赢得社会各界广泛好评。

讲台前的谢天佑，这个曾惧怕目光的少年，如今从容得像古希腊学院廊下的哲人。“小先生”的影子与九十年前陶行知的题词重叠，某种文明的接力在此刻显现——

或许教育的终极形态，就是让所有方法论失效。当每个孩子都成为自己的“小先生”，当教师从“传道者”变为“燃灯人”，我们终将理解：那个曾被“神权”“师权”“考权”占据的讲台，终于迎来了它最本真的主人：站着的是儿童，生长的是人性，照亮的是未来。

此刻的新安小学校园里，玉兰树正在结苞。那些紧闭的花蕾里，藏着春天的宣言。教育本该如此——让童年幸福不在于知识的填充，让课堂成为原野而待自我生长，让每个生命都获得破土而出的庄严与绽放。

（本文作者：梁文超）

3. 寻根教育：楼顶建起小农场

生活教育的新时代篇章该怎么写？

江苏省教育科学研究院副院长杨九俊曾说，每所学校都要写下“自己的句子”。作为新安教育集团分校，河西分校是十多年前兴建的一所拥有现代化校舍的新学校，但学校内涵建设与发展却根源于传统文化——以农耕文明作为教育的生长点。学校的墙壁上写着几句醒目的话——“让每位师生充满生长自觉”“自然生长，天天向上”。学校秉持并实践“为生长立本、为生活立行、为生命立人”的办学理念。

生命、生长、生活，是学校教育最基本的命题。

泱泱华夏五千年的文明，其核心是以农耕为代表的农业文明，历经起伏而长盛不衰。五千年的农耕历程，九万里的桑麻劳作，孕育了我国源远流长、博大精深的农耕文明。耕读持家久，诗书济世长，耕读文化是中华传统文化的核心和代表。习近平总书记曾语重心长地说：“我国农耕文明源远流长、博大精深，是中华优秀传统文化的根。”从先秦时期的《农书》到各种农业诗歌、谚语，从诸葛亮的农业战略到新时代的乡村图画，耕读文化通过富有感染力的口口相传至今，我们仍能感受到中国传统农耕文化的深厚底蕴。

2024 年 1 月，河西分校耕读生活教育馆于校园内落成，馆中藏品由中国收藏家协会会员、淮安民间博物馆馆长毛剑先生精心布置，馆中收集、保存、展示了江淮大地劳动人民曾经使用过的千余件常见农具和生活用品。

耕读生活教育馆落成后，学校决定培养一批小讲解员，以接待各方来宾。徐金凤老师接到了这项任务，于是她第一次走进了这片天地。她说："刚接到这个任务时，我有些犯难，不知如何下手，后来在张东云副校长的带领下第一次走进耕读生活教育馆，我很震惊，震惊于一个民间收藏家竟然能有如此多的藏品，更震惊于这里的很多藏品是我见都没见过的。"震惊之余，徐老师被耕读生活教育馆浓厚的文化氛围所吸引，她静心观察、欣赏每件展品，深入了解它们的用途与发展演变历程。"在长达一个月的时间里，我几乎一有空闲就跑到耕读生活教育馆中，这里的一切让我的灵魂为之震颤。这一件件烙印着时代痕迹的古老物品，承载着劳动人民的辛勤与智慧，见证了中华文明的发展历程。"

"纸上得来终觉浅，绝知此事要躬行。"在小讲解员的培训中，孩子们感受也很深。小讲解员李锦泽说："一开始，我对耕读生活教育馆里的各种农具和农作物一无所知。但是，通过老师的讲解，参加了培训和学习，我逐渐了解了农耕文化的发展历史，以及各种农具的名称、用途和制作方法。在接触耕读生活教育馆后，我的内心充满了新的感悟和变化。起初，我对农耕生活知之甚少，认为那不过是古老的、落后的生产方式。然而，当我踏入耕读生活教育馆的那一刻起，一切想法都悄然发生了变化。那些古老的农具，每一件都蕴含着勤劳的先辈们的智慧和汗水；那些关于农耕的故事，每一个都讲述着人与自然的和谐共生。"

2024 年 9 月 1 日，河西分校联合淮安区融媒体开展了"探寻农耕文明，感受劳动之美"开学第一课活动。活动中，毛剑馆长对我国不同时代的农具的用途与特点进行了生动细致的讲解，还带领学生观察、触摸、使用馆内的农具。

参加活动的六年级二班同学黄梦婕回家兴奋地跟奶奶说："今天我摇了扬谷扇车，真是太神奇了，通过摇动里面的风扇快速转动，就可以把稻谷和杂质分离出来了。您以前用过吗?"奶奶笑着说："我们都是用木锨铲一下稻谷，用劲往天上扬，重的稻谷就落下来，轻一点的杂质灰尘飘到旁边，这样反复做就能把稻谷分离出来了。当时都是你老太爷做，因为很费力气。

我就学着用簸箕一点一点地扬，把一些瘪的谷子挑出来。”“那为什么不用扬谷扇车呢？那多省劲。”“当时一个村子也就一两户人家有这个，可是稀罕物，但效率是真的高很多。”扬谷扇车的发明在极大程度上减轻了劳动强度，提升了生产力水平。听说这种旋转式扬谷扇车迅速传遍西欧大陆，法国、瑞典等国甚至专门拨款招募能工巧匠仿制中国的“扬谷扇车”呢。

三年级的陈意凡参观完耕读生活教育馆，回家激动地跟爸爸描述：“今天我在耕读生活教育馆看到清朝时期制造的‘消防车’，也叫水龙，它可是古代先进的灭火工具。发生火灾的时候，灭火队员把它抬到着火地点，在接水口处插入吸水管吸水或直接倒入水，然后通过人力按压杠杆，给水不断增压，最后将水喷射出去灭火。虽然喷水管不长，可是它喷射出去的水柱能达三到五层楼那么高，我们现在的灭火原理是不是也是这样呀？古人可太聪明了。”爸爸告诉他：“你想的没错，现在都是将水带接上消防泵或者消防车里的水阀，通过水枪把水喷射出去，靠的也是水流和压力。下次带你去翔宇消防救援站看一看。”中国人的智慧都是在实践中不断升级、改良、完善的。

为了让更多的学生了解农耕文化，河西分校组织了全体师生参观耕读生活教育馆，还鼓励老师把课堂搬进馆内，让学生真切感受劳动人民的智慧，触摸历史的遗迹，感受文化的传承。在此上课的蔡中芹老师说：“就像我们现在看到的这个古老的石磨，它不仅仅是磨面的工具，更是祖先们勤劳和智慧的结晶。每当我们用它磨出一捧捧细腻的面粉，都好像能听到历史的回响，感受到其身后的文化在传递。”这次独特的上课经历，让所有学生难忘！

教美术的李老师，为了让学生更直观地了解农具的作用，引导学生仔细观察，选择自己感兴趣的农具，学着做粘土小农具。看着孩子的认真劲，似乎不能有丝毫的错误，生怕影响农民们的使用。最终大家做得有模有样，得到了老师和家长的一致认可。

一次次文化浸润，一场场活动育人，点燃了孩子们对传承和弘扬农耕文化的思考。在孩子们的建议与心愿下，在陶行知“生活教育”理念的指引下，学校在餐厅的楼顶上开辟了一大块空地作为学生的种植园，组织部分党员、共青团员和优秀少先队员们一起开展整地、种植等义务劳动。活动中，少先队员们看到老师们挖得满头大汗，也想体验一下。王之琨同学接过铁锹，学着老师的样子去挖，可是并不容易，使了很大的劲，铁锹也无法深入泥土中，不像老师们那样轻而易举地就挖了一块。此时张东云副校长走过来，告诉他手该怎么放，脚该如何用力。试了几次才终于挖了一小块土，此时的王之琨已经满手是汗了。张校长告诉他：“铁锹分平头和尖头，平头适合铲地，尖头适合挖地，还有一种是有五个齿的叉，它更适合挖地、翻地。你在耕读生活教育馆看过吗？你知道这是为什么吗？”王之琨挠了挠头说：“是因为尖的更容易受力吗？”张校长夸奖道：“真聪明，到了初中你们学了物理就知道了。劳动人民在劳动实践中发明了很多农具适用不同的场景，有着不同的用途，下次到耕读生活教育馆好好看一看，听一听讲解，了解更多农具的使用。”

在楼顶上的种植园里，我们精心开辟了四十块绿意盎然的土地，每一块都分给了不同的班级去耕耘、呵护。在老师们的带领下，学生们兴高采烈地踏进这片充满生机的种植园。他们亲手播撒种子，细心施肥，精心浇水，还不忘除草。就这样，一天天过去，那些小小的蔬菜瓜果苗，在孩子们的呵护下，茁壮成长起来。记得有个叫侍心怡的孩子，她每天都早早来到学校，第一件事就是跑到楼顶上看她种的西红柿。每当看到那红彤彤的果实又大了一圈，她的脸上就会洋溢出比阳光还要灿烂的笑容。

听丁老师介绍，有一次中午课间拔草的时候，孩子们围在新长出的小西瓜旁，梓墨皱着眉头，一脸认真地问：“老师，为什么这西瓜长得像个绿灯笼，是不是它想照亮土里的虫子，让它们赶紧跑，别吃西瓜呀？”引得同学们哄堂大笑。这样有趣的事情可多了。

学校为了让学生们更深入地体验这份耕耘与收获，还特意举办了春种、秋收仪式，以及各种别开生面的节日活动，像种植节、品尝节、拔萝卜节、摘黄瓜节，等等。在这些活动中，孩子们的笑声、欢呼声此起彼伏，他们真正感受到了种植的乐趣。

除了这片充满生机的种植园，学校还开辟了另一片乐园——“行知养殖体验园”。在这里，鸡、鸭、鹅、兔子等小动物成了孩子们的新朋友。每天都有学生带着新鲜的蔬菜和粮食，来喂养这些可爱的小生命。一年级的李欣悦小朋友，每次看到那些鸡鸭鹅飞快地长大，总会眨着大眼睛好奇地说：“它们怎么长得比我还快呀？看来我也得多吃点，才能赶上它们。”在行知养殖体验园喂兔子的时候，艺涵拿着胡萝卜条，跟兔子谈判：“小兔子，你多吃点，长胖点，这样冬天就不怕冷啦，而且你长胖了也可爱，我就把我最爱的胡萝卜都给你。”那模样仿佛真能和兔子交流一样，这片种植园和养殖园，不仅让孩子们近距离地接触了大自然，更让他们在动手实践的过程中深刻感受到了生命的力量和生命的意义。在这里，每一个小小的生命在孩子们的手中绽放，而孩子们也在这些生命的陪伴下快乐成长。

为了让更多的同学感受种植和养殖的快乐，各班积极开辟种植、养殖区域，根据自己班级的特点进行布置，有花草的品种介绍、养护方法的探讨，有咏物诗词的搜集，还有教室花草创意布置、美化，营造育人环境。小乌龟、小金鱼、小仓鼠、小兔子等小动物也搬进每个班级。一下课，同学们就围到种植养殖区仔细观察，一年级的吕沁怡说：“我发现小兔子白天比较安静，晚上比较活泼，它的嘴巴一直在动，觉得什么都可以吃，你看，它又在啃绿植了。”蒋子妍是二年级五班的小金鱼养护员，她介绍说：“小金鱼非常喜欢吃，但不能吃很多，容易撑了，所以我每天定时给它喂食。它每天吃得多拉得也多，所以隔一天就要给它换一次水，这样它就可以舒舒服服地游来游去了。”在这里，孩子们不仅体会到了种植和养殖的乐趣，也增长了责任心。楼顶上的种植园、养殖园成了孩子们最喜欢去的地方。

陶行知曾指出，“儿童是新时代的创造者”。他认为，要取得好的教育效果，首先要启发、解放儿童的创造力，为幼儿提供手脑并用的条件和机会。同时，教师应充分利用身边的资源，引导学生走出教室，到自然这个

"大课堂"中去学习，让学生学习的空间广阔起来。我想，无论是充满农耕文化底蕴的耕读生活教育馆，还是充满生长意味的种植园、养殖园，甚至是教室里小小的种植、养殖角，都是对陶先生"生活教育"思想的生动诠释。

"耕所以养生，读所以明道。"灿烂悠久的农耕文化，赋予了我们深沉的历史自信与文化自觉。在河西分校楼顶上的这片小农场里，农耕文明以一种新颖的形式得以延续和展现。这一方小小的天地，正是陶行知"生活教育"思想的生动实践，它巧妙地将传统农耕智慧与现代教育理念相融合。在这里，孩子们亲身体验播种、浇灌、收获的过程，不仅感受到了农耕文化的魅力，更在实践中深刻理解了"知行合一"的真谛。小农场成为孩子们学习的第二课堂，他们在劳动中增长知识，在体验中感悟生活，真正实现了教育与生活的紧密相连。

传统与现代，教育与生长，教师与学生，农耕与课堂，承载于楼顶的小农场中，成为校区最显眼的一张文化名片、育人小天地。

教育，永远不能失去黄土地的魂、黄皮肤的根，那是我们的精神家园与文化血脉。

（本文作者：陈小红）

4. 纸艺工坊："尚美育人"绽芳华

古老的京杭大运河，静静地从古城淮安西侧流过。在古运河畔北侧，翔宇大道边，淮安市新安教育集团新区分校坐落于此，这是一所年轻的学校，毗邻河下古镇，东南侧是萧湖公园，新安小学旧址就在这里，如今辟地为公园，成为古城的一处景点。

"尚美育美"是新区分校十多年办学的根本宗旨。在这所新学校里，以新旅文化为基，以艺术熏陶为魂，校区师生几千余人，书写着生活教育的新篇章。

2023 年 6 月 18 日，中央电视台“大风车”节目组《看我七十二变》“大美家乡，创意有我”节目现场，新区分校瓦楞纸艺术社团演出的《瓦瓦楞楞看运河》惊艳亮相。

帷幕徐徐开启，质朴精致的“千年古镇河下”牌楼，题写有“古末口”字样的界牌，傲然伫立的水上立交模型，在灯光下散发着独特的魅力。极寻常的瓦楞纸制作出的艺术影像引人注目，刻画出了大运河船工畅行舟楫之利、锦鲤逐碧波的水乡之美。

整台场景以创造性的艺术手法，将古城淮安“运河之都”的历史与现实、追逐与梦想，呈现在全国观众面前。

瓦楞纸艺赋芬芳，尚美育人新殿堂

瓦楞纸艺术社团是新区分校独具特色的社团之一，走进学校“爱尚纸艺”瓦楞纸艺术宫，一件件造型独特、别具创意的瓦楞纸艺术作品引人入胜。一米见方的瓦楞纸，经过简简单单的雕刻，红色的镂刻字体的“大江歌罢掉头东”诗篇跃然纸上。瓦楞纸与衍纸相结合的作品，做工精致，人物脸部细节惟妙惟肖，花卉形态、色彩、质地栩栩如生；“西游”系列主题作品，采取局部夸张的手法，将唐僧的慈眉善目、孙悟空的嫉恶如仇、猪八戒的憨态可掬、沙和尚的敦厚老实表现得淋漓尽致。

这些瓦楞纸艺术作品，文化内涵丰富，潜藏着无穷的创意，催生着智慧的碰撞，彰显着合作的力量，充分展示了社团学生艺术的风采。

一张大小合适的瓦楞纸，是同学们艺术创造的起点和载体。

雕刻的刀具在他们手中运用自如：轻轻地划，细心地挑，配以手指的捏、拉，瓦楞纸从平面逐渐呈现出层次清晰的新造型。一笔一画地着色，一丝不苟地勾勒，景物造型自然有趣，人物活动一目了然，乒乓球台上你来我往的景象在孩子们的手下精彩呈现。

瓦楞纸轻黏土创作动感十足。轻黏土在揉搓、捻捏中定型，在精巧摆布中组合，一道道“淮扬菜”新鲜出炉。金黄油亮的淮安茶馓，白皙透亮的文楼汤包，细滑圆润的钦工肉圆，一一在瓦楞纸上“和盘托出”，可真是“厨神用料自不同，色香味形有奇功”。

朴实无华的瓦楞纸艺术活动与多种艺术融合，赋予了学校美育新的载体与生命，满足了学生对艺术创造的追求。

艺术修身勤滋养，时代新人绽芳华

瓦楞纸社团活动坚持以学生为中心，赋予学生充分的自由与自主，以其独特的魅力，吸引着同学们在社团活动中涵养艺术品味，培养创造能力，促进综合素质全面提升。团员李苒熙深有感悟地写道：“在瓦楞纸社团的日子里，我不仅学会了手工技巧，还学会了艺术审美，更学会了融合创造。是啊，只要用心，平凡的材料也能创造非凡的艺术品!”团员关兆羽也有着自己的深刻体会：“瓦楞纸社团活动体现了学校‘尚美’精神，引领我‘崇尚美、发现美、实践美’，让我逐渐成为一名‘会阅读、善思考、能自主、有担当’的新时代‘小好汉’。”

学校里的其他社团的发展同样如火如荼，社团植根于生活教育的沃土，是学生们动手动脑的活动乐园、创造乐园。丰富多彩的社团活动，成为学校培养时代新人的有力抓手。

淮剧进校园——留住地方戏曲文化的根。2016 年，新区分校实施“淮剧进校园”项目，淮剧小舞台上，团员们在锻炼基本功，一招一式颇具小小艺术家的风范；唱腔、表演，有板有眼，尽显淮剧艺术之美。淮剧社团还走出校园，将舞台搬进社区、广场，为群众献演，用实际行动传承新旅服务人民大众的情怀。

游泳社团——为生命安全保驾护航。新区分校建有现代化的室内游泳馆，为游泳社团开展活动提供了得天独厚的条件。《新安小学第六年计划大纲》中曾规定，新安孩子必须学会游泳。游泳社团的学生，经过技能培训，均能掌握基本的游泳运动技能，蛙泳、仰泳、自由泳，姿势正确规范，划水、蹬腿强健有力。

歌咏社团——唱响天籁之音。《论语》曰：“兴于诗，立于礼，成于乐。”音乐是塑造高雅人格的重要方式和途径。同学们从小接受声乐修养熏陶，训练认真、专业规范、倾情投入。2023 年 6 月 25 日，校合唱社团《千里之行》节目在中央电视台《经典咏流传》播出。

器乐社团——彰显高山流水与阳春白雪的雅致。社团学生端坐台前轻抹慢挑，古筝声声，舒缓优雅；短笛与葫芦丝，悠扬低回，美妙的声音在指尖张合间弥漫开来，沁人心脾。和着音乐成长的灵魂，一定会散发出高雅的韵致和气息。

学校的操场上更充满了运动的力量和活力。足球社团的孩子们在绿茵场上传切球配合默契，带球奔跑、起脚射门一气呵成。篮球社团学生定点投篮精准稳定，马背弓步起手投掷，篮球在空中划出一道弧线投中篮筐中心。长绳和短绳社团活动的场面令人眼花缭乱。只见场上绳舞飞扬，跳短绳的学生或单跳，或连跳，绳子甩得虎虎生风，身形起落给人一种“轻舟已过万重山”的感觉；跳长绳的学生配合默契，鱼贯而入，首尾相接，在操场上上演真实版的“贪吃蛇”游戏。

为了适应新时代科技教育的发展需要，学校还成立了电脑编程社团、航空航模社团，满足学生对新科技的探索兴趣，激发学生对科技的热爱。

多姿多彩的社团活动，充满了自由的气息和艺术的氛围，弥漫着运动与创造的快乐，是学以致用的生动实践，是生活教育的传承，是陶行知先生“六大解放”思想绽放出的时代花朵，是校区落实“尚美育人”核心办学理念的有效载体。

2018 年，新区分校获得江苏省中小学艺术教育特色学校称号；2021 年，被教育部认定为第三批全国中小学中华优秀传统文化传承学校。

丰富生命体验，积淀人文素养，培养具有“科学精神、审美情趣、健康体魄、创造本领”的新安少年，新区师生勤勉不息，孜孜以求，不断追寻美的足迹，让每一个生命美丽绽放。

新安新区分校——古运河畔一明珠！

（本文作者：朱春年）

5. 新安足迹：“小好汉”重走新旅路

读万卷书，行万里路，是中国古代重要的教育传统和文化。

也有人说，一个人走过的路，就是他的成长史。

重走新旅路，“小好汉”集体留影

当年，新安旅行团的孩子们走过全国22个省、市、区，行程五万余里，积累了丰富的人生与处事经验。在“行走”与社会大学中，他们接受、完成了重要的基础教育和学习目标。

每年暑假，新安小学都会举行“小好汉重走新旅路”红色寻访活动，从校内走向校外，从教室走向广阔的、丰富的社会大课堂，到新安旅行团前辈曾经工作、战斗过的地方，感受新安旅行团前辈“人小志气大，爱国走天下”的爱国情怀和壮举。

2021年暑假，又一场“小好汉”重走新旅路寻访活动开始了，同学们别提多激动啦！大家纷纷报名，积极参加。这一次，他们将沿着新安旅行团当年出发的足迹，从镇江到南京，再到汪校长的故乡，听新安旅行团团员讲述烽火中的革命故事……

7月16日早晨，同学们排着整齐的队伍，高举“小好汉重走新旅路”

旗帜，拉着行李箱，两两一组，在“同学们，别忘了，我们的口号：生活即教育，社会即学校……”的歌声中出发了，这歌声响彻云霄，久久回荡在校园上空……

90多年前，新安小学14名学生穿着工装裤，打着三角团旗，从淮安西门外古运河码头登上南下的轮船，正式踏上宣传抗日救亡的征途。他们到达的第一站，是当时江苏省政府所在地镇江。团员们拜访了当时的省政府官员，寻求对修学旅行、宣传抗日的支持。

在镇江金山湖畔“三号码头”旧址前，咸丝予同学声情并茂地讲述着新安旅行团鲜为人知的过往——喷香的嫩玉米又把同学们带回那段艰难困苦的岁月。李欣凌同学动情地唱起了歌曲《祖国在我心窝里》，引来大家的阵阵掌声。在她们的带动下，全体队员迎着江风集体唱起了那首熟悉的旋律《新安旅行团团歌》，歌声盘旋在江岸边的残石间。隔着时空，团员们与当年的新旅前辈们再次“重逢”。

从镇江到达南京，“小好汉”们看望了新安旅行团团员陈其爷爷。这天，滂沱大雨，但也不能阻挡同学们的脚步。怀着崇敬与期待，他们来到了陈其爷爷的住所——省军区干休所，开启一场跨越时空的红色寻访。

陈其爷爷已经95岁高龄，虽然白发苍苍，但精神矍铄。同学们围坐在陈爷爷身边，眼神中满是好奇与敬仰。

“陈爷爷，您为什么要加入新安旅行团啊？”张雅菲第一个笑眯眯地问道。

陈其爷爷陷入深思，过了一会儿，抬头说道：“1941年的一天，有一位新四军战士告诉我，淮安有一群和我同龄的青少年，正用自己的才艺热情地宣传抗日救亡。那是我第一次知道新安旅行团，从那以后，我就一直想过去加入新安旅行团。直到1942年，组织上批准我过去组织儿童团，才圆了我的新旅梦。”说完，陈爷爷的眼中满含激动与骄傲。

“我15岁就参军，16岁有幸加入了新安旅行团，虽然只待了3个月，但那是我一辈子忘不了的记忆……”

听完陈爷爷的讲述，大家都向陈爷爷投去了敬佩的目光。

“爷爷，能给我们讲讲您在新安旅行团的故事吗？”

“您在新安旅行团印象最深刻的事情是什么呀？”

“您那时候的生活是什么样子的啊？”

……

陈爷爷的思绪回到那炮火纷飞的年代，他微笑着点了点头，陷入回忆：“当年的新安旅行团，条件艰苦啊。没有充足的物资，经常吃不饱饭，穿的衣服破破烂烂，打满补丁……”

孩子们听了，对新安旅行团前辈们更敬佩了。“爷爷，你们太了不起了！”盛其悦感慨道。

副团长王研珺心潮澎湃，她说：“爷爷，长大后，我要做一名音乐老师，像您那样用自己的爱好与特长报效祖国。”

“孩子们，你们要珍惜现在的幸福生活，努力学习，将来为国家做贡献。树立理想，坚持真理，相信你们前途无限光明！”陈其爷爷语重心长地说。

孩子们心中充满感动，新安旅行团前辈的奋斗精神激励大家不断地勇敢前行。

回到住处，吃完晚饭，大家召开当天的民主生活会。每日召开民主生活会，是当年新安旅行团的传统。今天的轮值主席是杨路然同学，她走到桌子前，严肃地说道：“我是今天的轮值主席杨路然，通过一天的观察，我发现很多同学与昨天相比都有了非常大的变化，特别是孟昊泽同学，改变很明显，今天在吃饭的时候，他主动帮助旁边的同学盛饭夹菜。心中有他人，值得我们学习。”

“咯咯咯……”有几位同学在下面笑了起来，声音虽小，但是大家都听到了。

团员孟昊泽脸上一阵通红，不好意思地低下了头。

原来，昨天的民主生活会上，大家都对孟昊泽同学吃饭时的表现进行了批评。

孟昊泽满脸通红："我必须得狠狠批评自己。今天吃饭的时候，我光想着自己最喜欢吃的大虾，连续夹了十几只，一盘虾被我吃了大半，都没给其他同学留。"

一旁的涂皓烨轻轻叹了口气说："是啊，当时我也想夹只虾，结果一伸筷子，盘子都快见底了。"

孟昊泽听了，头低得更厉害了。"是我太自私了，没考虑大家，我保证以后不会这样了。"

杨路然："是的，昨天孟昊泽同学吃饭时光顾着自己了，但是今天吃饭时，他不仅把菜主动转给别人，还帮助他们盛饭夹菜，我觉得大家应该把掌声送给他!"

全场响起了掌声。"谢谢大家的谅解!"孟昊泽坚定地说道。

"一个人犯了点小错误并不可怕，谁都可能犯错，重要的是犯错后及时改正，这才是了不起的。希望通过今天的民主生活会，大家都能发扬互帮互助的好品质，让自己不断地成长，让我们这次活动更有意义。"张老师说道。

会上又一次响起了经久不息的掌声。

"谁还想说一说?"

"刚来第一天，我有点想家了，都想回去了。陈老师安慰我，肖校长鼓励我，给了我信心和勇气，我要像新安旅行团前辈那样不怕苦、不怕难，现在跟大家在一起，我很开心。"陈果沐说。

……

大家你一言我一语，在批评与自我批评中不断成长，新旅的光荣传统在他们心中慢慢扎根。

"今天的民主生活会，每个人说得都很好，希望所有人更加进步，谢谢大家。"轮值主席杨路然开心地说道。

告别了陈其爷爷，同学们来到汪达之校长的故乡安徽黟县碧阳村。汪达之校长的同族后人汪寿昌领着“小好汉”们到汪达之的家族祠堂，寻找汪达之在家乡留下的痕迹。

“去汪爷爷的家族祠堂必须爬山，脚踩的是泥巴和干草，太阳也在炙烤着大家，同学们快要坚持不住了。”副团长杨路然回顾五天的行程，碧阳村之行成了她最难忘的记忆。“筋疲力尽的时刻，队伍里传来一阵坚定有力的声音，‘同学们，别忘了，我们的口号……’大家顿时来了劲，跟着唱了起来，脑海里浮现出新安旅行团团员们穿着草鞋走过千山万水、坚持宣传抗日救亡的场景。那一刻我们的心情和前辈们是一样的，心中都有团熊熊燃烧的火焰。”

“读万卷书不如行万里路。旅行过程中，学生们在社会大课堂里锻炼、成长。他们从一开始不懂事、不听话，到后来克服困难、团结合作，经历了很大的转变。”在顾学让老师看来，“小好汉”们在实践中增长了才干，在旅途中磨练了意志，是此行最大的收获。

2024 年 7 月 13 日，新一届寻访团来到盐城——这是新安旅行团从桂林撤回苏北根据地的第一站，新四军第三师驻地。

走进新四军纪念馆，一组铁军忠魂的新四军抗日主题雕塑震撼了同学们的心灵。参观过程中，所有人都认真聆听讲解员的深情讲述，并不时进行记录。突然，王恩崎指着一张老照片叫了起来：“看，我们新安旅行团的照片。”大家仔细一看，是新安旅行团在盐城的宣传工作照片！大家激动不已，纷纷聚拢过来，在这张照片前合影留念。一张张照片、一件件文物、一个个模拟实景、一段段可歌可泣的英雄故事，让同学们感受到当年艰苦的革命生活。

结束了一天的行程，同学们回到酒店。208 房间住了王诗瑶和问容瑄两名同学，王诗瑶是房间负责人。“你先洗澡，一会儿我再洗。”王诗瑶说道。听后，问容瑄迅速行动，熟练地打开行李箱，整理个人用品，做好准备。很快，两人洗漱结束，只见她们端出盆，准备将脏衣服洗掉。打水、浸泡、涂洗衣液、揉搓、冲洗、晾晒，每个动作虽然不是十分娴熟，但也有模有样。全然没有了“饭来张口、衣来伸手”的“小皇帝”“小公主”的样子，已经历练成一个“小好汉”，自己的事情自己做，遇到难题，互帮互助。

团队主席轮流当，实行自我管理，寻访团成为纪律严明、组织有序、文明民主的团体。打扫卫生的阿姨忍不住夸赞：“孩子们的房间这么整洁，都不用我们辛苦了！”

在盐城市阜宁县，雨后的芦蒲烈士陵园沧桑肃穆，花岗岩石碑上镌刻着许多烈士姓名，张杰、张平、岳荣烈这三名新安旅行团团员的名字也在其中。同学们围在石碑前，大队辅导员陈燕燕老师手指新安旅行团团员的名字，讲述着那段令人悲痛的往事。

1941 年 1 月，皖南事变后，新安旅行团根据周恩来的指示转移到苏北抗日根据地并建立了新安旅行团苏北分团。同年夏季，在日寇发起的一次对盐阜地区的大扫荡中，张杰、张平壮烈牺牲。1942 年，岳荣烈突患急性肺炎，因敌人严密封锁根据地缺少药品，医生全力抢救也没能挽救她年轻的生命，岳荣烈去世时刚满 20 岁，她是团里最优秀的舞蹈演员之一。

聆听新安旅行团的红色故事，同学们眼眶湿润了，他们默哀、敬礼，向长眠于此的烈士们致以深深的敬意与缅怀，表达继承新安旅行团光荣传统、赓续红色血脉的信念。

三天的“小好汉重走新旅路”研学活动中，同学们参观红色基地，“打卡”红色场馆，讲述、聆听红色故事，立志刻苦学习，树立理想，砥砺品格，增长本领，力争德智体美劳全面发展。

参加活动的刘晓珍同学说：“要感谢新安小学给了我这个机会，新旅精神影响了我一生。”

陶行知先生主张，学校里的小孩子就像笼中的鸟，教育就是要将笼中的鸟放出去，让鸟儿自由地飞。人们观察雨燕迁徙，发现这种小鸟可以连续飞行万里而不落地，甚至在睡眠中也保持飞行——它们小小的身躯，蕴藏着如此巨大的能量！

让“小好汉”重走新旅路，就是让一群“鸟儿”飞向社会这个大林子里，让他们自由地飞翔、行走，让教育在社会大学里发生，以实际行动践行“生活即教育，社会即学校”，培养拥有“四个自信”的新时代“小好汉”。

（本文作者：王正祥）

6．寻访实践：走进社会大课堂

京杭大运河是我国重要的内陆水运河道，也是我国古代杰出的人工工程之一。淮安水利枢纽是亚洲规模最大的“水路立交”工程，京杭大运河和淮河入海水道在此交汇。

夕阳西下，晚霞满天，淮安市新安小学“小好汉”小记者团在老师的带领下，踏上水上立交桥观光钢索缆桥，只见宏伟的现代工程与古运河融为一体，桥头堡靓丽的风姿在晚霞中格外迷人，大家不时指点一二。

淮河入海水道淮安水利枢纽

2014 年 12 月，习近平总书记在江苏视察指导工作，殷切希望江苏紧紧围绕“两个率先”光荣使命，协调推进“四个全面”战略布局，着力推动“五个迈上新台阶”，努力建设“经济强、百姓富、环境美、社会文明程度高”的新江苏。新安小学“小好汉”小记者团响应江苏省“红领巾寻访‘强富美高’新江苏”主题教育活动，决定把“淮河入海水道大运河水上立交”作为此次寻访的对象。在辅导员老师的引导下，队员们群策群力，共同设计活动方案，走近寻访对象——淮安水利枢纽。

“小好汉”小记者团来到了“水上立交”，大家近距离观察，认真聆听讲解员的介绍，对淮河入海水道工程的设计原理、建筑构造、发挥的社会效用等有了充分了解。随后，队员们在辅导员老师的带领下，登上“水上立交”的观光缆桥，一边参观一边交流，辅导员老师不时地为同学们介绍。大家看到淮河入海水道涵洞从京杭大运河下方穿过，运河上一艘艘货轮来回穿梭，不由得啧啧赞叹，为祖国建设的巨大成就感到无比自豪与骄傲。

“这次寻访给我留下了深刻的印象，我们淮安的水路立交竟然是全亚洲同类工程中最大的，真令我自豪！我们少先队员从小一定要认真学习，将来把我们的祖国建设得更加美丽富饶!”小记者李妍希说。

小记者刘亚男也自豪地和队员们说：“以前我也听说过水路立交，没想到它的作用如此巨大。听爸爸说，淮河入海水道建成以后，我们淮安地区再也不用担心洪水的威胁了。我为祖国的日益强大感到自豪和骄傲!”

“传承生活教育思想，促进学生自主成长”是学校重要的办学主张，学校以生活教育思想引领办学行为，推进素质教育，营造出自主成长的育人氛围。在平时的工作中，学校积极引导学生以自主阵地为依托，坚持开展多种形式新颖活泼的实践寻访活动，让学生在活动中受到教育，提高能力，身心得到健康和谐的发展。

“美丽家乡行，童眼看淮安”也是学校一直坚持的实践研学项目。同学们以小组为单位，走进家乡的旅游景点、重要设施、重点场馆，感受家乡发展的巨大变化，激发了热爱祖国、热爱家乡的思想情感，坚定了同学们从小听党话、跟党走的决心。

“淮安涟水机场为 4D 级国际机场、国家对外开放的一类航空口岸、苏北航空货运枢纽。机场可满足年旅客吞吐量 130 万人次、货邮吞吐量 1.3 万吨的使用需求。有了这样的机场，不仅方便了家乡人们的出行，更为淮安的经济发展增添了强劲的动力。作为淮安人，我为家乡的发展变化感到骄傲！通过这次实践研学，我发现，机场位于淮安涟水县，远离主城区，虽然开通了机场直达公交，但是班次不多，交通不便，希望能增加直达机场的公交的班次和乘车地点。”以上内容，来自小记者戴维可和小伙伴们《淮安涟水机场对淮安经济的拉动与挑战》的调研报告，他们提出了增加到机场直达公交的班次和乘车地点的建议。

同一小组的小记者赵清源在走访调查后说：“随着淮安高铁东站的投入运营，淮安人的出行更方便了，但是这也对机场的运营造成了一些冲击。我们了解到，一般800公里以内的中短途旅程，人们会选择高铁。在新的交通形势下，如何提高机场的效益呢？我们希望机场能更好地发挥优势，开通更多的航班，提供更优惠的价格，让淮安人民的出行更方便，也吸引更多的人来淮安。”

“生活即教育，社会即学校。”随着旅游业的蓬勃发展，河下古镇以其独特的文化魅力、历史底蕴及古色古香的建筑，吸引着无数中外游客。五年级的同学们在充分调研、分析的基础上，组织开展了“游风景名胜，寻经济奥妙”旅游经济研学之旅，深入了解河下古镇的旅游经济现状、发展潜力及游客需求，为古镇的旅游经济发展提出建议。

小记者梁子宸通过实地察看、走访商户和游客、问卷调查等形式，提出了进一步促进河下古镇旅游经济可持续发展的建议：一是提升服务质量，加强对旅游从业人员的专业培训和管理，提高服务态度和专业技能水平，完善公共设施和标识系统，改进景区环境卫生，加强历史文化解说与展示，提升游客的旅游体验；二是丰富旅游产品，结合古镇的历史文化和特色资源，开发更多具有吸引力和创新性的旅游文创产品，满足游客的多元化需求；三是加强营销推广，充分利用互联网、社交媒体等新媒体平台，加强古镇的宣传和推广力度，开展线上线下相结合的营销活动，提高古镇的知名度和美誉度，与旅行社、旅游网站等建立长期合作关系，拓宽销售渠道。

“在保护古镇传统文化的基础上，适度发展旅游业。制定科学合理的旅游发展规划和管理措施，确保旅游发展与文化传承的和谐共生。加强对古建筑和文化遗产的保护工作，防止过度商业化对古镇风貌造成破坏。”黄圣轩同学更关注古镇发展与保护的和谐统一。

淮安现代有轨电车开通试运营以来，客流人数不断升高，城市主干线作用日渐凸显。作为淮安市的城市交通窗口单位，有轨电车已经成为展示淮安形象的重要外宣符号，也带动着旅游经济的发展。

为进一步了解淮安有轨电车的运营状况，调研有轨电车发展中的问题及对策，新安小学五年级六班“求知笃行”研学小队的队员们开展了淮安现代有轨电车交通发展现状调研，他们深入站点，走访工作人员和乘客，提出了“进一步加强有轨电车建设，建设更多的线路，增加覆盖面，发挥缓解客流压力和增强人民幸福感”和“与其他公共交通规划相结合，避免规划冲突，实现融合发展”的建议。

下关村，是一个有着2500多年历史的文化村落。下关历史文化陈列馆是淮安区红色思政教育教学点，该馆占地面积600平方米，由下关溯源、仁人志士、近代风貌、下关书画馆四个主题构成，展示了古老下关的人文风俗，以及淮安这片土地上的历史故事和沧桑巨变。

为了贯彻习近平总书记给新安小学少先队员的重要回信精神，培养“四个自信”的“小好汉”，三年级少先队员代表在辅导员老师带领下，前往下关历史文化陈列馆开展“缤纷的假日”主题活动，感受家乡日新月异的建设成就。活动中，队员们踊跃发言，积极参与互动，充分体验下关村的“仁义”特色主题文化，感受时代变迁给人们生活带来的巨大变化，领悟幸福生活的真谛。队员们增强了“四个自信”意识，激发了爱家乡、爱祖国的热情。

队员李俊杰说：“参观了下关历史文化陈列馆，家乡悠久的历史传承和深厚的文化积淀给我留下了深刻的印象，也增强了我的文化自信。我深深感受到我们生活在这个伟大的时代是自豪的、幸福的。”

“我们要牢记习爷爷嘱托，刻苦学习，努力成为拥有‘四个自信’的新时代‘小好汉’，长大建设我们的祖国，让祖国更加繁荣富强。”队员孙梓航这样说。

“缤纷的假日”主题活动得到了同学们的积极响应，大家热情高涨、踊跃参加，纷纷自发组队，积极开展“游伟人故里，寻红色记忆”的红色教育研学之旅。他们寻访周恩来故居、周恩来纪念馆、周恩来童年读书处、苏皖边区旧址等红色景点，认真研读图片资料信息，观看影像视频，聆听讲解员的讲解……

二年级的小朋友在参观红色景点时主动做起了“小先生”“小讲解”，拍摄了具有纪念意义的红色主题照片；四年级的同学们寻访后，组内成员分工合作，共同参与绘制了一幅幅生动形象、图文并茂的红色旅游线路图；六年级的同学们在小组研学后，结合当代实际，深刻感悟，撰写“喜迎二十大，永远跟党走”的主题文章。

陶行知曾经说过，生活与教育是一回事，是同一个过程，教育不能脱离生活，教育要通过生活来进行，无论教育的内容还是教育的方法，都要根据生活的需要。他还说，我们想要受什么教育，便须过什么生活。

“生活教育”思想是新安小学的办学思想源泉。学校自创办之日起，就坚持“教、学、做合一”，强调手脑并用，大力倡导教育与生产劳动相结合。中国陶行知研究会原会长方明先生称赞新安小学为“实践陶行知生活教育思想的天然基地”。把儿童从书本和课堂中解放出来，到社会大课堂中接受生活教育，向生活学习，向大众学习，培养独立自主、自信自强的精神品质，是新安小学对生活教育思想的传承与创新。

（本文作者：张树利）

7．“科学把戏”新篇章

新安小学创校之初，开设的课程除国语、算术、常识、音乐、美术、体育外，还有当时一般学校没有的“科学把戏”“国难教育”“社会实际”“生活技能”等课程，学校里设有小型实验室，让学生进行科学实验。

如今，学校传承办学初的思想，坚持在校园里推进“科技教育”，注重科学实验室的使用，鼓励学生探索生活中的科学现象，设立创客空间、机器人、创意智造等实践性较强的科技社团。“奥妙无限”科技文化节作为新安小学的特色活动，每两年举办一次，目前已经举办了九届，通过丰富多彩的活动普及科学知识，弘扬科学精神，培养学生从小爱科学、学科学、用科学的兴趣，让学生在科技活动中锻炼动手能力和创新思维，体验成长、创新的快乐。

暗淡的实验室里，不时发出一道道手电筒的光亮，学生们不断摆弄着手里的电筒，一会儿照射在空中，一会儿照射在桌面上，教室里充斥着杂乱的光线。“老师我观察到了影子”“这个影子好长”“你竟然有两个影子”，学生们惊讶的话语充斥教室。科学教师正在和学生们进行“影子的秘密”科学实验。学生们对影子并不陌生，日常生活中经常看到各种影子，但不会去过多思考影子的产生原理，在老师的引导下，学生们纷纷猜测影子的形成原因。小文说：“因为光线被障碍物挡住了，所以产生了影子。”有其他同学问：“同样是障碍物，为什么有的时候会产生两三个影子呢?”对于这一个个疑问，学生开展了激烈的讨论，每个同学都表达了不同的意见，在一次次思维的碰撞中，学生探知了影子的奥秘。

学校为实现科学教育多样化发展，联合市税务局在达之楼三楼建设了一片崭新且充满活力的空间——创客空间，包括三个崭新的教室——科学实验室、机器人教室、创客教室。在这片空间里，学生可以开展科学实验，使用 3D 打印、智能芯片、传感器、电机等电子元器件。通过社团学习和实践，学生可以尝试将创意转换为现实，在实验中探索科学的奥秘。

2024 年 9 月 24 日，四年级的创客社团第一次开展活动，学生们怀揣着好奇与紧张，坐在创客教室里。初到创客教室，学生被里面的一切所吸引，3D 打印机、激光切割机、热熔枪、电烙铁等设备引起学生激烈的讨论，学生好奇地观察并摸着那些设备，时不时地向老师提出问题，询问设备有什么作用，该如何去使用。课堂上，蔡奕诚同学化作“小先生”，向社团同学介绍道：“扩展版上的一个个针叫作引脚，其中包括正极、负极、信号口，正极的标志是+、5V、VCC、V，负极的标志是-、GND、G，信号口标志是S、SIG、OUT、IN。”在蔡奕诚同学的介绍下，同学们对手中的电子扩展板有了初步的认识。课堂上，任思璇同学提出疑问：“为什么要按正负极去接电？如果接反了会怎么样?”周智玥同学很积极地举手，向其他同学解释道：“按正负极接线是为了保证电流的流动，为设备供电，如果接错了，可能会导致设备不工作，甚至会产生短路，引发安全事故。”其他同学恍然大悟。在同学们的一次次提问与实际接线中，同学们认识了 Arduino 扩展板，并能够正确地连接杜邦线。

在创客空间，学生们学会了铆钉、胶枪、3D 打印机的使用，完成了录音机、光控台灯、金属探测仪、蓝牙音箱、超声波测距仪等设备的拼装，通过 3D One 软件设计相关组件并打印，使用米思齐软件对 Arduino 扩展板进行编程，实现相应的功能。在实践过程中，学生对遇到的各种问题，如材料选择、工具使用、技术难题等，不断地尝试新的方法和思路，寻找解决问题的最佳途径，在不断的思考与实践中，学生解决问题的能力得到显著提升。

2024 年 11 月 14 日，寒风凛冽，但是新安小学的学生们都非常兴奋，一个个站在操场上翘首以待，好奇地看着操场上各式各样的设备，巨型炮筒、各式无人机，一个个实验台陈列在操场上，新安小学第九届“奥妙无限”科技文化节正式拉开帷幕。

操场上红布遮挡的科技文化节节徽格外醒目，在学生们期盼的目光中，顾军然校长和邱芊翊同学共同向学生们展示了本届科技文化节节徽，拉开了科技文化节的帷幕。邱芊翊还向同学们说明了节徽的创意和理念。

圣丙飞副校长为科技文化节致开幕词，他说：“我校科技文化节是一个集科技、文化、艺术于一体的大舞台，也是一个挥洒热情、激发活力、展示和超越自我的大舞台，同学们要积极参与科技文化节的各项活动，展示自己的聪明才智，在科技活动中体验挑战、创新的快乐。”

开幕式上，展示了多个趣味的科学实验，“空气大炮”“六脉神剑”“大象牙膏”“马德堡半球实验”“火焰掌”，精采纷呈。

站在前排的三、四年级学生，看到“空气大炮”发出的圆形烟雾飘向他们，一个个高兴地跳起来伸手去触摸，满心欢喜地将烟雾抓在手中。在同学们惊讶的目光中，“大象牙膏”喷向空中。岳清润同学说：“太神奇了，几种化学原料混合在一起，就变成了牙膏状的物体快速地喷向空中。还有‘火焰掌’表演，火焰在手上点燃，但是手却没有任何损伤。刚刚我上去参加了‘马德堡半球实验’，和同学们一起去拉绳子，但是怎么都没法将球再次拉成两半，听老师介绍这是大气压强的作用，使得两个球紧密地压在一起，所以才拉不开，平时在学习和生活中我们都没接触过这样的现象，真是大开眼界。”

在音乐声中，各式无人机开始飞行，“仿生扑翼飞行器”“三角翼拉烟飞行”“无人机空投伞兵模拟”“3D 航模特技表演”，让学生们无不惊叹，在一声声惊叹与欢声笑语中，科技文化节开幕式结束了。在开幕式上，学生感受到了科学的魅力，并对科技文化节期间即将举办的“科学实验表演”“家庭实验室”“科学幻想绘画””科技小制作”等活动充满了期待。

一个阳光明媚的上午，学校操场上矗立着一个个帐篷，帐篷下是一个个科技项目体验点，包括“机器人搬运工”“模拟飞行”“水花四溅”“一飞冲天”“点球大战”“机械手臂搬运”“默契挑战”“伯努利机关枪”“放飞梦想”“象棋机器人”“空气大炮”等十几个实践项目体验点，学校按年级安排学生依次去操场体验各项目。

操场上，有的学生围在一起，参观科学幻想画展区，畅想科技对未来生活产生的影响；有的学生在观察四、五、六年级学生制作的科技小作品，并动手去操作；更多的学生围绕着一个个体验点，去体验各种项目。在“水花四溅”体验点，几位学生在讨论如何才能让铜盆里的水蹦起来，咸雅婷同学说："我们可以试试在摩擦铜把手时，速度快一点，力气大一点。"邵琬舒同学说："我觉得在摩擦铜把手时，可以试试两只手来回摩擦，看能否溅起水花。"听取了两位同学的建议，几位学生立即实践起来，最后终于成功溅起水花，几位同学还比较了不同速度和力气下水花溅起的高度。经过体验点老师的介绍，学生知道了其原理是双手摩擦引起共振，形成驻波，呈现出水花四溅的现象。

在"象棋机器人"体验点，几位学生激烈地讨论着下一步该如何落子，人脑与人工智能的 PK 在操场上不断进行。"穿越机 VR"体验点的学生排着长队，他们等待着试戴 VR 眼镜，体验从第一视角观察无人机飞行时的画面，体验飞行穿越的感觉。在"伯努利机关枪"体验点，学生们一边观察透明管道里的乒乓球如何被吸取出来，一边瞄准靶心，让乒乓球快速地飞出去。在一个个体验点，学生们激动地操作着各类设备，体验高科技，并聆听老师们对各种现象产生原理的解释。

科技文化节的举办给学生带来各种新奇的体验，激发了学生对科学技术的浓厚兴趣，科技文化节作为校园中一场知识与创新交融的盛会，对学生的成长和发展产生深远影响。

淮安市新安小学传承办学之初的理想，继承"科学把戏"课，不断在校园中推进科技教育，各类活动的举行给学生提供了实践的机会。学生在活动中体验科技的发展，感受科学的魅力，提高观察和动手能力，培养创造性思维。

（本文作者：张浩）

8. 月湖之畔，童声嘹亮

夏日的阳光透过树叶的缝隙，洒在新安旅行团历史纪念馆的院子里，一群穿着整齐校服的小朋友正兴奋地讨论着，他们即将开始一段特别的旅程——成为一名光荣的小讲解员，讲解新安旅行团“小好汉”的故事。

“还记得我第一次来纪念馆的时候，是在幼儿园大班。”徐梓骁眨巴着大大的眼睛，回忆道，“那时候只觉得纪念馆好大，里面的老照片和文物都好神秘。”那次走马观花的参观，在徐梓骁心中种下了一颗成为小讲解员的种子。

到了小学一年级，当学校再次组织参观纪念馆时，徐梓骁看到那些动作娴熟、口若悬河的小讲解员，心中不禁羡慕不已。“我也要成为那样的人!”他在心里暗暗发誓。

终于，在三年级时，机会来了！纪念馆招募小讲解员，徐梓骁毫不犹豫地报了名。然而，当他拿到那沓厚厚的讲解稿时，却有些犯难了。他心想：“那么多字，什么时候才能背下来啊?”犹豫、退缩的念头在他脑海中盘旋，但当他想起，在那个兵荒马乱的年代，那些新安旅行团小团员坚持宣传抗日，最小的才十来岁，是何等不易，他又有什么理由退缩呢?

“我不能放弃，我要把新安旅行团的故事讲给更多的人听!”徐梓骁暗暗给自己打气。于是，他开始跟着小师父潜心学习语言、走位、动作，从最初的僵硬到后来的熟练，每一步都凝聚着他的汗水和努力。

“从 1945 年，新安旅行团给毛主席写信，到 1949 年新中国成立，再到 1952 年，新安旅行团完成了光荣的历史使命……谢谢您的参观!”徐梓骁成功完成了人生的第一次对外讲解，“当听到上一位同学的声音越来越近，讲解的任务交到我手里时，我仿佛也成了新安旅行团团员中的一员，和他们一起卖报、放电影、演出……”

“这一次最为真切的体验之旅，在团员们的心中种下爱国主义的种子，也为后来组建新安旅行团打下了良好的基础。”小讲解员姚云涵同学正在给一年级学生作讲解。和徐梓骁一样，姚云涵也被新安旅行团小团员的故事深深打动。她记得二年级参加红色故事宣讲大赛，当她读到《敌机轰炸下的桂林》时，小团员们在岩洞里上课、教唱歌、演话剧的情景仿佛就在眼前。

“敌人在轰炸，我们在上课。”这句话深深印在了姚云涵的脑海里。1938年的桂林，每天都受到敌机轮流轰炸，难民们都躲进了岩洞，小团员们就在岩洞里上课，他们教唱歌、演话剧……“我特想把这个故事讲给更多的小朋友听，但当时时间非常紧，第三天就要参加比赛，我的稿子老背不熟，我就想着，要么我下次再去参加，但是一想到新安旅行团的小团员们冒着生命危险去开展岩洞教育，我就立刻打消了这个念头，一有时间我就背稿子……”从年级比赛、学校比赛到集团比赛，再到录制视频参加全国红色故事宣讲大赛，最终在全国红色故事宣讲大赛中姚云涵获得了“小好汉宣讲员标兵”的称号。

“每次站在台上，我都觉得自己仿佛成了新安旅行团的一员，和他们一起战斗。”姚云涵自豪地说。三年级以后，她更积极地去参加新安旅行团历史纪念馆的讲解，每次都认真练习，希望有更多的机会给大家讲述新安旅行团的故事。

何嘉煜作为“小好汉”宣讲员，也讲述了许多新安旅行团的故事。其中，他印象最深刻的是《智散传单》。故事中，左义华和靖秉铨在人群中与敌人巧妙周旋，朱金山被捕后镇定自若的情景让他深受感动。

然而，在准备宣讲这个故事时，何嘉煜却遇到了一个难题。他无法用方言说出那句“我从苏北到上海来找工作，路上碰见一个人，他给了我一沓广告，要我去散。我就去了呗”。他一度想要放弃这个故事，但在妈妈的鼓励下，他寻求当时的语文老师孙伟明老师的帮助，努力练习这句方言，最终取得了成功。

“站在台上，当我用方言说出那句台词时，我觉得自己仿佛真的成了故事里的人物。”何嘉煜激动地说，“那一刻，我明白了新安旅行团团员们的不易，也更加坚定了我要讲好新旅故事、传承红色基因的决心。”

在周恩来故居前的广场上，在“小好汉”剧场舞台上，在阶梯教室讲台前，常常能够看到一个小小的身影满怀激情地宣讲红色故事，他就是新安小学四年级一班的少先队员王海博。他曾经宣讲过《智散传单》《小士臣智闯敌哨卡》《周恩来与新旅团员们》等新旅故事，每一个故事都让他深受感动。特别是崔士臣爷爷小时候的英勇无畏，让他明白了即使是一个小孩子，也能在关键时刻挺身而出，为国家和民族做出贡献。在宣讲过程中，他尽量让自己的语言生动、形象，努力将小士臣的英勇事迹和崇高精神展现给大家。

“每次宣讲完，我都觉得像是经历了一次心灵的洗礼。”王海博感慨地说，“那些英雄事迹时刻激励着我，让我变得更加勇敢和坚强。”

当然，王海博在宣讲的过程中也遇到了一个最大的挑战——边音发音不准。“因为我难以区分边音和鼻音，这让我很苦恼，也很沮丧!”王海博至今提起自己练习边音发音的经历，依旧会垂着小脑袋，一脸的苦恼。“后来于晶晶老师一直陪我训练，还给我讲了她在大学因边音发音不准还时常闹出笑话。我现在知道边音发音时，嘴巴稍开，舌尖抵住上牙床，我终于克服了这个难题!”王海博在宣讲红色故事的过程中，纠正了自己长期的边音发音问题。

2021 年 6 月，学校组织了“小好汉”宣讲团，经过选拔，语言表达能力强、自信大方的小宣讲员接受系统培训后，走进社区、走进军营，开展宣讲活动。“小好汉”宣讲团用自己的方式讲好新旅故事，在活动中得到锻炼，在实践中得到成长。

梁景皓同学则幸运地站上了央视少儿频道的舞台，成为一名小小主持人。当他回想起那次经历时，心中依然充满了激动和自豪。

“站在舞台上，我仿佛进入了一个全新的世界。”梁景皓兴奋地说，“我看到了来自全国各地的优秀小朋友，他们才华横溢、充满活力。而我，也勇敢地迈出了自己的步伐。”

在录制节目时，他全力以赴，用心去感受每一个字、每一句话，努力将最好的自己展现给观众，他变得更加勇敢和自信。

“我要把这份爱国情怀传递给更多的人。”梁景皓坚定地说，“我要用自己的力量去帮助需要帮助的人，让更多的人了解红色故事，传承红色基因。”

在央视《开学第一课》节目上，胡翊涵同学深情讲述新安旅行团的英雄事迹，让新安旅行团爱国奋进的精神风貌走进全国亿万少年儿童的心中。

胡翊涵同学曾是学校的“小好汉”宣讲员和新安旅行团历史纪念馆小讲解员，能够作为“云观众”参加央视“开学第一课”，孩子感到非常兴奋。她说：“通过云连线向全国观众讲述新旅前辈宣传抗日救国的事迹，作为一名新安小学的学生，我深感自豪和骄傲。我要以新旅前辈为榜样，传承和弘扬好‘新安旅行团’的光荣传统，听党话、跟党走，做新时代爱国奋进的好少年！”

如今，在新安旅行团历史纪念馆里，经常能看到这些小讲解员们忙碌的身影。他们穿着统一的制服，佩戴着鲜艳的红领巾，用稚嫩而坚定的声音讲述着新安旅行团的故事。

“这里是新安旅行团的诞生地……”

“他们宣传抗日、宣传革命思想……”

“我们要铭记历史、珍惜现在、开创未来……”

一句句童声嘹亮的话语回荡在纪念馆的每一个角落，仿佛在诉说着那段光辉的历史。中央少工委同志来馆参观时，看到这群神采飞扬的小讲解员，非常高兴，认为这是新安教育最靓丽的一景。新安旅行团历史纪念馆的小讲解团队，在省里、市里还被表彰为优秀团体。这些“小好汉”们，将以英雄模范人物为榜样，传承红色基因，焕发出新时代的光彩。

（本文作者：于晶晶）

9. 像汪达之那样做老师

在新安任教，既充满荣耀，也倍感辛劳。

初冬微寒，暖阳轻照，“行知成长论坛”又在新安小学河西分校拉开了帷幕。这次以“像汪达之那样做老师”为主题的活动论坛，是新安小学师德师风建设的又一举措，而这仅是学校开展师德师风教育的一个缩影。

每年学校都会围绕“怀念汪达之”等主题开展“仰望丰碑”教育家精神研学、“薪火相传、教改创新”主题实践、“旗帜飘扬、榜样选树”等师德师风建设行动，旨在培养心有大我、至诚报国的新安同志，建设一支师德高尚、学风浓郁、教学创新的师资队伍，以培养胸怀天下、甘于奉献、勤学笃行的新安少年。

刚来新安的那一年，我参加了“牢记殷殷嘱托，争做‘四有’教师”师德进修活动，我第一次听到“汪达之”这个名字。带着崇敬的心情，我走进新安旅行团历史纪念馆，馆中汪达之的众多图片和事迹深深地打动了我，我真切地感受到汪达之对新安事业的至诚至爱。

1930 年春，汪达之受陶行知先生委派来到淮安任新安小学校长，来校后，他坚持“在劳力上劳心”，带领新安小学走生活教育运动的新路。一份《新安小学第六年计划大纲》从“生活的目标”到“生活的方法”，再到“共同生活的人”，将计划细化到每个人、每一天，它是汪达之践行陶行知先生生活教育思想的纲领，激励着新安学子读活书、活读书、学做事、学做人。在生活教育思想指引下，新安的孩子们用自觉的行动改造自己、改造生活、改造社会。

新安旅行团是汪达之践行生活教育思想的伟大杰作。

1935 年，在日寇侵华、国难日益深重的烽火岁月里，汪达之带领新安旅行团 14 名学生，从淮安运河码头出发，东奔西走，北上南下，从江南到塞北，积极宣传抗日救亡，用文艺唤醒民众，引领新安少年在民族解放的“课堂”里接受民众教育，投身于民族解放的伟大事业。17 年的风雨历程，他以生活教育为宝，创造性地实践生活教育主张，书写少儿革命史上的壮丽篇章，也写下生活教育的伟大实践。

2024 年度的“行知成长论坛”上，会场座无虚席，大屏上“学习汪达之，寻找身边的教育家精神”赫然在目，一位位老师走上讲坛，声情并茂地宣讲着榜样的故事。随着一个个故事的精彩呈现，一个个身边的榜样鲜活如站立于身旁，一股股精神清流、时代的正能量充满整个会场。

大家仿佛看到了集团总校长张大冬在北京向习近平总书记汇报工作，就新安教育娓娓道来，不虚言，不妄语，务实就本，朴实中透出精神，简洁里展现情怀；也仿佛看到了身兼数职的徐小艳老师一边忙着加班做财务报表，一边辅导后进生的身影，她从未因忙于财务工作而落下学生一节课，从不漏批学生的一份作业。胸怀大局的她从不叫苦喊累，始终践行“踏踏实实、埋头苦干；只有付出，不求索取”的奉献精神；强忍病痛，坚守讲台的骆艳老师，在课堂上不辞辛苦地给学生授课，即使在手术后，她也决不落下一节课。他们像汪达之那样，以宽厚仁慈的爱心，守望着每一株小苗的成长，静待着每一朵鲜花的绽放。

作为新时代的一名教师，我们应当学习汪达之，不仅要关注学生的学业成绩，更要关心他们的身心健康、情感需求与人格成长。在日常教学中，我们要用心倾听每一个孩子的声音，理解他们的困惑与梦想，用温暖的话语和鼓励的眼神，为他们搭建起自信的桥梁，用实际行动诠释“捧出一颗心来，不带半根草去”的至真至爱。

活动结束，走出会场，我倍感振奋。何时有过这样激动的感觉？在南京晓庄师范旧址参观师德教育馆，在汪达之教育思想报告会上，还是那次“牢记殷殷嘱托，践行达之精神”大讨论？似乎每一次都有过类似的感觉。

想起第一次瞻仰汪达之墓，走到一座石桥前，远远看见，萧湖一池绿水环绕着的小小墓地，静静地守望着江淮这片土地。这矮矮的墓属于汪达之，与他伟大的生平和宏伟成就形成鲜明对比。伫立碑前，我想起了汪达之写给他母亲的话语——

母亲，你的伟大牺牲精神，给了我永不能磨灭的印象，现在我虽是在牺牲，其实是在创造。我终要看得见这自己的力播的种开的鲜艳的花。

也想起他临终前的嘱托——

你们要把我的骨灰安葬到淮安的莲花街，因为那里的新安小学是我投身革命事业最早的地方，算是我人生的“始点”。

这是汪达之践行“捧着一颗心来，不带半根草去”的见证。

汪达之是这样说，也是这样做的。在带领新安小学走上新教育的征程中，他遇到许多困难，最困难的时候，师生连稀粥都喝不上，他只好拿自己的大衣去当铺当。亲人离世，母亲卧床不起，生活教育的信念让他艰难地支撑着学校。接踵而来的困难和打击，都没有使他退缩，反而更坚定了他献身教育事业的决心，他埋头苦干，用自己的生命书写新安这部大书。

从河西分校回来，我路过达之楼。驻足楼前，感觉楼宇间多了几分庄重，耳畔响起在汪达之墓碑前张大冬校长带着我们郑重宣誓的话语："以汪达之校长为榜样，'捧着一颗心来，不带半根草去'，坚决做到'坚定信念不动摇，勇挑重担不退缩，敢争一流不止步，事事率先垂范，处处以身作则'，为建设幸福新安贡献出自己的全部智慧和力量!"

楼角处"四有教师"的标语，在夕阳的映照下耀眼醒目，它像一个个鼓槌敲击着我们的心灵。我不禁感慨：何其有幸，有达之为师；何其有福，为新安事业。此刻，我内心更加坚定：我们要像汪达之那样，做有梦想、有情怀、有创造的老师，用"捧出一颗心来，不带半根草去"的执着，培育新时代的"小好汉"。

以汪达之先生为楷模，在生活教育的路上，新安同志正在书写精彩篇章。

（本文作者：贺小兵）

10．"三小"育人：生活教育的新安实践

当年的新安小学，没有教材，没有教室，也没有专职教师，却培养出一批横跨多个领域的杰出人才，创造了教育史上的奇迹。新安小学的教育密码是什么？我认为是其独特的"小先生制"和民主自治。为此，我们站在"立德树人"的高度，借鉴新安小学的成功育人经验，提出并构建"三小"育人体系，站在儿童的立场，以儿童的视角去培养人格完满、能力完

备、德行完善的“真人”，从“育人”的正途，书写属于新安的教育诗句。

“三小”育人体系包括“敢为小先生”“能做小主人”“争当小好汉”三个范畴，“三小”育人体系的构建与实施，成为新安小学当下教育工作的整体框架与工作蓝图。

“敢为小先生”：让学生站在课中央

课堂教学是一所学校教学质量的基本保证，也是一所学校内在精神和整体面貌的反映。鼓励学生敢做“小先生”，站在课中央，学生教、他人教、自己学是新安课堂的特质，也是对新安小学教育文化的坚定传承。

新安旅行团团员们在成长过程中，充分运用陶行知先生倡导的“小先生制”，以教人者教己，即知即传，即学即教，这既是教学方式，也是学习方式。我们还以“小先生”课堂为基础，让兴趣爱好相同、性格脾气相近的孩子结为学习伙伴，并初步构建了“伙伴学习共同体”学习范式：以“学生独学—组内互学—小先生领学—全班研学”为主要教学环节，以“情境创设—适时介入—点拨提升—评价激励”为基本教学策略，围绕核心问题，建立问题结构，让学生经历“发现问题—提出问题—分析问题—解决问题”循环往复的过程，在伙伴学习中互教互学、互帮互助、互探互究、互评互议，在分享、倾听、交流、碰撞中实现共同提高、共同成长的目标，从而真正把课堂的时间和空间还给学生。

1. “小先生”的课堂，是教“学”的课堂

陶行知曾说过，教学不是教书，也不是教学生，而是教学生学。教“学”，是“小先生”课堂的特质。课堂上的“小先生”怎么教“学”呢？请看丁元清老师的课堂案例：

教师先出示了要讲的一道应用题，两位小朋友读同一本书，一个读了3/5，一个读了4/9，谁读的页数多？学生经过独立思考并写出了过程后，以“小先生”的身份带着自己的练习本到讲台前讲解。一个问题，有6个孩子，从不同角度讲了自己的理解与解题方法，教师作为课堂的组织者，只是随机地指导、点拨、评价，并不直接地讲明知识、道理。他认为，“小

先生制”的根本目的不是教会学生如何解题、答题，寻求正确、唯一的答案，而是希望学生能在争当“小先生”的过程中，在探究和解决问题的过程中，锻炼思维，发展能力，激发智慧，并能独自或团结别人去解决问题，从而成为真正意义上的独立的人。

2.“小先生”的课堂，是生命成长、思维发展的课堂

教育的真正美好在于，为儿童的美好明天做了最精彩的预演；课堂生活属于儿童一段特别的社会生活，在这里，儿童心智得以绽放与成长。学校科目相互联系的真正中心，不是科学，不是文学，不是历史，不是地理，而是儿童本身的社会活动。

思维是智力的核心。教育的目的不只是获得知识，还要发展思维能力。“小先生”的课堂，是儿童主体的课堂，是儿童心灵与智慧放飞、神采与能力展示的舞台。更确切地讲，我们提出“小先生”课堂，实际上是要求教师能够自觉地与儿童进行角色互换与相互尊重：儿童在这里，既是学生，虚心求学；也是“老师”，就其所学，尽力去“教”——以教人者教己。教师只是在等待中点评、阻遇时疏通、精彩处赞美，师生在课堂里亦师亦友。

从深层次考察“小先生”的课堂，其具有丰富的内涵，它可能是这样一种存在：在民主平等、合作共进的师生关系之下，儿童学会倾听他人，学会交流和表达；而这又依赖于每个儿童自觉的独立思考，从而形成“互学、互教、互探、互究”的课堂生态。

3.“小先生”的课堂，是“三个为主”的课堂

“小先生”的课堂建设，是对当下课堂现状的改进。对比中外教育，我们的儿童接受教育突出，但在提出问题、解决问题、思维拓展、动手应用等方面明显落后。所以，我们课堂教学提出了“三个为主”的方针，即学生为主体、问题为主轴、训练为主线。

“小先生制”视角下的课堂，首先，是对儿童的充分尊重，实行教学民主，变“一言堂”为“群言堂”，提倡师生互动、生生互动，让学生做主人，鼓励儿童敢于提出问题，乐于为师开讲，也乐于接受伙伴的指导与点

评等。其次，是主张以合适的问题引导课堂学习。我们提倡要以核心问题引领课堂，让儿童学会提问，敢于提问，深刻提问。一个有深度的问题，正是儿童阅读或求知转入高阶思维的重要特征。最后，强调“训练为主线”。有效的训练能够帮助儿童理解和掌握所学知识，形成技能技巧，发展智力，培养能力。具体来说，在教学过程中，鼓励儿童围绕问题求知、发现、追问，让儿童活动、儿童声音、儿童意志在课堂里精彩绽放。

“能做小主人”：在知行合一中育人

新安旅行团在长期的革命实践中始终践行陶行知的生活教育思想，实行自主管理、自我教育。新安旅行团团员这种崇尚自主自立、“要把社会来改造”的“小主人”精神，正是创造新安旅行团这一教育奇迹的主因。为了传承新安旅行团的自主自立精神，培养学生的“小主人”意识，我校构建了“小主人”系列课程，兼以岗位实践、社团活动等推动“小主人”课程的落地。

1. 课堂实施：让学生获得自主成长的意识

学校组织老师编写了“小主人”课程校本教材，形成文明、智慧、健康、快乐、勤劳五大类系列共300个微课程，分别对应学生的德、智、体、美、劳五个方面。利用班会课教给学生基本的文明素养、学习习惯、健康知识、审美本领和劳动技能，并通过学生自评、家长评价、小组评价和老师评价相结合的方式，激发学生“养成好习惯、争当小主人”的意识。

2. 岗位实践：为学生提供增长才干的平台

学校设立了礼仪值日岗、红领巾广播站、《小好汉报》编辑部、“红领巾小记者团”、“新旅历史纪念馆小讲解团”、“小好汉服务队”、“小好汉书屋”等“小主人”岗位，让学生学会自主管理，使他们真正成为班级和学校的主人。其中小讲解团被评为江苏省优秀“五小”团队，小好汉服务队被评为市优秀学生社团。

3. 社团活动：为学生搭建自我展示的舞台

我们成立了合唱、舞蹈、书法、绘画、创客、篮球、足球、鼓号、象棋、朗诵、小主持等丰富多彩的小主人社团，让学生自主发现、培养、展示自己的兴趣特长，自主拓展成长的无限空间。

国家督学成尚荣先生指出，要把立德树人根本任务放在更高的育人体系中来实现。新安小学的“小主人”课程，就是紧扣“学新旅”主题，将立德树人根本任务落实在自主化、生活化、校本化的育人体系中，变说教、命令式的育人方式为情境感悟、实践体验的育人方式，形成“知情意行”有机统一、螺旋上升的育人过程，引导学生在知行合一中实现自主学习、自主成长，从而形成从“小”处入手、在“好”字上着力、向“新时期小好汉”成长目标迈进的成长路径。

在《新安旅行团》剧组中，组里年龄大的高年级同学，主动地帮助小弟弟们洗衣，教他们做自我服务，正是“小主人”意识的成长标志。

“争当小好汉”：指向学生自主成长

“一群小好汉”是陶行知先生对新安旅行团的赞誉，后来成为新安旅行团的代称。

“十二五”以来，新安事业蒸蒸日上，申报、立项了多个国家、省级规划课题，继承生活教育的实践经验，提出“小好汉成长教育”育人理念，拓宽、整合现代校园生活，尊重、建构儿童生活化的鲜活课程，让学生在活力课堂中历练，掌握真知，习得本领，成长为自主自立、身心两健的新时代“小好汉”，确立了 12 个字的成长目标：

“会阅读”——好读书、多积累、会表达、乐分享；

“善思考”——勤学习、肯动脑、敢质疑、能创新；

“能自主”——会合作、好习惯、爱劳动、勇尝试；

“有担当”——亲自然、讲诚信、爱祖国、有梦想。

“敢为小先生—能做小主人—争当小好汉”的系统结构，推动全校走向全面育人，朝着人文化的教育理想迈步前行。

在一代代新安人的努力下，学校先后荣获“全国文明校园”“全国教育系统先进集体”“全国优秀少先队集体”“全国优秀陶研学校”等称号，入选教育部基础教育课程改革实验校。2021 年儿童节前夕，习近平总书记给新安小学五年级八班中队少先队员亲切回信；2021 年 6 月 8 日，《新华日报》记者以“敢为‘小先生’，能做‘小主人’，争当‘小好汉’”为题报道了新安的办学活动，一幅幅画面、一个个人物、一行行文字生动地报告了新安教育。

2023 年 4 月，新安小学《“新旅”传统涵育新时代小好汉成长的实践探索》荣获基础教育国家级教学成果奖二等奖。2023 年，新安小学五年级八班中队获得江苏省“英雄中队”称号。

以生活教育为纲要，以习近平总书记指示为指引，办一所人民满意、有影响、有活力的基层学校，为国家培养合格公民，为儿童未来奠基，是我们的信仰与实践。

新安是一条大河，朝着未来，朝着美好，朝着奋进的时代，奔涌向前。

（本文作者：周永飞）

附录1 忆新安儿童旅行团

1933年10月，新安小学的7个基本学生组成新安儿童旅行团旅行上海50多天，当时引起了全社会的关注和轰动。

新安儿童旅行团旅行结束后，回校编辑《我们的旅行记》一书出版发行。团员左义华（即左林）和杨永鑫（即白晞），著有回忆或片断留存。我们选辑部分文章，以作佐证。

“考试”①

左林

1933年，新安儿童旅行团在上海修学旅行，陶行知先生经常来给我们上课。他授课的方法多种多样，生动活泼。有时是讲解为主，讲历史，讲形势，讲书本上学不到的新知识；有时是问答式，边讲边启发大家思考；有时是提出问题，让我们到社会上去找答案；有时要我们自己提出问题，自己去做……这些教学方法，使我们动手动脑，学会观察，独立思考，同时能及时了解我们的学习效果。我们对陶先生的教学方法很感兴趣。

一次，陶先生来上课了，他问：

“东三省是哪三省？地处何处？”

“黑龙江、吉林、辽宁。地处中国东北部，北靠苏联，有松花江、黑龙江、嫩江等大河，人口三千万。”我答完。

陶先生点点头，说“及格”。

又问：“东三省小朋友生活怎样？读什么书？”

① 淮安市新安小学．我在新安旅行团［M］．南京：南京出版社，1991.

靖秉铎站起来说："九一八事变后，东三省被日本帝国主义强占去了，大人是大亡国奴，小孩成了小亡国奴，读日本的书，一点自由也没有，苦得很。"

"那怎么办?"陶先生推了推眼镜问。

"决不当亡国奴，要奋起抗日救国。"大家纷纷说。

"答得对。你们从小要立大志，心里要想着国家民族、劳苦大众，学好本领，为国家为人民干一番事业。"

结束时，陶先生又安排了下次上课的内容，要我们到黄浦江码头看工人劳动，和他们交朋友，参观天厨味精厂、纱厂；调查吴淞口历史沿革；访问上海工学团、商务印书馆并写出参观记；到棚户区了解工人生活；到兆丰公园、法国公园游览……

过了几天，陶先生来了。他先要我们讲几天的所见所闻和自己的想法。陶先生话音刚落，大家争先恐后地讲开了。

"码头工人扛着麻包，弯着腰，一步步从跳板上登上海轮，天冷了，可头上汗珠象雨点一样往下滴，又累又危险。"

"工棚不是人住的地方，工人干苦活，饭都吃不饱，真叫人难过。"

"兆丰公园门口牌上写着'华人与狗不得入内'，真把人肺都气炸了。"

"把华人比作狗，这是中国人的耻辱，我们决不当亡国奴。"

"社会大学校使我开了眼界，知道了许多不知道的事，越看决心越大，下决心改造这个社会。"

大家讲了很多很多。陶先生讲课了，他给我们讲帝国主义侵华史，讲救国之路，讲推翻剥削制度，建立民主、自由、平等新社会的道理。

在这以后，陶先生还布置我们和报童一道卖报、交朋友；到沪江、大夏、光华大学去演讲……每次活动后，陶先生都要我们谈感受。

这种学习方法，是陶先生根据他的生活教育理论设计的科学的学习方法，深受大家的欢迎。因为这种方法很多是要我们自己找答案，所以我们习惯地把它称为"考试"。

附录2 新安旅行团大事记

大事记包括主要事件和注释两部分，前者依据《民族小号手》（吕星斗主编《中国革命军事博物馆》，春秋出版社，1989）编写；后者根据有关团员回忆录及相关史料写成。

闻名中外的少儿革命团体新安旅行团，诞生于苏北古城淮安一所古庙小学——新安小学，她是新安旅行团的母校。

旅行团为何会诞生于新安小学？新安小学怎么组织团员们旅行全国的？我们认为，扎实地实践生活教育思想是根本原因，依靠党的领导也是重要原因。

“每年长途旅行一次”最初列入《新安小学第六年计划大纲》中。1933年10月，新安儿童旅行团旅行上海取得成功后，汪达之校长就欣喜地向孩子们宣布——一年后组织一个规模更大的旅行团旅行全国。此后，他们进行了长达两年的筹划和准备。

1935年10月，经上海“教联”会议通过、同学们民主讨论决定，新安旅行团如期从淮安出发，从此，边走边学，一路向前，他们走过全国22个省、市、区，沿途吸纳了近600名少年儿童加入团队中来，成为一所“行走的学校”。

他们奔走呼号，向报刊投稿，参加各种慰问演出，鲁迅先生的葬礼上，他们担任挽歌队，在武汉组织参加了全民献金、保卫大武汉的抗战宣传活动。在桂林、贵阳等地，新安旅行团成立分支队，到各地进行演出活动，还秘密地接受李克农等党的领导人的指示，出色地完成了党交给的搜寻我军伤员的任务。

皖南事变以后，新安旅行团在党的领导和指示下，对团体进行了精简，最后留下48人的骨干和核心力量，想方设法从桂林辗转香港、上海，秘密地通过了敌占区封锁线回到新四军驻地——盐阜区新四军驻地，回到了故乡。

从此，新安旅行团在人民军队的领导、保护、教育、指挥之下，不断地壮大发展，成为一支为人民军队服务和工作的团体，直至新中国成立。在17年的革命历程之中，有12位新安旅行团团员献出了宝贵的生命。

吕星斗先生根据当时收集到的报纸、新安旅行团团员的回忆等，编纂了新安旅行团活动年表。现在，我们据此编辑新安旅行团活动大事记，把新安旅行团波澜壮阔的战斗历程与生活概括地呈现出来，再现新旅风云十七载，行程五万余里的伟大壮举，对其中部分事件的背景、性质、细节、前因等做了深入介绍和补述，补充了1935年前新安小学成立等重要事件，从而为新安旅行团的缔结做更细致的说明。

1935年前

1929年6月6日　新安小学创办，校址位于古城淮安河下莲花街旁一所古庙里。

1930年春　汪达之来到新安学校任校长，全面领导新安学校工作。

1930年秋　早期来校工作的李友梅同志，因晓庄事变不得不离开学校，去安徽涡阳师范任教而避“风头”。工作期间，其每月薪水的三分之二汇至新安学校，力保新安生存。

1932 年　左义华的《义华的日记》在上海儿童书局出版发行，书的扉页上印有“教育部选定为小学中年级儿童读物”字样。

1933 年 10 月 22 日　新安小学组织 7 名基本学生，旅行大上海，历时 55 天，取得空前成功。孩子们在上海演讲、售卖书报、参观访问，轰动了上海及江苏的教育界和新闻界。陶行知先生为他们题词：“没有先生带，父母也不在，谁说小孩小，划分新时代。”这次旅行为新安旅行团的建立做了思想上和组织上的准备。①

① 1933 年秋，新安小学的七个基本学生组成儿童旅行团旅行大上海，具有重要意义。至少有三点：1. 对生活教育思想的实践和检验；2. 儿童民主自治和自主管理的成功尝试；3. 为新安旅行团做了思想和组织上的准备。此外，也唤醒了新安儿童自强自立的精神。

1934 年　新安的几部著作相继在上海出版，孙铭勋老师的《古庙活菩萨》、汪达之的《生活的书》，加上之前出版的《义华的日记》，这几本书以丰富的史实和鲜活的文字，介绍了新安小学的办学历程与奋斗的滋味。

1935 年

1935 年 4 月　记录和反映新安儿童旅行团上海旅行经历的《我们的旅行记》，由上海儿童书局出版发行，影响巨大。

9 月初　国难日益深重，全民抗日呼声高涨。中国共产党发表了《八一宣言》，主张建立民族统一战线，全民抗战。在陶行知先生的资助下，经上海“教联”决议通过，汪达之组成新安旅行团，团员共 15 人：左义华（左林）、曾兆寿（曾里）、张敬茂（张牧）、张俊鑫（张早）、曹维东、靖秉铎、程昌林、靖秉铨（张明）、张俊卿（张宜天）、刘昭朗、徐志贯（徐之光）、杨永鑫（白晞）、嵇钰（纪宇）、朱金山、汪达之。汪达之任顾问团员，徐志贯任总干事。团内分工有编辑、交际、电影放映、医药等，均由团员担任。①

11 月 9 日　新安旅行团在淮安省立中学礼堂举行告别会。汪达之向淮安各界人士发表演讲，阐明团体宗旨和旅行计划。淮中和淮安县政府各捐助旅费 20 元。

10 月 10 日　新安旅行团向全国教育界、新闻界发布包括《为实验基本学生长途修学旅行宣言》《告国人书》等五份文件，向各界阐明修学旅行奋斗的主张，在《告小朋友书》中说："现在国家多难，世界多难，我们唯有互相勉励、互相帮助，挽转人间狂澜，我们都有责任啊！"

10 月 10 日清晨　全体团员在新安小学礼堂前举行宣誓仪式，誓词说："×××自愿参加本团生活，誓以忠诚团体生活发展，为生活教育努力，为民族生存奋斗……此誓！"早饭后，团员们身着工装裤、白衬衫，脚穿草鞋，排一路纵队，打着"江苏淮安新安旅行团"蓝色三角小旗步行至淮城西门码头，登上"达通号"运河小轮船，开始了他们抗日宣传的征程。

10 月 11 日　抵达江苏省会镇江，受到徽州同乡会馆的招待。下午拜会时任江苏省主席陈果夫，省教育厅厅长周佛海。陈、周二人分别为旅行团题

① 1935 年秋，新安旅行团出发时共计 15 人，到达南京后，经中央医院检查，有二人（刘昭朗、杨永鑫）感染肺结核，不宜旅居生活，故又回淮安。故实际参与旅行的团员共计 13 人。——《民族小号手》（吕星斗主编《中国革命博物馆》，春秋出版社，1989，第 11 页）

字“幼学壮行”“鹏程万里”。[①]

10月16日　到南京拜访了南京市市长马超俊。马超俊不支持新安旅行团活动，令团员们回校读书，团员们据理力争，双方不欢而散。

1936年

2月　先到巢县（今巢湖市）炯炀河，在张治中创办的黄麓师范活动。后到园山学校，同该校师生在附近农村开展“小先生”活动。遇汪达之同学舒政海，团员们与其促膝深谈，接受早期的共产主义教育。[②]

4月　上海红色劳动童子团负责人之一张杰加入新安旅行团。1941年7月，张杰在苏北盐阜区第一次“反扫荡”中于北秦庄战斗中英勇牺牲。

6月　经芜湖到安庆，以安庆为中心开展工作，电影放映宣传效果显著。蔡楚生认为：“在中国电影史上，新安旅行团是第一支把电影带到乡村的流动电影放映队。”

7月28日　从安庆乘轮船到达上海，先后住明光中学和育英小学，全团休整。在上海“教联”负责人丁华、王洞若的安排下，艾思奇、孙冶、洪琛、冼星海、盛加伦等分别来团讲授哲学、经济、政治、戏剧、音乐等课程。[③]

11月20日　到达嘉兴县（今嘉兴市），曹维东、张俊卿、左义华应蔡楚生邀请，离团回上海参加由蔡楚生导演的故事片《小五义》的拍摄工作。

① 新安旅行团出发后，未能取得旅行通行证。但周、陈二人的签名，表明了他们并不反对的态度。后来，新安旅行团就备了一个“请赐鸿辞”的本子，每到一地，都请当地政要签名，方便了旅行，这是新安旅行团在国统区活动中的一种斗争方式。

② 舒政海是汪达之的同学，共产党员，曾被俘入狱，在南京与新安旅行团的孩子们见过面。这次相遇，无意中为新安旅行团上了一堂生动的党课：“打破私有制，打倒国民党，打倒私有制的总头目蒋介石！共产党就是带领工农来干这件事的。”这是此次党课的重要内容。——《新安旅行团史》（周志平：《新安旅行团史》，西南师范大学出版社，2021，第49页）

③ 新安旅行团到上海修整学习，为孩子们进行了文化进修和专业发展上的积极指导，为孩子们日后成长奠定了基础，是新安旅行团难得的一次短期的知识教育和专业提升。

曹维东任第二主演。新安旅行团后来获得该片拷贝，成为新安旅行团在各地放映的主要故事片之一。

12月12日　西安事变爆发。中旬，上海文化救国会决定派新安旅行团团员曹维东、张俊卿、左义华作为上海儿童代表参加由陈波儿率领的“上海妇女儿童绥远前线慰劳团”，离沪赴绥远（今呼和浩特市）慰问抗日将士。[①]

1937年

2月3日　以新安旅行团团员为主，组成上海文化界绥远前线慰劳团。在吕骥（团长）、汪达之（副团长）的率领下，乘英商太古轮船公司的“湖南号”客轮由上海港出发，经塘沽、天津到达北平（今北京市）。

3月13日　吸收《北平新报》儿童副刊编辑、撰稿人，中共北方局宣传部李常青同志的儿子李万万（范政）为团员。

3月14日　新安旅行团离开北平，奔赴绥远。

6月7日　左义华在上海的《儿童日报》发表《要求收复失地抗战》一文，主张我们要把现在的“守土抗战”一律改成“收复失地的抗战”，并指出“我们唯一的出路只有抗战”。

10月　到达吴忠堡，团员靖秉铎因伤寒去世，时年18岁。[②]

11月　经灵武县到达陇东重镇平凉，徐志贯赴

① 指示团体离开当时的上海，参加归绥慰问团，是中国共产党出于对团体的爱护。国民党当局执行“攘外必先安内”政策，“积极剿共，消极抗日”。以后，新安旅行团远离国民党当局的政治中心城市，能够在国统区边远地区活动、生存多年，免遭迫害，表明这一做法是极为正确的。

② 团员靖秉铎因伤寒不幸去世。当时，团员曹维东和靖秉铎同时得了伤寒，需要进口特效药奎宁（即青霉素）治疗，但在缺医少药的旅途中，新安旅行团无法及时获得。所幸的是团员曹维东艰难地挺了过来，团员靖秉铎则永远地留在了黄河岸边的宁夏吴忠堡。

陕甘宁边区的庆阳，向中共陇东特委秘书长黄欧东报告工作情况，提出在团体建立中共党组织的请求。陇东特委派三五八旅政工干部牟永春来团考察，进行党建活动。其间，徐志贯、张杰和张敬茂三个团员加入、成立新安旅行团支部。

1938 年

2 月底　新安旅行团由平凉到达兰州，受到朱绍良的接见，并获得 300 元活动经费。甘肃省教育厅葛厅长赠送全团每人一套新制服。

3 月中旬　由兰州八路军办事处再次确认核准，同意在新安旅行团内部建立党支部，徐志贯任书记，张杰任组织委员，张敬茂任宣传委员。[①] 塞克、王洛宾为新安旅行团谱写了《新安进行曲》。

5 月中旬　团员们在兰州办事处听谢觉哉讲《抗日民族统一战线问题》《三民主义与共产主义》。谢觉哉还为新安旅行团题词："以艺术武装你们的手口，以理论武装你们的头脑，从工作中锻炼你们成为铁的战士。"

5 月下旬　团体到达西安八路军办事处，中国共产党代表林伯渠接见了汪达之和全体团员。根据周恩来的指示，团体不去延安，前往国统区武汉做抗日宣传工作。团员陈昌林、朱金山、张俊卿赴延安学习。

7 月中旬　徐婉华、许醒亚、吴淑静三位女同志加入新安旅行团。从此，新安旅行团有了女团

① 团体建立党支部，是新安旅行团政治上逐渐成熟的重要标志。当时，这个党支部对内对外是双重保密的。

员。同时任干（共产党员）调新安旅行团工作。

在周恩来的建议下，陈诚同意新安旅行团为政治部的“特约”团体。从 1939 年 1 月开始，每月领取工作津贴 1045 元。

10 月中旬　在武汉一元路儿童保育院举行茶会，纪念新安旅行团成立三周年。陶行知到会讲话，他说，新安旅行团今天虽有如此成绩，但仍是不够的，“假如追求真理的话，还只是抓住了它的尾巴，必须继续抓住而骑到它的背上去！”他还带来了他为新安旅行团成立三周年创作的《三万歌》。

12 月　长沙战事吃紧。徐志贯率领团员们离开长沙，经衡阳取道湘桂路，到达广西桂林。日军对桂林连续几次大轰炸。团员们积极投入反轰炸的宣传活动，配合桂林“生活教育社”在七星后岩开展“岩洞教育”。[①]

①“敌人在轰炸，我们在上课！”2015 年，“重走新旅抗战路”联合采访团在桂林七星后岩寻找到了这条当年岩洞教育战斗的标语。

1939 年

2 月下旬　根据周恩来“万一发生不测事件，就撤到新四军工作”的指示，团部特派张杰秘密赴皖南和新四军军部联系。张杰到后，全面报告了新安旅行团出发以来的工作，撰写了《从困难中产生，在抗战中成长的新安旅行团》的长篇报道（发表于《东南战线》第 5 期），还在新四军干部大会上发表演讲。[②]

② 新安旅行团能够顺利北撤，得力于周恩来同志的亲自关怀和部署，也得力于团体的严密组织、周详计划，更离不开香港、上海、苏北等地交通线上的同志们有条不紊的工作。团体领导人之一张杰先期到达皖南军部，为团体北撤做了准备。

2 月　范敏言、聂启坤、聂大鹏、陈强、陈明等数十人加入，团体人数超过百人。

9月下旬　根据西南行营政治部要求，徐志贯率领西南工作队，赴湘桂铁路沿线慰问陆军伤兵、陆军医院伤兵及驻军。按照李克农的指示，借机搜寻、慰问了被国民党当局软禁在兴安界首一带的部分八路军伤病员。①

① 搜寻和慰问八路军伤病员是当时新安旅行团完成的一项秘密任务，受到了李克农同志的称赞。这件事暴露出了国共合作的分裂，是新安旅行团秘密接受党的领导的重要证明。

1940年

4月　国民政府军事委员会桂林行营政治部主任梁寒操提出由行营派人“领导”新安旅行团，同时要求全体团员集体加入国民党。李克农指示，为使团体免遭迫害，继续坚持在国统区工作，汪达之、徐志贯、纪宇三人参加国民党的集体入党仪式。

4月　徐志贯离团赴延安学习。张平出任总干事兼党支部书记。国民政府西南政治部企图改编新安旅行团——“幼者送进学校，大者分发在政工团服务，主持人受训”，停发费用。为了渡过难关，团体精简了40余人。

3月至9月　在桂林郊区致和村复办新安小学。汪达之任校长，童常任总务部主任，关键、刘萍、尹卜甄等担任教师。学校按生活教育方针，进行教学活动。

10月　新安旅行团成立五周年，在桂林大戏院演出四幕抗日舞剧《虎爷》，盛况空前，团体获得近千元的资金留作团体经费，为团体转移提供了资金保障。②

②《虎爷》是四幕大型抗日舞剧，由当时著名舞蹈家吴晓邦带领新安旅行团排演，讲述的是沦陷区内军民抗日的故事。排演《虎爷》是为新安小学和新安旅行团转移做经费上的准备。最终，团体获得了上千元的收入，也为新安旅行团在艺术宣传方面发展、培养、储备了大批文艺骨干。

1941年

1月22日　皖南事变后，团体准备撤往苏北根据地新四军部。为了筹集转移经费，新安旅行团变卖了全部电影器材和舞台装备，成立了紧急的创作写作班子，为桂林文化供应社《少年书库》撰写了多部作品，获得了一笔可观的转移经费。

2月上旬　由张杰、范政、张天虹三人组成先遣小组出发，负责了解旅途交通、食宿等情况。到香港后，和八路军办事处主任廖承志取得联系，为团体安全转移打前站。

2月下旬　转移的团员和新安小学教师共48人，先后分批秘密离开桂林，经广州湾（今湛江）、香港、上海向苏北转移。

4月至5月　在香港和上海共产党的交通员的帮助下，先遣小组顺利通过上海和长江敌伪封锁线，进入苏中、苏北抗日根据地，到达江苏盐城新四军军部。新四军政治委员刘少奇、代理军长陈毅、华中局组织部长曾山接见了先期到达的团员。称："国民党不让你们在大后方工作，新四军欢迎你们到敌后来。恩来同志来了电报，把你们交给新四军了。现在你们是回家啦!"

7月24日　在第一次"反扫荡"中，新安旅行团团员张平、张杰、张敬茂、左义华赴建阳县，向华中局和军部请示工作路途中，在北秦庄遭日军包围，张平、张杰不幸牺牲，左义华被俘，张敬茂泅水脱险。[1]

1942 年

1月　全团32人汇集于苏北民主根据地阜宁县陈集镇，完成了由国统区向解放区的转移任务。[2]

1月中旬　在阜宁县东岔头召开到解放区后第一次全体团员大会，总结六年来的工作。汪达之任职盐阜区行署文教处督学，致力于抗日根据地的教育建设和改革工作。

1943 年

2月至4月　“反扫荡”结束。

8月　盐阜地委、盐阜行署决定在涟水涟东县长蒲河恢复新安小学，任命汪达之为校长。

9月　新安小学招生开学。

1945 年

5月17日　盐阜区第一次少年儿童代表大会在盐阜行政公署大礼堂开幕。会议的三项任务是：总结三年来的工作，成立盐阜区少年儿童总部，进行政治时事文化学习，并交流经验，以更好地领导儿童团。汪达之在会上讲话。

5月31日　盐阜区第一次少年儿童代表大会闭

① 张平、张杰当时为团体的领导人，与日军遭遇后不幸遇难，是团体的重大损失。同时被俘的左义华同志，后经党组织营救，于次年12月回到新安旅行团。

② 至此，团体北撤任务完成，实现了从国统区到解放区的战略转移。

幕，选举成立了盐阜区儿童团总团部，左义华任总团长。[①]

12 月　新安小学在淮安县河下镇复校复课。校长为汪达之，招收学生三四十人。

1946 年

6 月中旬　收到毛泽东 5 月 20 日的亲笔复信，信文如下——

新安旅行团各位同志们：

来信收到，极为感谢！

祝你们努力工作，争取民主中国的胜利。[②]

毛泽东

一九四六年五月二十日

1947 年

总团在“黄河大队”统一指挥下进行战略转移。穿越沂蒙山区，跨过津浦铁路，强渡黄河。经过艰苦行军，到达河北固城县前黄村。

10 月　团体划归华东军区政治部领导，根据业务分为：表演队（队长王山）、演出队（队长陈强）、音乐队（队长方南君）、美术队（队长王德威）、创作组（组长张渔）。

① 团中央少工委的同志认为，盐阜区少年儿童第一次代表大会是中国少年先锋队的源头，他们拟定的章程等文献是中国少年先锋队历史发轫的标志和重要物证。

② 收到毛主席给新安旅行团的复信，是新安旅行团政治生活中的重大事件，使团体获得了巨大的精神鼓舞和能量。新安旅行团给党中央的信由团委会讨论，团员林铭纲誊写。原信由华中局领导邓子恢、谭震林去延安开会时带到，6 月间，他们回淮带回主席的回信。

1948 年

9 月　济南解放，全团随军进入济南市区。新安旅行团的宣传卡车、秧歌队、腰鼓队活跃在济南的街头、广场、公园，轰动泉城。

1949 年

1 月至 2 月　为欢庆淮海战役胜利排练大型秧歌剧《王贵与李香香》，在济南人民剧场公演，引起强烈反响。

5 月 28 日　上海解放的第二天，全团随军进入上海。团部住淮海中路 1449 号。团部归上海军事管委会文教委员会领导。

7 月　组成若干工作组，分赴江南造船厂、大隆机器厂等，发动群众，恢复生产，支援解放军解放全中国。

1951—1952 年

1951 年 4 月　排演舞剧《鸭绿江上》，参加抗美援朝义演。演出了一批新创作和整理的富有民族特色的歌舞节目，包括《剑舞》《红旗舞》《送粮姑娘》等。

11 月　汪达之赴南京恢复晓庄学校并担任校长。

1952 年 5 月　全国文工团进行整编。新安旅行团同上海青年文工团、南京文工团等合并，组成华东人民艺术剧院；后成立上海歌剧院。至此，新安旅行团停止活动，结束了历时 17 年的光辉历程。[①]

① 今上海歌剧院设专门展室，表明其前身为华东人民艺术剧院，其组成的骨干力量即为新安旅行团。或者说，上海歌剧院前身，即新安旅行团，该院领导和主创人员多次到访新安旅行团历史纪念馆，创作了许多重要剧目，保持了新旅艺术服务大众的优良革命传统。

代后记

新安，是一条大河

新安，是一条大河。

百舸争流，奋楫者进；中流击水，勇进者胜。

1935 年 10 月 10 日，新安旅行团从古城淮安出发，今年是新安旅行团出发 90 周年。几年来，我常会思考，新安旅行团为什么从这所古庙小学里诞生？她有着怎样的教育理念和文化背景？我想，应从 1929 年学校初建时加以探索和思考，才能得到解答。

许多同志和我一样，也有着相同的追问，于是，抱着疑问，我们一起探寻新安旅行团形成的原因——陶行知的生活教育思想，为新安小学带来勃勃生机；新安儿童旅行团为新安旅行团的组建和出发做了思想和组织上的准备；中国共产党的领导和正确指引，为新安旅行团的健康发展、队伍壮大、革命方向提供了精神动力。

经过近一年的创作，《古运河畔新学校》书稿即将付梓，不仅是为纪念新安旅行团出发 90 周年献礼，也为集团十余年的办学做一小结。其间，我提出许多具体创作建议，研读书稿，亲自修改，很多构想得到尊重、落实。

事非经过不知难，成如容易却艰辛。

王金桂老师作为主创作者，付出了艰辛劳动；徐飞、梁文超、陈小红、朱春年、王正祥、陈燕燕、张树利、周永飞等老师作为事件的亲历者、讲述者，提供了文章。感谢江苏大学出版社支持书稿出版。

新安，是一条大河，滋养江淮大地；新安旅行团，是我们奋斗的力量源泉。

再次致谢为本书付出辛苦劳动的同志们！

2025. 4. 1